GLASS

Konstruktion und Technologie
in der Architektur
Structure and Technology
in Architecture

GLASS

Konstruktion und Technologie
in der Architektur
Structure and Technology
in Architecture

Herausgegeben von
Edited by
Sophia und Stefan Behling

Mit Beiträgen von
With contributions by

Joachim Achenbach
James Carpenter
Andrea Compagno
Robert Danz
Klaus Fischer
Stefan Gose
Jörg Hieber
Hannelore Huber
Fritz Klotz
Mathias Kutterer
Raimund Lehmann
Luke Lowings
Jürgen Marquardt
Timothy Macfarlane
Helmut Müller
Jonathan Sakula
Hans Schober
Matthias Schuler
Gerhard Seele
Werner Sobek
Patrick Teuffel
Philip Wilson

Prestel
München · London · New York

Diese Publikation wurde ermöglicht durch die Unterstützung der Messe Düsseldorf
This publication was made possible with the support of the Messe Düsseldorf

Auf dem Umschlag • Front cover: Glaskugelkalotte • Glass Dome, Seele GmbH & Co., Foto Jens Willebrand

Frontispiz • Frontispiece: glasstec, glass-architec 1998, Foto Nigel Young

Abbildungsnachweis • Photo credits: Seite/page 151

Die Deutsche Bibliothek – CIP-Einheitsaufnahme
Ein Titeldatensatz für diese Publikation ist bei der Deutschen Bibliothek erhältlich.
Library of Congress Cataloguing-in-Publication Data is available

© 1999 Prestel Verlag, München · London · New York, Messe Düsseldorf
  und Sophia und Stefan Behling

© 1999 für die Abbildungen und Texte bei den Autoren, ihren Erben oder Rechtsnachfolgern
  1999 of works written and illustrated by the authors, their heirs and assigns

Wenn nicht anders angegeben, stammen die Textbeiträge von den Herausgebern
Unless otherwise stated, all texts are by the editors

Übersetzungen • Translation: Büro für Technik und Kommunikation, Bremen

Prestel Verlag
Mandlstraße 26
80802 München
Tel. 089/381709-0
Fax 089/381709-35

Prestel books are available worldwide.
Please contact your nearest bookseller or
write to any of the below addresses for details
concerning your local distributor:

Prestel Verlag
Mandlstrasse 26 • 80802 Munich
Tel.: + 49 (89) 38 17 090 • Fax: + 49 (89) 38 17 09 35
16 West 22nd Street • New York, NY 10010
Tel.: + 1 (212) 627 81 99 • Fax: + 1 (212) 627 98 66
4 Bloomsbury Place • London WC1A 2QA
Tel.: + 44 (171) 323 5004 • Fax: + 44 (171) 636 8004

Konzept und Gestaltung • Concept and Design: Sophia und Stefan Behling

Preprint: Walter Vennemann Print Production GmbH, Düsseldorf

Druck und Bindung • Printed and bound by: Passavia, Passau

Printed in Germany on acid-free paper

ISBN 3-7913-2155-2

Inhalt Contents

Dank

Dieses Katalogbuch hätte ohne die Unterstützung vieler nicht realisiert werden können. An erster Stelle möchten wir Leon Behling von ganzem Herzen danken, der mit unendlicher Geduld und Kooperationsfähigkeit dieses Projekt begleitet hat.

Die Messe Düsseldorf schenkte uns Vertrauen und hat mit visionärem Mut die glasstec-Sonderausstellung und diesen Katalog realisiert.

Dem Büro Print Production Walter Vennemann und seinem Team danken wir für viele Stunden unermüdlicher Arbeit. Die spektakuläre Ausstellungsphotographie wurde von Jens Willebrand und Nigel Young gemacht.

Der Beirat der glasstec hat uns bei unserer Arbeit unterstützt und stand uns bedigungslos bei. Dafür möchten wir uns bedanken.

Ebenso gilt Dank dem glasstec Team der Universität Stuttgart: Joachim Achenbach, Andreas Achilles, Jürgen Hess, Jörg Hieber, Jürgen Marquardt, Elke Moeller, Peter Seger, Bettina Volz und Friedrich Wagner; und den Studenten: Ulrich Dangel, Esther Kauffmann, Florian Krug, Carolin Schaal, Petra Schnutenhaus und Stefan Robanus sowie Pit Lederle und dem ID Büro.

Großzügige Unterstützung wurde uns vor allem zuteil von unseren Autoren und Copyrightleihgebern sowie Reiner Haack, Karl Heinz Herbert, Reinhard Holsten, Sabine Kraft, Karl Heinz Krewinkel, Hans Trischberger, Fritz Otto Thielmann, Klaus Wertz, Katharina Wurm und allen Firmen der Kapitel Fassaden und Materialien, die auch im Anhang des Buches aufgeführt sind und die durch die Verfügungstellung ihrer innovativen Exponate die Ausstellung ermöglicht haben. Insbesondere möchten wir hier nochmals ausdrücklich den Firmen Vegla, Pilkington, Schott, Fischer, Seele, Bischoff und Tambest Oy für ihren außerordentlichen Einsatz danken.

Sophia and Stefan Behling

Acknowledgements

This glass-architec exhibition catalogue for the glasstec fair 98 could not have been realized without the support of many persons and parties. First of all we would like to thank Leon Behling, who accompanied this project with endless patience and co-operation.

The Messe Düsseldorf gave us their deepest confidence and helped realize the glasstec special exhibition and this catalogue with visionary spirit.

We would like to thank the agency Walter Vennemann Print Production and their team for many hours of untiring work. The spectacular exhibition photos were taken by Jens Willebrand and Nigel Young.

The Messe Düsseldorf and the advisory committee assisted our work with unconditional support for which we are very grateful.

In particular we would like to thank the Stuttgart University Glasstec Team: Joachim Achenbach, Andreas Achilles, Jürgen Hess, Jörg Hieber, Jürgen Marquardt, Elke Moeller, Peter Seger, Bettina Volz and Friedrich Wagner; as well as the students: Ulrich Dangel, Esther Kauffmann, Florian Krug, Carolin Schaal, Petra Schnutenhaus and Stefan Robanus as well as Pit Lederle and ID Büro.

Generous support was granted by our authors and copyright loaners as well as Reiner Haack, Karl Heinz Herbert, Reinhard Holsten, Sabine Kraft, Karl Heinz Krewinkel, Hans Trischberger, Fritz Otto Thielmann, Klaus Wertz, Katharina Wurm and all companies mentioned in the chapters "Facades", "Materials", and in the book's appendix. These companies enabled the exhibition by making their innovative exhibits available. Our special thanks goes to the companies Vegla, Pilkington, Schott, Fischer, Seele, Bischoff and Tambest Oy for their generous support.

Sophia and Stefan Behling

Vorwort

Über die letzten Jahre hat sich die glasstec in Düsseldorf als weltweit maßgebliche Leistungsschau zum Thema Glas etabliert. Jede glasstec in Düsseldorf widmet sich mit einer Sonderausstellung einem Thema. Die Themen der letzten Jahre waren: „Glas als Teil von energetisch optimierten Fassadensystemen" und „Glas als Tragender Baustoff". Zu diesen Anlässen wurden einmalige Konstruktionen auf den jeweiligen Sonderausstellungen „Glass Technology Live" und „Glass-architec" der Öffentlichkeit vorgestellt. Im Zuge der Sonderausstellung fanden internationale Fachkonferenzen statt, die sich dem jeweiligen Sonderthema widmeten. Eine Auswahl der Beiträge soll hier vorgestellt werden.

In dem Spannungsfeld von traditioneller Glashandwerkskunst und industriellen „High-Tech"-Fertigungsmethoden entstehen neue Lösungen und Konstruktionen für die Architektur. Jeder noch so gute Entwurf kann erst gebaute Realität werden, wenn sich innovative und geschulte Handwerker zusammenfinden und mit entsprechenden Werkzeugen und notwendigem Material den noch immer faszinierenden Vorgang des Bauens durchführen. Unbedingte Voraussetzung hierfür ist die enge Zusammenarbeit von Architekten und Ingenieuren der Industrie und des Handwerks und von Forschungs- und Entwicklungseinrichtungen an Hochschulen. Keine der vorgestellten Exponate wären ohne diese Synergie denkbar gewesen. Dieser Katalog soll die zum Teil im Zuge von wissenschaftlichen Versuchen zerstörten Bauten dokumentieren.

Die Erfolgsgeschichte dieses relativ neuen und faszinierenden Baustoffs darf nicht darüber hinwegtäuschen, wie groß seine Schwächen sind. Zum einen ist Glas zwar bis zu einem gewissen Grad ideal elastisch, zum anderen aber auch spröde und spontan brechend – ein Problem, das jeder zur Genüge kennt. So wäre es zum Beispiel auch interessant, eine kleine Geschichte der spektakulärsten „Glasbrüche und Glas-Versagen" zu verfassen. Wir müssen uns immer wieder erinnern, daß Glas-Konstruktionen, wie wir sie heute wagen, jedes Mal in gewissem Rahmen Neuland erkunden. Vielleicht liegt eben in der Zerbrechlichkeit von Glas die Motivation, immer gewagtere Konstruktionen zu kreieren. Die Faszination, die Gefahr und Schwerkraft zu überlisten, hat in der Geschichte immer wieder atemberaubende Konstruktionen geschaffen.

Die Frage der Verantwortung der Konstrukteure (Architekten, Ingenieure und der Glasindustrie/Handwerk) in bezug auf die Sicherheit aller Beteiligten und Unbeteiligten ist überaus wichtig: Sicherheit ist und bleibt das höchste Ziel unserer Arbeit. Nichtsdestotrotz bedarf Innovation einer gewissen Risikobereitschaft. Hierbei bietet die glasstec in Düsseldorf alle zwei Jahre ein ideales Forum. Dort werden erste prototypische Konstruktionen vorgeführt, die nicht nur theoretisch denkbar, sondern auch praktisch baubar, jedoch noch zum Teil nicht genehmigungsfähig sind. Wann und wie letztlich diese Konstruktionen zum Einsatz kommen, ist eine Frage des technischen Fortschritts, der finanziellen Mittel für Tests und Messungen und nicht zuletzt der Nachfrage nach innovativen Konstruktionen aus Glas. Glas allein – und als integraler Bestandteil von Fassadensystemen muß in der Lage sein, sicher und dauerhaft als Vermittler zwischen dem je nach Sonnenstand und Klimazone wechselnden Außenklima und dem für Menschen angemessenen Innenklima zu fungieren. Dies ist seit der Entstehung der „Glaswand" ein noch ungelöstes Problem und wird auch in der Zukunft ein Schlüsselthema der glasstec-Sonderschau bleiben. Der energetische Paradigmawechsel am Ende des 20. und zu Beginn des 21. Jahrhunderts wird nicht ohne die Entwicklung neuer Glas-Technologien geschehen. Die großen Herausforderungen der Architektur bedürfen integraler Lösungen: angefangen mit nachhaltigen Gebäude-Konzeptionen bis hin zu komplexen Fassadensystemen. Voraussetzung hierfür sind leistungsfähigere Materialien: Gläser mit höheren Wärmedämmwerten bzw. besseren selektiven Beschichtungen oder gar dynamischem Sonnenschutz. Die Produkte im letzten Kapitel dieses Kataloges sind nur eine subjektive Auswahl des heute Möglichen und sollten zur kritischen Weiterentwicklung motivieren.

Sophia und Stefan Behling

Preface

Over the few last years the glasstec in Düsseldorf has established itself as the most important glass fair worldwide. Every glasstec fair in Düsseldorf includes a special exhibition focusing on one topic. In the past, these have included "Glass as a Component of Energetically Optimized Facade Systems" and "Glass as a Load-bearing Building Material". On these occasions fascinating structures were presented to the public in the respective special exhibitions "Glass Technology Live" and "Glass-architec". Accompanying these special exhibitions, international conferences on the special topic were held. We would like to present a selection of these topics here.

In the field of traditional glass craftsmanship and industrial "high-tech production methods" new solutions for architecture are to be found. However, any well-designed draft can only become reality if innovative and trained craftsmen join forces and work with the right tools and appropriate materials in a building process that has not lost anything of its fascination. A basic prerequisite for this is close co-operation between architects and engineers from both the industrial and the craftsmanship side, as well as research and development institutes at universities. None of the displayed exhibits would have been possible without this synergy. This volume is intended to document the buildings some of which were partially destroyed during scientific experiments.

The increasing use of this relatively new and fascinating building material should not blind us from its obvious weaknesses. A well-known problem is that, while glass demonstrates a certain elasticity under ideal conditions on the one hand, it is also brittle and breaks spontaneously on the other. It would be interesting to write a short history about the most spectacular "glass breakages and failures". We always have to remind ourselves that glass structures – as we dare to construct them today – are a step into unknown territory when they are designed. Perhaps especially this brittleness of glass is the challenge behind creating increasingly daring structures. The fascination of outwitting danger and gravity has always been the reason for designing breathtaking structures.

The question of responsibility to be borne by designers (architects, engineers, and the glass industry/craft business) in terms of safety to all those concerned, either directly or indirectly, is very important. Safety is and remains the highest aim of our profession. However, innovation requires a certain preparedness to take risks. For such topics as this, the glasstec fair in Düsseldorf provides an ideal forum every two years. It is here that prototype structures are presented, which have not only been proved possible in theory, but can actually be built in practice, if the appropriate approval can be obtained. When and how these designs can be realized depends on technical progress, the financial means for testing and measuring, and on the demand for innovative glass structures. Glass alone – and as an integrated component of facade systems – must be able to act safely and durably as an intermediary between outside climatic conditions, continuously changing according to the position of the sun, and inside climatic conditions suitable for humans. Since the invention of the glass wall, this has remained an unsolved problem, and it will be a key topic at a glasstec special exhibition in the future. The energetic change of paradigms at the end of the 20th and at the beginning of the 21st centuries will not take place without the development of new glass technologies. The greatest challenges in the field of architecture require integrated solutions: starting with enduring building concepts to increasingly complex facade systems. Prerequisites for these are more efficient materials: glass with high insulation values, better selective coatings, or even dynamic sun protection. The products in the fourth chapter of this catalogue provide only a subjective selection of today's possibilities and are intended to be a motivating force behind further critical development.

Sophia and Stefan Behling

Glas in der Architektur
Glass in Architecture

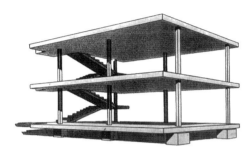

Die geschichtliche Entwicklung von Glas als Baustoff ist speziell im 19. Jahrhundert nicht ohne die entscheidenden Voraussetzungen auf konstruktiver, haustechnischer, sozialgesellschaftlicher und ästhetischer Ebene zu verstehen.

The historical development of glass as building material, especially in the last century, cannot be appreciated without taking into account the decisive prerequisites in engineering, domestic technique, and the social and aesthetic spheres.

Die konstruktive Voraussetzung ist der Skelettbau, und damit die Befreiung der massiven Außenwand von ihrer Aufgabe als primäres Tragelement. Als ein früher Höhepunkt dieser Entwicklung muß man den Crystal Palace in London 1851 von Joseph Paxton ansehen. In den USA setzte sich der aufgelöste Stahlskelettbau schnell durch.

The structural prerequisite was the skeleton structure, which made massive outer walls as the primary supporting element unnecessary. The Crystal Palace in London (Joseph Paxton, 1851) is definitely an early highlight of this development. The reduced steel skeleton structure quickly became popular, especially in the USA.

Bilder des Rohbaus des Reliance Building in Chicago von Burnham und Root lassen die Inspiration, die Mies van der Rohe darin für seinen visionären Hochhausentwurf für Berlin 1927 fand, deutlich erkennen. Mies war fasziniert von den ästhetischen Möglichkeiten, die das Material Glas bietet. Er hat das Potential der sich verändernden Reflektionen – den Effekt geschliffenen Edelsteins, der zu einer Maßstabslosigkeit führt – für die Architektur entdeckt.

Photos of the shell of the Reliance Building in Chicago designed by Burnham and Root clearly show the inspiration Mies van der Rohe found here for his visionary high-rise design for Berlin in 1927. Mies was fascinated by the aesthetic possibilities which glass offers as a material. For architecture he discovered the potential of everchanging reflexions, the cut gem-like effect that defies dimensions.

Andere Protagonisten der Moderne sahen in der „befreiten Wand" auch die Möglichkeit, „Licht, Luft und Öffnungen" für die Masse der städtischen Arbeiter zu schaffen, die in extremer Dichte, in dunklen und ungesunden Mietskasernen lebten.
Die Vorstellung, die Barriere zwischen Innen und Außen auflösen zu können, hat Architekten fasziniert. Die Transparenz und Entmaterialisierung des Körpers in die ephemere Gestalt waren die Ziele, die Künstler dieser Zeit bereits in ihren photographischen Leitbildern vorweggenommen hatten.

Other protagonists of the modern spirit saw the "liberated wall" as a possibility of bringing "light, air and openings" to the masses of urban workers dwelling in extremely densely populated, dark and unhealthy living quarters.
The idea of being able to take down the barrier between inside and outside fascinated architects. The translucence and dematerialization of the physical body into an ephemeral form were goals which contemporary artists had already pursued in their avantgarde photography.

Die zusätzliche künstliche Belüftung, Kühlung und Heizung von Gebäuden wurde nicht nur als notwendiges Übel angesehen, sondern galt als Ausdruck von Fortschrittlichkeit. Hierzu mußte der Innenraum luftdicht abgeschlossen werden, um das zu kontrollierende Luftvolumen zu begrenzen. Eine weitere technische Voraussetzung hierfür waren neue Kompressionskühlgeräte. Daß die Notwendigkeit und Leistung der künstlichen Klimatisierung direkt mit der schwachen Leistung der Fassaden- bzw. der Glasflächen zusammenhing, war zwar jedem bekannt, aber nicht relevant. Dadurch wurde die „befreite Wand" sozusagen durch Energieeinsatz finanziert.

The additional artificial fresh-air supply, air-conditioning and heating of buildings, was regarded as progressive rather than a necessary evil. The indoors had to be air-sealed to limit the controlled air volume. Another technical prerequisite was a new type of compression cooler. Everybody knew that the necessity and capacity of artificial air-conditioning were directly linked to the poor energy rating of the facades, resp. their glass surface areas, but this was deemed irrelevant. So one could say that energy input was used to finance the "liberated wall".

Als ein Höhepunkt dieser Entwicklung ist sicherlich der Sears Tower in Chicago anzusehen (Skidmore, Owings and Merrill 1974). Dieser 400 Meter hohe, gänzlich verglaste Wolkenkratzer war über 20 Jahre lang das höchste Gebäude der Welt. Mit seiner Belegschaft von ca. 10 000 Menschen auf einer Grundfläche von 12 000 m² und 410 000 m² Geschoßfläche ist es eine Kleinstadt mit beträchtlicher Dichte. Das gesamte Gebäude ist luftdicht versiegelt, was dazu führt, daß jeder Kubikmeter Atemluft durch zentrale Luftkanäle angesaugt wird. Ebenso werden Kühlung, Heizung und Beleuchtung zu 100 % elektrisch betrieben. (Der Vergleich mit einem gigantischen Unterseeboot ist naheliegend.)

The Sears Tower in Chicago is definitely a highlight of this development (Skidmore, Owings and Merrill, 1974). This 400 meter high, completely glazed skyscraper was the tallest building in the world for more than 20 years. With its workforce of approx. 10,000 people in an area of 410,000 m² and 10,000 m² floor space this is a town of considerable density. The entire building is air-sealed, which makes it necessary to import every cubic meter of fresh air through central air channels. Likewise air-conditioning, heating and illumination are 100% dependent upon electrical facilities. (The comparison with a giant submarine is obvious.)

Spätestens in den Veröffentlichungen des Club of Rome und der Ölkrise von 1972 war das Thema Energie und deren Erschöpfbarkeit jedem ins Bewußtsein gerückt. Warum es nach dem Ideal von „Licht, Luft und Öffnungen" zu derart hermetisch abgeschlossenen Gebilden kommen konnte, die als Symbol für Fortschritt stehen konnten, muß uns nachdenklich stimmen.

By 1972, the oil crisis and the publications of the Club of Rome had brought the subject of energy and dwindling resources to everybody's attention. The fact that air-sealed buildings were regarded as progressive after the ideal of "light, air and openings" had been established should give us something to think about.

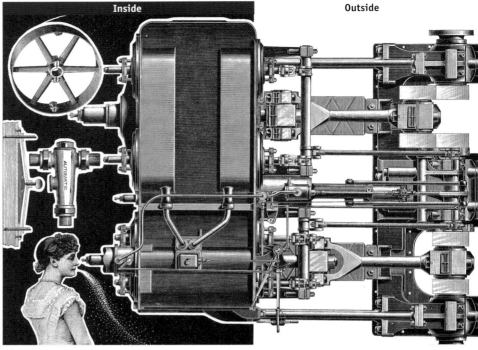

Inside　　　　　**Outside**

Die Krise der 70er Jahre brachte wichtige Impulse für die 80er Jahre. Die stetige Verschärfung der Wärmeschutzverordnungen speziell in Europa hat zur erheblichen Verbesserung der K-Werte von Verglasungen geführt. Die technologische Herausforderung einer aktiven Energiefassade ist von vielen Pionieren der Solarbewegung in Angriff genommen worden. Sie bilden die Grundlagen für viele der neuen Fassaden der 90er Jahre. Die Trombe Wand von Steve Bear ist hierfür nur ein Beispiel (Bild oben links). Die Entwicklungen aus der Luft- und Raumfahrt, wie zum Beispiel die wasserdurchströmte Unterwäsche von Astronauten, bilden eine weitere Inspirationsquelle.

The crisis of the 70's brought important impulses for the 80's. The constant tightening of thermal insulation regulations, especially in Europe, led to considerable improvement of the u-values of glass tiles. Many pioneers of the solar energy movement have started working on the technological challenge of creating an active energy facade. Their research is the foundation for many of the new facades of the 90's. The Trombe Wall designed by Steve Bear is a good example of this (picture top left). Developments in aeronautics and space travel, such as the water-circulated underwear of astronauts, are a further source of inspiration.

Entscheidend für die neuen Fassadensysteme sind zwei Hauptziele: die natürliche Belüftung und eine geschützte außenliegende dynamische solare Verschattung, die ein Maximum an Verglasung und Sichtbezug mit Außen erlaubt. Diese Vorgaben führten zum Teil zu mehrschichtigen Fassaden mit zunehmend aufwendigeren Aluminiumkonstruktionen. Durch die industrielle Vorfertigung lassen sich Module mit der Größe eines PKWs vorfertigen, zur Baustelle transportieren und fix und fertig am Glas-Tragskelett eines Gebäudes einhängen. Die Elemente müssen dann nur noch an den Strom und das computerisierte Gebäudeleitsystem angeschlossen werden.

Two main aims are decisive for new facade systems: a natural fresh-air supply and a protected outer dynamic solar shading, which maximizes the use of glass and enhances visual contact with the outside. This led in part to multilayer facades with increasingly complicated aluminium structures. Industrially preassembled modules the size of a car are prepared, moved to the site and fixed to the glass-supporting structure of a building all at once. All that is left to be done is hooking the modules to the power supply and the building's computer system.

Die Maschinenbau ähnlich anmutenden Fassaden sind zum einen ästhetischer Wille der Architekten, zum anderen auch Ausdruck einer technischen Entwicklungsstufe, die zweifellos verfeinert werden muß. Vergleicht man den Fassadenbau mit anderen industriellen Bereichen wie z. B. der Automobilindustrie, so sind die heutigen Module von ihrem technologischen Entwicklungs- und Produktionsstand nicht viel weiter als ein frühes Ford T Model oder eine Maschine der Jahrhundertwende. Dabei sollte unser Ziel sein, Mehr mit Weniger zu schaffen oder wie Buckminster Fuller schon sagte: „Doing the most with the least".

The mechanical appearance of the facades is often part of the architect's aesthetic design, but it also often expresses a stage of technical development that undoubtedly needs refining. If we compare facade construction to other areas of industry such as the automobile industry, we can say that the technological and production status of today's modules are not much further developed than an early Ford Model T or a machine at the turn of the century. However, our goal should be to achieve more with less, or, as Buckminster Fuller said; "Doing the most with the least."

Entscheidend ist, daß die neuen Fassaden versuchen, die Visionen eines Glashauses mit den komplexen Anforderungen einer für den Nutzer optimierten, aber auch ökologisch und ökonomisch vertretbaren Gebäudehülle zu kombinieren. Diese Entwicklung steht noch am Anfang. Jede der bisherigen Fassadenkonzeptionen birgt Schwächen in sich. Diese liegen in der sommerlichen Überhitzung oder winterlichen Auskühlung, in der hohen Wartung und Reinigung oder im psychologischen Problem des zum Teil fehlenden direkt öffenbaren Fensters begründet.

It is decisive that the new facades try to combine the visions of a glass house with the complex requirements of a user-optimized, but also ecologically and economically sound building skin. This development has only just begun. Each of the facade designs executed to date leaves room for improvement, be it in handling summer overheating or winter undercooling, high maintenance and cleaning, or the psychological problem of not having a window that can be opened at will.

Die Glasindustrie wird leistungsfähigere Gläser und Beschichtungen entwickeln müssen mit idealerweise dynamischen g- und k-Werten. Es ist anzunehmen, daß die Fassaden der Zukunft nicht „einfacher" werden, sondern eher komplexer und dynamischer. Dies ist jedoch durchaus mit weniger Material und Mechanik möglich. Es könnte aber auch zu einer tieferen Fassadenzone kommen, einem „weichen" Übergang von Innen und Außen, der eher fraktalen Rändern ähnelt oder der Silhouette eines Baumes oder einer Lunge. Die ultimative Hülle bleibt die Atmosphäre unserer Erde, eine sich ständig wechselnde Klimahülle nie erreichbarer Schönheit.

The glass industry will have to develop more efficient types of glass and coatings, ideally with dynamic g- and u-values. We can expect facades of the future to be less "simple", but more complex and dynamic. However, this should be possible with less material and mechanical equipment. Or we might see the development of a complex facade zone, a "soft" transition from inside to outside with fractal edges, or something that resembles the silhouette of a tree or a lung. The atmosphere of our earth will remain the ultimate facade, a permanent, self-regulating air-conditioning system of unrivalled beauty.

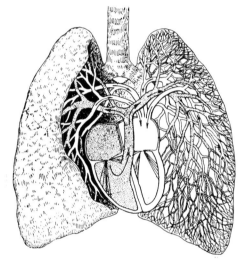

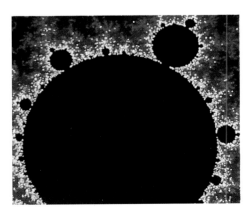

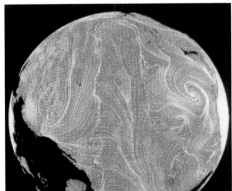

Synergie von Tradition und High-Tech
Synergy of Tradition and High-tech

Vor 2000 Jahren entstand die Glasbläserkunst. Seitdem wurden unterschiedlichste Schmelztechniken und Weiterverarbeitungsmethoden entwickelt. Im 13. Jahrhundert entstanden die ersten Glaserzünfte. Die Bürger waren verpflichtet, bei ihnen zu kaufen und arbeiten zu lassen. Um 1450 bildete sich die erste Glasgemeinschaft, 400 Jahre später (1881) wurde der Reichsfachverband des Glaserhandwerks gegründet mit dem Ziel der Weiterentwicklung und Festigung des Berufsstandes und seiner Organisation.

The art of glassblowing was developed 2000 years ago. Since then various melting technologies and methods for further processing have been developed. In the 13th century, the first glaziers' guilds arose. The citizens were obliged to call on these guilds if they wanted to buy or order glass products. As early as about 1450, the first glaziers' community was established, and 400 years later (in 1881), the Glaziers' Trade Association of the German Reich was founded. The objective was to further develop the glaziers' trade and its associated organizations.

Antikglas ist mundgeblasenes Glas. Es wird durch Blasen von geschmolzenem Glas in eine verlängerte Flaschen- oder Kugelform hergestellt. Spitze und Boden werden hiervon entfernt, so daß ein Zylinder entsteht, der der Länge nach seitlich aufgeschnitten wird. Nach abermaligem Erhitzen in einem Ofen kann es flach ausgerollt werden. Es ist bis heute das Basismaterial für farbiges Glas; es kann durchsichtig oder auch durchscheinend sein. Von mehreren Farben durchwoben oder auch einfarbig, ist jedes Stück einzigartig und handgemacht.

Antique glass, which is the label for mouth-blown glass, is created by blowing molten glass into an elongated bottle shape or bubble, removing the top and bottom so it becomes a cylinder, than cutting vertically down the side and reheating the glass in a kiln until it can be rolled out into a flat sheet. It is still the basic material for stained glass and can be transparent or merely translucent; it can have several colors woven through it or it can be single color, with each piece being unique and truly hand made.

Die Veredelung und Gestaltung von Flachglas, Hohlglas und glasähnlichen Stoffen durch verschiedene Techniken hat lange Tradition im Glaserhandwerk und reicht bis hin zur Anfertigung und Montage von gläsernen Objekten wie Spiegeln, Ganzglaskonstruktionen oder Vitrinen. Designklassiker wie die Wagenfeld-Teekanne des Bauhauses werden auch heute noch traditionell gefertigt.

The refinement and design of sheet glass, hollow glass, and materials similar to glass by applying different technologies have a long tradition in the glazier craft and even include the manufacture and installation of glass objects like mirrors, all-glass structures or display cases. Design classics like the Wagenfeld teapot of the Bauhaus are still manufactured in the traditional way.

Ein Vorteil, der eindeutig für die Verwendung von Glas spricht, ist seine einfache Zusammensetzung, denn Glas besteht nur aus Sand, Natriumkarbonat und Pottasche, die unter Anwendung von Hitze und Energie zu einem kristallklaren Industriestoff geformt werden können. Mit der Zeit hat sich Glas zu einem hochentwickelten technischen Produkt entwickelt. Durch Verändern seiner Oberfläche können sein Aussehen und seine technischen Eigenschaften auf vielfältige Weise variiert werden. Diese Handwerkskunst kann auf eine jahrhundertealte Tradition zurückblicken.

One obvious advantage of glass is its simple constituents, such as sand, soda and potash, which, with the application of heat and energy, are formed into a crystal-clear industrial substance. Since its beginnings, glass has been transformed into a high-tech product. By making changes to the surface, it can be given many different appearances and technical properties. This craftmanship has a tradition that spans centuries.

Fensterbau, Glasveredelung, Glasmalerei und hochmoderne Glasfassaden spiegeln das Können des Glasers wider, der den Umgang mit High-Tech-Produkten ebenso beherrscht wie seine traditionellen Arbeitsgebiete.

Window design, glass improvement, glass painting, and modern glass facades give proof of the glazier's skills and show that the glazier is familiar with both high-tech products and traditional techniques.

Computergesteuertes Design ist heute ebenso ein Werkzeug des Glasers wie die Integration von neuen Baustoffen wie zum Beispiel Photovoltaik, die zum Teil eine neue Gewerkeübergreifende Ausbildung erfordern (Elektrofachkraft). Insbesondere in Deutschland wird die Tradition des Handwerks durch Gesellen und Meister aufrechterhalten. Das Glaserhandwerk der Gegenwart ist ein moderner Handwerksbereich, der alternative Energiegewinnung (Photovoltaik) ebenso umfaßt wie elektronische Komponenten (Sicherheitstechnik).

Today, computer-aided design is a glazier's tool as is the integration of new building materials (e.g. photovoltaic) which require a new type of professional training to include the processing of different types of material (skilled electrical engineer). Especially in Germany, the tradition of the craft is kept alive by means of master craftsmen and journeymen. Today, the glazier's work is a modern trade which includes alternative power generation (photovoltaic plants) as well as electronic components (safety engineering).

Die Weiterentwicklung der Glastechnologie hat die Einsatzmöglichkeiten immens ansteigen lassen. Für das Glaserhandwerk haben sich dadurch interessante neue Aufgabengebiete entwickelt. Glasfassaden oder auch lichtspendende Glaskuppeln sind nur ein Bruchteil dessen. Im Außen- und Innenbereich von Gebäuden bieten sich vielerlei Betätigungsfelder: von der Glasfassade zu Glastüren, gläsernen Möbeln, Spiegeln, Vitrinen bis in den Bereich der Renovierung.

Due to further developments in glass technology, the applicability of glass has increased dramatically. Thus, a variety of interesting fields of application have developed for the glazier's trade. Glass facades or even light-giving glass domes represent only a fraction of these possibilities. There are many outdoor and indoor applications: from the glass facade to glass doors, glass furniture, mirrors, showcases as well as restoration or repair uses.

Glashandwerk – Kunsthandwerk – Kunst
From Crafts to Art and Architectural Glass

Methoden zur Qualitätssteigerung von Glas sind so alt wie die Glaskunst selbst. Der Barock hat sich bis heute auf in Glas geschnitzten Bildern lebendig erhalten: Glasschneider modellierten Menschen, Flora und Fauna. Jugendstilkünstler trennten erstmals Gebrauchszweck und künstlerische Ausführung: Die ersten Glaskunstobjekte entstanden.

Glass improvement techniques are as old as the glazier's art itself. The Baroque period still lives in pictures cut into glass: glass cutters portrayed people, flora and fauna. Art nouveau artists were the first to separate common use and artistic design, thus creating the first works of art made of glass.

Beim Fusing werden speziell hergestellte Gläser auf einer Trägerscheibe plaziert und im Ofen verschmolzen. Dadurch ergeben sich sanfte Übergänge zwischen den einzelnen Farbabschnitten. Durch den Einsatz bestimmter Techniken können auch Effekte wie Blasen oder Schlieren erzeugt werden – eine Methode, die schon vor etwa 4 000 Jahren ausgeübt wurde (Foto Mitte links).

In the fusing process, special types of glass are placed on a base pane and melted together in the oven. With this process, smooth transitions between the individual color sections are achieved. With the application of certain techniques, effects like seeds or streaks can be produced – a method already performed about 4 000 years ago (middle left).

Für den Entwurf von Möbeln bietet sich Glas als faszinierender und vielseitiger Werkstoff an. Zur Verarbeitung kann Glas geklebt, durch Beschläge verbunden oder mit anderen Materialien kombiniert werden (unten Entwürfe der Firma First Glass, Berlin).

Glass is a fascinating and versatile material which is well-suited for the design of furniture. During the processing, glass can be glued, connected by means of fittings or combined with other materials (below, designs by First Glass, Berlin).

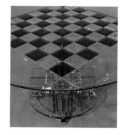

Buxton Thermalbad, ein Dachdesign von Brian Clarke, installiert 1984 (oben). Skulpturen des Glaskünstlers Renato Santarossa (unten re.). Glas-Screens für ein Atrium im St. Johns College in Oxford, entworfen von Alexander Beleschenko (Mitte li.). Eine Atriumverglasung der Firma Kaschenbach in Trier (unten Mitte).

Buxton thermal bath, a roof design by Brian Clarke, installed 1984 (top). Sculptures by the glass artist Renato Santarossa (bottom right). Glass screens for an atrium at St. Johns College in Oxford, designed by Alexander Beleschenko (middle left). An atrium glazing structure made by the Kaschenbach company of Trier (bottom center).

Die vielfältigen, natürlichen Eigenschaften des Glases, seine Transparenz, das Spiel des Lichtes und der Schatten einer Schnittkante, seine Reflexion, werden Ausdrucksträger spektakulärer Glasskulpturen.

The manifold natural properties of glass, its transparency, the play of light and shade, and reflection are the means of expression for spectacular glass sculptures.

Architektonische Glaskunst spielt eine zunehmend wichtige Rolle bei der zeitgenössischen Baugestaltung. Einige Gebäude des 20. Jahrhunderts zeichnen sich gerade durch die beeindruckende visuelle Wirkung aus, die durch Glas erzielt wird. Aus der modernen etablierten Buntglastradition ist eine zeitlose Kunstform entstanden, in der immer mehr Techniken und Werkstoffe eingesetzt und z.T. auch experimentell angewendet werden. Sie wird heutzutage im großen Umfang als wesentlicher Bestandteil von Konstruktion und Stil in öffentliche Gebäude integriert.

Architectural glass art plays an increasingly important role in contemporary building design. Some of the outstanding twentieth-century designs achieve dramatic visual effects with glass. From the modern stained-glass tradition there evolved an ever changing art form, with an increasingly wide and experimental use of techniques and materials. It is now widely incorporated into public spaces as an integral part of a building's structure and style.

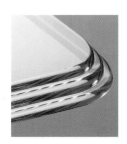

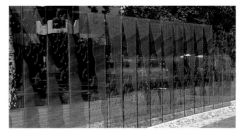

Floatglas-Herstellung
Floatglass Production

Feinkörnige Zuschläge, die streng auf Qualität kontrolliert wurden, werden gemischt und fließen als flache Masse bei 1 500° C auf das geschmolzene Glas in der Schmelze (1). Das Glas aus der Schmelze fließt über einen feuerfesten Auslaß auf die spiegelartige Oberfläche des geschmolzenen Zinns. Dieser Prozeß beginnt bei 1 100° C, wobei das Material das Bad als festes Band bei 600° C verläßt (2). Anschließend kann durch Beschichtungen eine grundlegende Änderung der optischen Eigenschaften mit Hilfe der Temperaturtechnologie auf dem Glasband erreicht werden (3). Trotz der langsamen und gleichmäßigen Formung des Glases treten beim Abkühlen des Bandes beträchtliche Spannungen auf (4). Der Fließprozeß gilt bei der Herstellung von absolut ebenem, schlierenfreiem Glas als führend, und in jeder Stufe erfolgt eine Kontrolle (5). Im letzten Produktionsschritt werden die Kanten des hergestellten Glases mit Diamantschleifscheiben bearbeitet, und das Glasband wird auf die entsprechende Größe geschnitten (6).

Fine-grained ingredients, closely controlled for quality, are mixed to make batch, which flows as a blanket on the molten glass at 1500 degrees celsius in the melter (1). Glass from the melter flows gently over a refractory spout onto the mirror-like surface of molten tin, starting at 1100 degrees celsius and leaving the float bath as a solid ribbon at 600 degrees celsius (2). Then coatings that make profound changes in optical properties can be applied by advanced high-temperature technology to the cooling ribbon of glass (3). Despite the tranquility with which the glass is formed, considerable stress is developed in the ribbon as it cools (4). The float process is renowned for making perfectly flat, flaw-free glass, and inspection takes place at every stage (5). At the last production stage, diamond wheels trim off salvage-stressed edges and cut the ribbon to size (6).

Die Branchensektoren der Glas- und Mineralfaserindustrie: 36,4 % Glasverarbeitung/Veredelung; 20,4 % Behälterglas; 15,3 % Spezialglas; 12,5 % Mineralfaser; 8,4 % Flachglas; 7,0 % Kristall/Wirtschaftsglas.

The branch sectors of the glass and mineral fiber industry: glass processing/refinement 36.4%; container glass 20.4%; special glass 15.3%; mineral fiber 12.5%; sheet glass 8.4%; crystal/industrial glass 7.0%.

Die jährliche Glasproduktion in Deutschland teilt sich in folgende Bereiche: 30 % Bauindustrie; 19 % Ernährungs- und Getränkeindustrie; 14 % Kraftfahrzeugindustrie, 8 % Elektroindustrie; 7,5 % Haushalt- und Gastronomie; 5,5 % Chemie, Pharmazie und Kosmetik; 5 % Möbelindustrie und Innenausbau; 3 % Kunststoff- und Textilindustrie; 3 % Medizin und Forschung; 5 % Sonstige.

The yearly glass production in Germany is shared by the following branches: building industry 30%; food and beverage industry 19%; automotive engineering 14%; electronic industry 8%; household and gastronomy 7.5%; chemistry, pharmacy and cosmetics 5.5%; furniture industry and interior fittings 5%; plastics and textile industry 3%; medicine and research 3%; miscellaneous 5%.

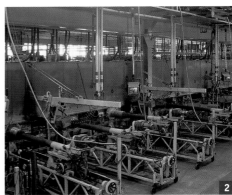

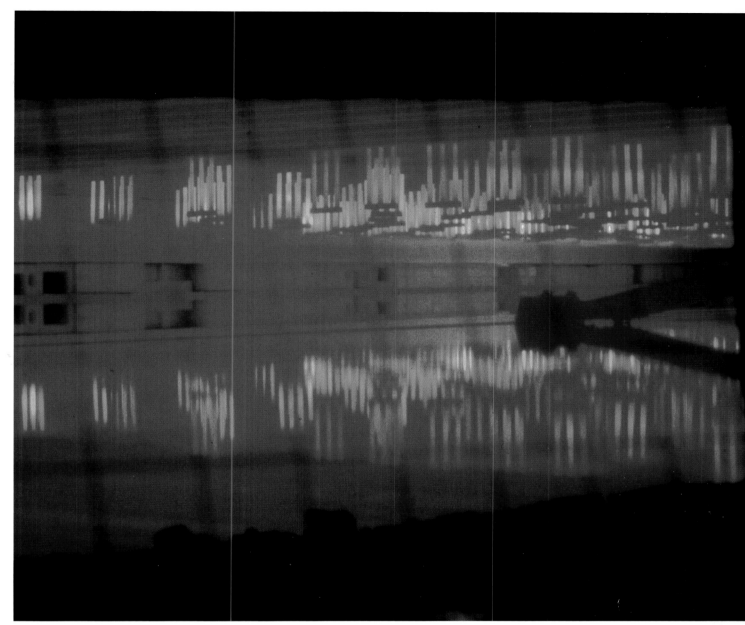

Das Floatglasverfahren ist eine Entwicklung der englischen Firma Pilkington Brothers Ltd. in St. Helens/Lancashire und beruht auf der Tatsache, daß sich bei zwei untereinander nicht mischbaren Flüssigkeiten die spezifisch leichtere (die Glasschmelze) auf der spezifisch schwereren Flüssigkeit (Zinn) ausbreitet („floatet").

Hauptanwendungsgebiet von Floatglas auf Kalk- und Natron-Basis sind Verglasungen im Hochbau. Es bildet auch die Basis für Sicherheitsglas, das im Kraftfahrzeugbau benutzt wird. Mit einer Floatglasanlage können bis zu 750 Tonnen Glas pro Tag hergestellt werden. Dies entspricht 150 000 Quadratmetern bei einer Dicke von zwei Millimetern.

The floatglass technology was developed by the British company Pilkington Brothers Ltd. in St. Helens/Lancashire, and is based on the fact that the specifically lighter of two non-mixable liquids (molten glass) will float on the specifically heavier liquid (tin).

The main field of application of floatglass on limestone and natron bases are glazings in tall building structures. It is also the basis for safety glass, which is used in automotive engineering. Up to 750 tons of glass per day can be manufactured in a floatglass plant. This is equal to 150,000 m³ at a thickness of two millimeters.

Glasvielfalt
Variety of Glass

Die Glasindustrie gehört weltweit zu den innovativsten Branchen. Mit großen Anstrengungen auf den Gebieten Forschung und Entwicklung werden Innovationen hinsichtlich Material, Herstellungsprozeß und Anwendung auf den Weg gebracht.

Zu den gläsernen High-Tech-Objekten gehören Kochplatten aus Glaskeramik wie Linsen aus optischem Glas zur Bündelung eines Laserstrahls zur Energieerzeugung, aber auch Isoliergläser, die wahlweise vor Außenhitze schützen oder Innenwärme speichern. Glas übernimmt wichtige Funktionen etwa in superschnellen Rechnern der nächsten Generation oder in der Telekommunikation.

Zu den spektakulärsten Leistungen gehören die im Schleudergußverfahren hergestellten Spiegelträger der 8-Meter-Klasse – die weltweit größten monolithischen Glasteile – aus „Zerodur"-Glaskeramik.

The glass industry is one of the most innovative worldwide. With great effort in terms of research and development, new innovations regarding the material, manufacturing processes and fields of application are being developed. The high-tech glass objects in use at present include cooking elements made of glass ceramics as well as lenses made of optical glass for focusing a laser beam for energy generation, but also insulating glass, which can either protect the interior from the environment's heat or save interior heat. Glass fulfills various functions, e.g. in high-speed computers of the next generation or in the field of telecommunications. One of the most sensational developments are the mirror bases of the 8 meter class consisting of "Zerodur" glass ceramics produced by means of the centrifugal casting process – the largest monolithic glass structures worldwide.

Der Zerodur-Spiegel für das Very Large Telescope der ESO in Chile wurde mit spezieller Technologie gefertigt. Die vier Tonnen schweren Hauptspiegel für die Teleskope sind mit einem Durchmesser von über 8,2 m der Welt größte Glaskeramik-Monolithen. In den ersten sechs Monaten wird jeder Rohling bei REOSC/SFIM mit der Präzision bis zum millionstel Teil eines Meters feingeschliffen und dann unter einem 30 Meter hohen Turm plaziert. Ein in der Mitte des Turms installierter Laser erstellt eine Karte der kleinsten Vertiefungen und Erhebungen mittels Interferomessungen.

The Zerodur mirror for the Very Large Telescope of the ESO in Chile was manufactured using special technology. Each of the main telescope mirrors weighs four tons and has a diameter of more than 8.2 m, making them the world's largest glass-ceramics monoliths. During the first six months of production, each blank is finish-ground at REOSC/SFIM with a precision of up to one millionth of a meter and is then placed below a tower 30 m high. A laser unit installed in the center of the tower is then used to make a map of the smallest dents and bumps via interferomeasurement.

Dünngläser gehören zu den wichtigsten Zukunftsfeldern für Displays. Der Boom bei Notebooks und Handies, bei flachen Fernsehbildschirmen und auch bei Kfz-Navigationssystemen läßt die Nachfrage nach solchen Spezialgläsern kontinuierlich steigen. Die Glasstärken reichen dabei von 0,03 mm – dem dünnsten Glas der Welt – bis 1,9 mm. Sie werden im Ziehschacht der Down-Draw-Produktionsanlage hergestellt.

Thin glass is one of the most important future materials for displays. The notebook and handy boom and the increased demand for flat TVs and vehicle navigation systems are continuously increasing consumption of these types of special glass. The glass thickness ranges from 0.03 mm – the thinnest glass world-wide – to 1.9 mm. They are manufactured in the draw-shaft of the down-draw production plant.

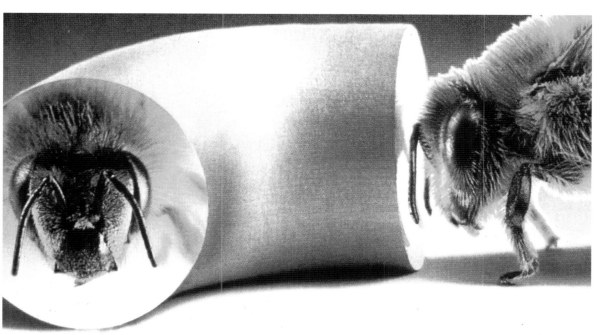

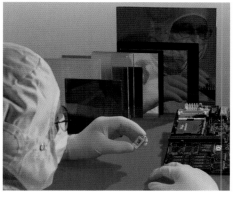

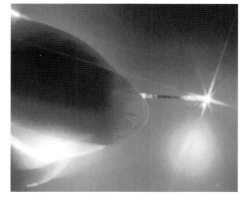

Aus einer zähflüssigen Glasschmelze lassen sich dünne Glasfasern ziehen. Eine Kieselglasfaser mit 4 mm Durchmesser hat eine Zerreißfestigkeit von 3000 N/mm². Man unterscheidet Textilfasern und Isolierglasfasern. Weit über 90 % der Endlosfäden dienen zum Verstärken von Kunststoffen. Je ein Drittel geht in die glasfaserverstärkten Duroplaste der Fahrzeug- und Elektroindustrie. Oft verwendet man Glasfasergewebe bei Tapeten und Vorhängen aufgrund deren hoher Feuerbeständigkeit. Zur Herstellung von Glaswolle fließt die Glasschmelze durch eine Platindüse aus, was einen dicken Faden entstehen läßt. Aus den Blasdüsen tritt seitlich Preßluft, reißt den Faden weg und zieht ihn haarfein aus.

Thin glass fibers can be drawn from a semi-liquid glass melt. A silica glass fiber with a diameter of 4 mm has a tensile strength of 3000 N/mm². One differentiates between textile fibers and insulation glass fibers. Much more than 90% of the "endless" fibers are used to reinforce plastics. One third of the production is used for glass fiber reinforced duro-plastics for the automotive, engineering and electronic industries. Due to their high fire resistance, meshed glass fibers are also used for wallpapers and curtains. For the manufacture of glass wool, the glass melt flows through a platinum nozzle, producing a thick fiber. Pressurized air emerges from blast nozzles, pulls the fiber away and extrudes it fine as a hair.

Mit der Entwicklung von Techniken, niederviskose Glasmassen Fäden auszuziehen, sind dem Glas weitere Anwendungsgebiete eröffnet worden. Optische Glasfasern werden bei der Lichtgestaltung von Schaufenstern, Vitrinen oder ganzen Gebäudefassaden genutzt. Mit starren Bildleitern lassen sich sogar Bilder übertragen.

With the development of technologies to draw threads from low-viscosity glass masses, new fields of application also arose for glass. Optical glass fibers are applied for the light design of window displays, display cases or complete building facades. With rigid glass fiber, even images can be transferred.

Für die Halbleiterindustrie werden als Ergänzung zu hochhomogenen optischen Gläsern auch synthetisches Quarzglas und Kalziumflorideinkristalle als Grundmaterial für die nächste Objektiv-Generation in Wafer-Steppern hergestellt.

As an addition to homogeneous optical types of glass, synthetic silica glass and calcium fluoride crystals are also produced for the semiconductor industry as a base material for the next objective generation in wafer steppers.

Aus Bergkristall kann ein besonders reines Glas geschmolzen werden: das Kieselglas. Dieses Material ist für Licht sehr durchlässig, hält wesentlich höhere Temperaturen aus und ist chemisch besonders widerstandsfähig.

A very pure glass can be melted from rock crystals: the silica glass. This material is very translucent, resists much higher temperatures and has a high chemical resistance.

Funktions- und Spezialgläser
Functional and Special Glass

Verbundglas ist ein Aufbau, bestehend aus einer Glasscheibe mit einer oder mehreren Scheiben aus Glas, die durch eine oder mehrere Zwischenschichten miteinander verbunden sind. Bei diesen Glasscheiben kann es sich um einfaches Floatglas – oder auch beschichtetes Glas –, thermisch vorgespanntes Einscheiben-Sicherheitsglas oder um ein teilvorgespanntes Glas handeln.

Laminated glass is a construction consisting of one glass pane with one or more glass panes, which are connected by means of one or more intermediate layers. These glass panes can be normal floatglass – or even coated glass – thermally pre-tensioned single layer safety glass or partially pre-tensioned glass.

In den letzten Jahren wurden die Wärmeeigenschaften von Glas entscheidend verbessert. Bei der Doppelverglasung konnte der Wärmeverlust durch das Fenster durch einen Spalt trockener Luft zwischen den hermetisch abgeschlossenen Scheiben reduziert werden. Emissionsschützende Beschichtungen reduzieren die Oberflächenabstrahlung durch Reflektion der langwelligen Infrarotstrahlung.

The thermal performance of glass has been improved radically during the last few years. The double-glazed unit reduces heat loss through a window by means of a dry air cavity between two panes that are hermetically sealed together. Low emissivity coatings – Low E coatings – reduce the surface emissivity by reflecting long-wave infrared radiation.

Verbundsicherheitsglas ist ein Verbundglas, bei dem im Fall eines Bruches die Zwischenschicht dazu dient, Glasbruchstücke zurückzuhalten, die Öffnungsgröße zu begrenzen, eine Reststeifigkeit zu bieten und das Risiko von Verletzungen zu verringern.

Laminated safety glass is a type of laminated glass with an intermediate layer which retains the pieces of broken glass in case of a break, reduces the hole size, maintains a residual rigidity and minimizes the risk of injuries.

Zur Herstellung von thermisch vorgespanntem Glas, auch als ESG Glas bezeichnet, wird die Scheibe auf ca. 80 - 100° Grad Kelvin über den Transformationspunkt erhitzt und dann schlagartig mit kalter Luft abgekühlt. Die dadurch auf der Oberfläche entstehenden Spannungen erhöhen die Widerstandskraft des Glases. Wird dieses Glas überlastet, zerfällt es in kleine stumpfkantartige Stücke.

For the production of thermally pre-tensioned glass, also referred to as SLG, the pane is heated to approx. 80–100 degrees Kelvin above the transformation point and subsequently quickly cooled with cold air. The tension formed on the surface increases the durability of the glass. If this glass is overstressed, it breaks into small blunt-edged fragments.

Brandschutzglas ist ein Flachglasprodukt, das in Verbindung mit geeigneten Haltekonstruktionen die Herstellung einer Verglasung der Feuerwiderstandsklasse F oder G erlaubt, die den Flammen- und Brandgasdurchtritt für einen fest angegebenen Zeitraum verhindert.

Fire protection glass is a sheet glass product, which, in combination with suitable support constructions, can be used to produce a glazing designed for the fire protection class F or G. Such glass prevents flames or combustion gas from penetrating for a predefined period of time.

Es entsteht Schall, wenn Vibrationen auf die Moleküle im umliegenden Bereich übertragen werden. Der Schall wird über Wellen übertragen, die sich mit ungefähr 330 Metern pro Sekunde bewegen. Die Schallübertragung verläuft in Feststoffen mit größerer Geschwindigkeit, jedoch kann der Schall nicht durch ein Vakuum übertragen werden. Glas kann mit einer schalldämmenden Zwischenschicht versehen werden, um die Schalldämmung zu verbessern.

Sound originates when a vibration is communicated to molecules in the surrounding area. It spreads through waves that travel at ca. 330 meters per second. Through solids it is transmitted with greater velocity – but it can not pass through a vacuum. Glass can be fitted with an acoustic interlayer to improve absorbing qualities.

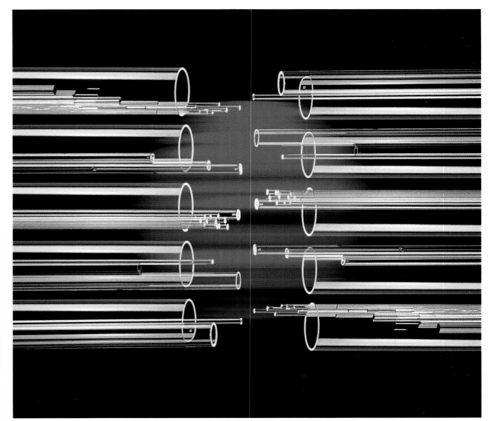

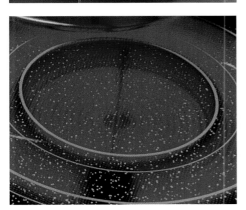

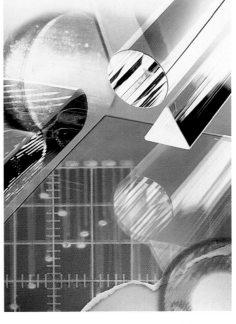

Ceran-Glaskeramik erlaubt neues Design in der Hausgeräteindustrie. Schott entwickelte eine bis zu zwei Meter lange Mulde aus Glaskeramik, in der Speisen direkt, ohne Verwendung von Pfannen und Töpfen, zubereitet werden können. Die Glaskeramik-Kochfläche läßt sich mit einem Biegewinkel zwischen 90 und 180 Grad formen.

Cerane glass ceramics allow for new designs in household appliances. Schott has developed a hutch of up to 2 m in length with watertight glass ceramic separating elements in which food can be prepared directly, without using pans or pots. The glass ceramic cooking area can be formed with an angle between 90 and 180 degrees.

Bildschirme und Trichter mit Blasengrößen kleiner als 0,5 mm engen Toleranzen bei der Rauhigkeit im Inneren des Bildschirms und einer wirksamen Röntgenstrahlabsorption sind Beispiele für hohe Qualitätsanforderungen. Aus Spezialglasröhren gefertigte Ampullen und Fläschchen für die pharmazeutische Industrie sind eine Glasdomäne.

Monitors and funnels with seed sizes lower than 0.5 mm, low tolerances in regard to the coarseness on the inside of the monitor and an effective x-ray absorption, are examples of high-quality requirements. Ampules and small bottles made of special glass tubes for the pharmaceutical industry are in the domain of glass.

Rohrglas wird aus Borosilikatglas hergestellt. Die weltweit größten hergestellten Röhren haben einen Durchmesser von bis zu 45 cm. Stäbe und Röhren aus Borosilikatglas mit unterschiedlichen Innen- und Aussenprofilen ermöglichen neue Produktkonzeptionen aus Glas. Sie sind beständig gegen Temperaturschwankungen und Korrosion und eignen sich zur Weiterverarbeitung für Lichtlenksysteme oder Lichtkörper. Dieses Glas zeichnet sich durch hohe Transmission im Bereich der sichtbaren Strahlung sowie im IR- und UV-Bereich aus.

Tube glass is made of borosilicate glass. The biggest tubes worldwide have a diameter of up to 45 cm. Rods and tubes made of borosilicate glass with different inner and outer profiles allow for new product conceptions of glass. They are resistant to temperature changes and corrosion and are suited for the further production of light-deflection systems or light bodies. This glass stands out for its high transmission in the range of visible radiation as well as in the IR and UV ranges.

Anders als Flachglas, Glasfasern und Hohlglas ist Spezialglas nicht durch seine Erscheinungsform bestimmt. Entscheidend ist die Anwendung, und ihr müssen die verschiedenen Spezialgläser in ihren Eigenschaften angepaßt sein. Durch die Auswahl geeigneter Zusammensetzungen ist dies möglich. Das Ergebnis sind Spezialgläser mit hoher chemischer und thermischer Beständigkeit sowie Gläser mit weitgefächerten optischen, elektrochemischen oder besonderen anwendungstechnischen Eigenschaften.

In contrast to sheet glass, glass fibers and hollow glass, special glass is not defined by its appearance. Here, application is key. And the different types of special glass may be suited to an application based on their properties. One must choose suitable compositions. The result are types of special glass with a high chemical and thermal resistance as well as types of glass with wide-ranging optical, electrochemical or special application-specific properties. Exposition returns to its original value.

Farbiges Glas
Colored Glass

Maschinengezogene Farbgläser sind glatte, durchgefärbte Gläser, die in einer Vielfalt von Techniken verarbeitet werden können: Schneiden, Schleifen, Bohren, Sandstrahlen, Löten und Formen. Das bedeutet, daß es auch zur Herstellung von Verbundsicherheitsgläsern oder Isolierglasscheiben verwendet werden kann. Glasstärken reichen von 2,5 mm bis 8,5 mm. Maximale Größen sind 1 600 mm x 1 500 mm.

Machine-drawn colored glass is a smooth tinted glass which can be worked using a wide variety of techniques: cutting, grinding, drilling, sand-blasting, soldering or shaping. This means that it can also be used to make laminated safety glass or insulating glass. Glass thicknesses range from 2.5 mm to 8.5 mm. Maximum sizes are 1 600 x 1 500 mm.

Laminatglas bietet neben durchgefärbtem Glas eine Alternative für farbiges Glas. Hierbei werden zwischen zwei Glasscheiben Farbfolien aus Polyvinylbutyral gespannt, durch deren Überlagerung eine fast unbegrenzte Anzahl von Farbnuancen erzielt werden kann. Bei der Produktion von farbigen Sicherheitsgläsern wird eine bedruckte Polythylenfolie zwischen zwei Polyvinylbutytalfolien gespannt, die im Verbund das Laminat bilden. Zum Farbtransferdruck werden die Tonerpartikel eines herkömmlichen Laserfarbkopierers spiegelbildlich auf eine spezielle Transferfolie kopiert.

Laminated glass provides an alternative to colored glass in addition to tinted glass. In this case, colored foils of polyvinyl butyral are tightened between two glass panes. Due to the overlapping of these foils, almost any desired shade can be achieved. In the production of colored safety glass, a printed polyethylene foil is stretched between two polyvinyl butytal foils which form the laminate by bonding. For the color transfer print the toner particles of a normal laser color copier are copied – mirror-inverted – on a special transfer foil.

Sonnenschutzglas am Willis Faber and Dumas-Gebäude in Ipswich, England.

Glass for sun protection at the Willis Faber and Dumas building in Ipswich, UK.

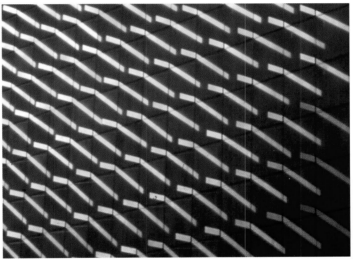

Das Einfärben und Emaillieren von Glas ist bereits aus der Historie bekannt. Vor 35 Jahren hat eine andere Art der farbigen Gestaltung seinen Anfang genommen: beschichtete Gläser. Eine hauchdünne Metallschicht wird dabei auf das Glas gebracht, die selektiv entweder kurzwellige oder langwellige Wärmestrahlung eindringen läßt. Je nach Beschichtung können Gläser demnach als Sonnenschutz oder als Wärmeisolierglas eingesetzt werden. Eine jüngere Entwicklung ist die, durch den Einsatz großflächiger Siebbedruckung an Gebäuden farbige Akzente zu setzen. Auch hier wird mit Glasemail gearbeitet, wobei hierbei nachträglich auf das Floatglas Farbpigmente eingebrannt werden.

Coloring and enameling of glass has been known throughout history. Thirty-five years ago another type of colored design emerged: coated glass. A very thin metal layer is applied to glass, which selectively lets either short-wave or long-wave heat radiation pass. According to the type of coating, glass can thus be used as sun protection or heat insulation. A more recent development is to create color accents by applying large-surface screen-printing on buildings. In this case, glass enamel is used too, but the color pigments are burned into the floatglass later.

Schichtfolge und Dicke, d.h. das berechnete Schichtdesign, bestimmen die optischen Eigenschaften der Beschichtung. Der Prozeßrechner bestimmt diese Größen durch Festlegung der Pulszahl für jede Gasart. Zugleich können Filterfunktionen und damit die Farbe des durchgelassenen Lichtes über die Software definiert werden.

The succession of layers and layer thicknesses, i.e. the calculated layer design, determines the optical properties of the coating. The process computer determines these values by specifying the pulse rate for each gas type. At the same time, filtering functions and hence the color of the transmitting light can be defined via the software.

Für Kaltlichtspiegel wie Halogenlampenreflektoren sind dichte, harte und umgebungsstabile Beschichtungen erforderlich. Zur Beschichtung wird hochbrechendes Titanoxid im Wechsel mit niedrigbrechendem Siliziumoxid mehrfach übereinander im Schichtpaket abgeschieden.

For metal oxide vaporized mirrors, such as high-density halogen light reflectors, hard and environment-stable coatings are required. High-breaking titanium oxide in alternation with low-breaking silicon oxide is emitted several times in the layer arrangement.

Bei dichroitischen Wärme- und Lichtseparatoren bewirken Mehrfachbeschichtungen eine selektive Durchlässigkeit und Reflexion von Licht- und Wärmestrahlen. Abgesehen von energetischen Aufgaben sowie Sonnen- und Blendschutz bei Baugläsern besitzt darüber hinaus dieses Material ein hohes ästhetisches Potential. Glas läßt sich im Gegensatz zu Kunststoffen, wie z.B. Polycarbonat sowie Acryl, dichroitisch beschichten.

In the case of dichroic heat and light separators, multiple coatings cause a selective transition and reflection of light and heat radiation. In addition to the energy-related and sun and glare protection capabilities of building glass, this material has a high aesthetic potential. In contrast to plastics like polycarbonate and acryl, glass can be coated dichroically.

Geformte Gläser
Shaping Glass

Die Verformung von Glas erfolgt dann, wenn das Glas seinen Erweichungspunkt erreicht hat (ca. 600 °C). Diese Umwandlung und die verschiedenen Biegetechniken führen dazu, daß das Glas Verdrehungen aufweist, die vor allem bei Lichtreflektion sichtbar werden. Der Verdrehungsgrad ist von der Glasstärke, der Glasart und der Biegung abhängig. Präzision bei der Herstellung der Biegeformen und hochentwickelte Biegeanlagen können das Phänomen verringern.

The glass bends when it has reached its deformation point (approx. 600°C). This conversion and different bending techniques cause the glass to twist, and this effect is particularly visible when light reflects off of the glass. The degree of torsion depends on glass thickness, the type of glass and the bending. Precision during the production of bending moulds and highly developed bending systems can reduce this phenomenon.

Das flache Rohmaterial wird in einem Ofen bis zum Transformationspunkt und darüber hinaus erhitzt. Anschließend werden verschiedene Techniken angewandt, um das Glas in die gewünschte Form zu bringen.

The flat, raw material is heated in a furnace up to and beyond the transformation temperature. Various techniques are then used to create the required shape.

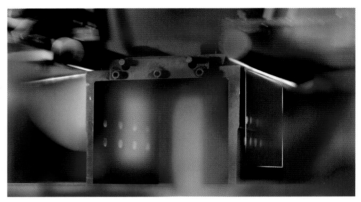

Alle Glasarten können gebogen werden: klares Glas, eisenarmes Floatglas, farbiges, reflektierendes und Low E-Glas. Die Glasstärke ist durch die Maße und die Minimal-Radien gegeben.

All types of glass can bend: clear glass, low-iron floatglass, colored glass, reflective glass and Low E glass. The glass thickness is defined by the dimensions and the minimum radii.

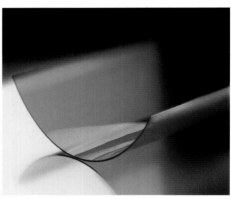

Verbundsicherheitsglas erfährt bei der Biegung die gleiche Behandlung wie monolithisches Glas. Bei VSG werden zwei oder mehr Scheiben aufeinander gelegt und dann gebogen. Auf diese Weise wird vollkommene Oberflächenparallelität erreicht, die für den anschließenden Laminierungsprozeß unabdingbar ist. Der Verbund von Glas und PVB-Folie in Vakuumsäcken oder mit Hilfe von Pressen erfolgt in einer abgeschlossenen Kabine mit streng kontrollierter Temperatur, Luftfeuchtigkeit und Druck.

During bending, laminated safety glass is treated like monolithic glass. In the case of LSG, two or more panes are placed on top of one another and then they are bent. This procedure enables a perfect parallelism of the surfaces which is absolutely necessary for the subsequent lamination. The bonding of glass and PVB foil in vacuum bags or by means of presses is carried out in a sealed cabin in which temperature, air humidity and air pressure are strictly controlled.

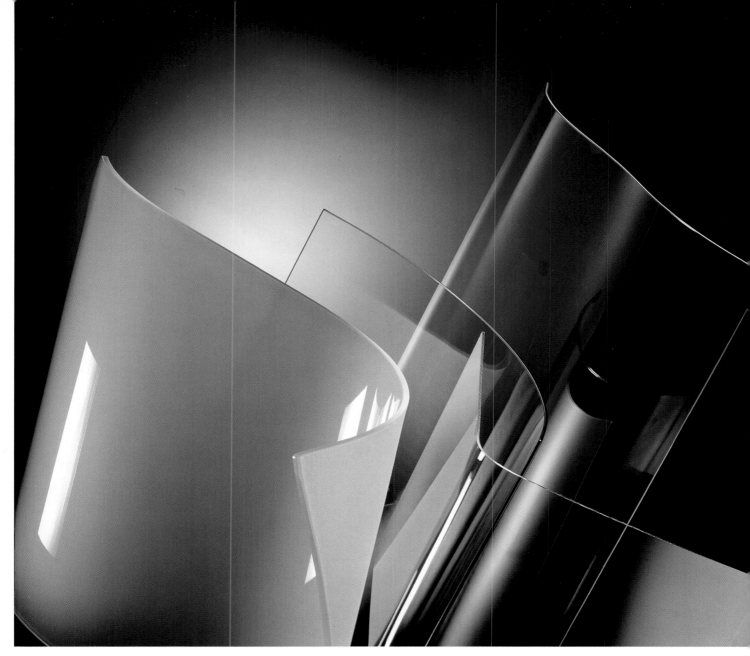

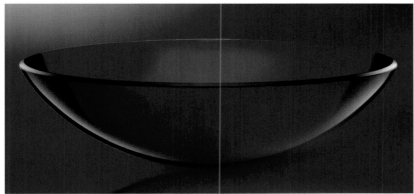

Normal gekühltes Glas
nimmt im Laufe eines allmählichen und ständig kontrollierten Erwärmungsprozesses und einer anschließenden langsamen Abkühlung eine vorgegebene Form an. Die Nachbehandlung des Glases verleiht diesem Stabilität, da sich die in der Glasstruktur gebildeten Spannungen auf diese Weise neutralisieren. Das normal gekühlte Glas kann nach diesem Prozeß noch weiterverarbeitet werden: Schnitt, Kantenschliff und Lochbohrungen.

Normally cooled glass
takes on a defined shape during the course of a steadily and continuously controlled heating process and a subsequently slow cooling. The post-treatment of the glass gives it stability since the tensions formed in the glass structure are neutralized this way. The normally cooled glass can be further treated after this process by cutting, edge grinding and drilling.

Fahrzeuggläser und Laser-cutting
Vehicle Glass and Laser-cutting

Flachglasbearbeitungs-anlagen für die Bau- und Automobilindustrie, wie z.B. Schneid-, Schleif-, Brech- und Sortiersysteme sowie Wasserstrahl-, Schneide-anlagen und Kaltes-Ende-Anlagen für Glas-hütten im Floatglas-bereich, werden heute vielerorts benutzt. Der Fertigungsablauf vom Glaszuschnitt bis zur fertigen Einheit wird durch ein Produktions-planungssystem in der geplanten Auftrags-reihenfolge gesteuert. Auch im Bahn- und im Flugverkehr spielt Glas eine wichtige Rolle. Frontglas beim Flugzeug hält beispielsweise den Zusammenprall mit ei-nem zwei kg schweren Vogel bei einer Geschwin-digkeit bis zu 1 100 km/h stand. Klar und sichtfrei bleibt die Cockpitschei-be selbst bei außerge-wöhnlichen Witterungs-verhältnissen und Tem-peraturen im Bereich von minus 80 Grad bis plus 100 Grad Celsius.

Today, sheet glass processing systems are widely used for the building and automotive industries: this includes cutting, grinding, break-ing and sorting systems as well as water jet cut-ting systems and cold-end systems for glass-works. The production process – from glass cutting to the completed unit – is controlled via a production planning system.
Glass plays an important role also in the railway and airline industries. For example, the wind-shields of airplanes can withstand the impact of a bird with a weight of 2 kg at a speed of up to 1100 km/h. The cockpit pane remains clear and transparent even in the case of extraordinarily bad weather conditions and temperatures rang-ing from minus 80°C to plus 100°C.

Die Tiefziehtechnik von SIV wird im Automobil-bau eingesetzt. Für die meisten Formen werden die Grenzen durch die optische Verzerrung ge-setzt. Das Hänge-Biege-Verfahren wird bei der Herstellung von Wind-schutzscheiben am häu-figsten eingesetzt. Das an den Kanten aufge-hängte Glas wird bis zur plastischen Phase er-hitzt und biegt sich un-ter dem eigenen Ge-wicht bis zum Erreichen der gewünschten Form durch (Gravitations-Hänge-Biege-Verfahren). Die Steuerung erfolgt über die Verteilung des Temperaturmusters auf der Scheibe.

SIV's deep-bending technology is widely used in the automobile industry. Here, optical distortion sets the limit for most shaping. Sag bending is the most widely used process for windshields. The glass, supported peripherally and heated to the plas-tic phase, is allowed to sag under its own weight to the desired shape (gravity sag bending). Control is through the pattern of temperature distribution across the sheet.

Neben Metall und Kunststoff gehört auch Glas zu den wichtigsten Materialien im Automo-bilbau. Die verglasten Flächen vergrößern sich stetig. Durch innovative Technologie ist Autoglas heute in der Lage, 95 % der einstrahlenden Son-nenenergie zu absorbie-ren; außerdem werden bis zu 98 % der ultra-violetten Strahlung durch Einfärbung des Glases zurückgehalten.

Besides metal and plastic, glass is one of the most important ma-terials used in automo-tive engineering. The number of surfaces con-sisting of glass is stead-ily increasing. Because of innovative technol-ogy, glass is able to ab-sorb up to 95% of in-coming sun energy; in addition, up to 98% of UV radiation is kept out by means of glass colorization.

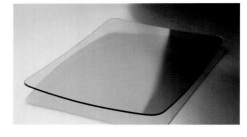

Ein wesentlicher An-wendungsbereich von Glas im Automobilbau sind Spiegel. Die Her-stellung asphärischer Spiegel macht es mög-lich, den „toten Winkel" fast vollständig zu be-seitigen.

Mirrors are an impor-tant field in the applica-tion of glass in automo-tive engineering. The production of aspherical mirrors reduces blind spots to the greatest ex-tent possible.

Eine Trennmethode mit exzellenter Kantenqualität bietet die neue Laserschneidemethode. Hierbei wird mit dem CO_2-Laser das Glas an der Oberfläche erhitzt. Der Laser dringt dann im Bereich von 15 und 20 µm in das Material ein. Eine plötzliche Temperaturänderung im Glas erzeugt Spannungen und läßt das Glas zerbrechen. Mit einem Laser kann sehr präzise ein bestimmter Punkt des Glases erhitzt werden, wodurch sich das Glas ausdehnt. Beim Abkühlen des Glases treten Spannungen auf.

A cutting method with excellent edge quality is offered by the new laser-cutting method. In this method, the glass surface is heated by CO_2 laser. The laser penetrates into the material in the 15 and 20 µm range. A sudden change in temperature within the glass creates tension and separates it. A laser can precisely heat a specific point on the glass, causing the glass to expand. When it is cooled, tension is created.

Die Technologie der Maschinen ermöglicht es uns, stilvolle Fasen, Stangen und Pfeiler in unterschiedlichen Formen auf Innenprofile, Innenwinkel und Spiegel zu schleifen. Gleichzeitig können auch Glas/Marmor- oder Glas/Granit-Verbindungen für Tische hergestellt werden.

Machine technology enables us to execute bevels on internal profiles, internal angles, and mirrors in different shapes. Glass coupling with marble or granite for tables can be processed at the same time.

Die Lasertechnik hat den technologischen Durchbruch bei den grundlegenden Bearbeitungsmethoden von Glas eingeleitet. Dadurch wurden die Grenzen traditioneller Methoden überwunden, und durch ein wirtschaftliches einstufiges Verfahren wird eine bessere Kantenqualität und gesteigerte Festigkeit erzielt.

The laser technique has enabled a technological breakthrough in basic manufacturing methods. It overcomes the limitations of traditional methods, producing superior edge quality and strength in an economical, single-step process.

Holographische Fassadenelemente
Holographic Facade Elements
Helmut Müller, GLB

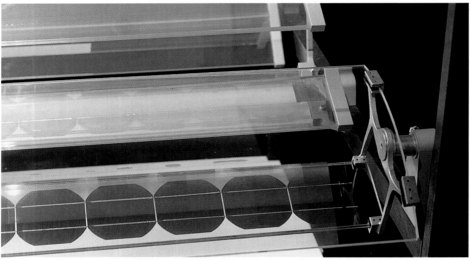

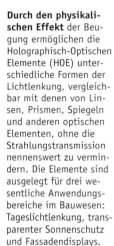

Durch den physikalischen Effekt der Beugung ermöglichen die Holographisch-Optischen Elemente (HOE) unterschiedliche Formen der Lichtlenkung, vergleichbar mit denen von Linsen, Prismen, Spiegeln und anderen optischen Elementen, ohne die Strahlungstransmission nennenswert zu vermindern. Die Elemente sind ausgelegt für drei wesentliche Anwendungsbereiche im Bauwesen: Tageslichtlenkung, transparenter Sonnenschutz und Fassadendisplays.

Due to the physical effect of diffraction, holographic optical facade elements enable different possibilities of light direction, which can be compared to directing light by means of lenses, prisms, mirrors, and other optical elements without decreasing the radiation transmission to a great extent. These elements are designed for three main application areas in construction: daylight deflection, translucent sunlight protection, and facade displays.

Lenkung des Tageslichtes in Dachelementen oder ähnlichen Lichtöffnungen können mit lichtlenkendem Glas ausgeführt werden, das direktes Sonnenlicht in die dunklen Bereiche des Innenraumes umlenkt. So lassen sich z.B. hohe Atrien, Innenhöfe oder Treppenräume gleichmäßig bis auf den Boden ausleuchten. Eine besondere Lösung ist der Einbau im Wechsel mit Photovoltaik-Modulen.

Deflection of sunlight using roof elements or similar skylights can be achieved with light-deflecting glass that deflects direct sunlight into dark areas of the interior. In this way it is possible, for example, to evenly illuminate high atriums, inner courtyards, or stairways down to floor level. A special solution is the installation of such elements with photovoltaic modules.

Lenkung des diffusen Tageslichtes mit HOE: Die Leuchtdichte des bedeckten Himmels ist im Zenit wesentlich höher als am Horizont. Es ist also sehr vorteilhaft, Licht mittels holographischer Gläser aus dem Zenitbereich in das Gebäude umzulenken. Das aus einem bestimmten Zenitbereich auf die Hologramme einfallende Licht wird beim Durchdringen des Hologrammfilmes gebeugt und zur Decke des Raumes gelenkt. Hierbei können Räume bis zu 10 m Tiefe mit Tageslicht ausgeleuchtet werden. Sofern während der Arbeitszeit mit direkter Besonnung der Fassade zu rechnen ist, empfiehlt sich der Einsatz von Weißlichthologrammen zur Vermeidung von Farbzerlegung.

Deflecting diffuse daylight by means of holographic optical elements (HOE): The light density of a cloudy sky is much higher at the zenith than it is at the horizon. Therefore it is very advantageous to deflect this light by means of holographic glass from the zenith area into the building. The light from a specific zenith area hitting the holograms is diffracted while penetrating the hologram film, and then deflected to the ceiling of the room. In this way it is possible to provide daylight to rooms up to a depth of 10 m. If the facade is exposed to direct sunlight during working hours, the use of a white light hologram is recommended in order to avoid color splitting.

Bei klarem und sonnigem Himmel wird in den meisten Räumen aus Sonnen- und Blendschutzgründen eine Verschattung unumgänglich, welche zu einer Verdunklung des dahinterliegenden Raumes führt. Durch gezielte Anordnung tageslichtlenkender Systeme in der Fassade oder im Dach kann der Energieeinsatz für Beleuchtungszwecke um bis zu 70 % reduziert werden. Dies kann durch HOE im Verbundglas geschehen. Das aus einem bestimmten Winkel einfallende Licht wird beim Durchdringen des Lichtlenkelementes gebeugt und zur Decke des Raumes gelenkt. Die Decke funktioniert dadurch wie ein indirekter Beleuchtungskörper für den ganzen Raum. Auf diese Weise kann selbst bei aktiviertem Sonnenschutz ein Raum bis zu 10 m Tiefe mit Tageslicht ausgeleuchtet werden.

To ensure sunlight and glare protection under clear and sunny skies, most rooms must inevitably be equipped with shading systems that darken the back of the room. Through the careful arrangement of daylight-deflecting systems on the facade or in the roof, the energy requirement for illumination purposes can be reduced by up to 70%. This can be achieved using holographic optical elements (HOE) in compound glass. The light coming in at a certain angle is diffracted when penetrating the light-deflection element and deflected to the ceiling of the room. Thus, the ceiling acts as an indirect lighting fixture for the entire room. In this way it is even possible to illuminate a room up to a depth of 10 m when such sunlight protection is activated.

Transparenter Sonnenschutz mit HOE in Kombination mit Photovoltaik erlaubt den Durchlaß von diffusem Licht zur Raumbeleuchtung und zur Aussicht. HOE lenken das senkrecht einfallende Sonnenlicht auf die opaken Streifen der Unterseite des Verschattungssystems und absorbieren die energiereiche Direktstrahlung. Die HOE sind gegenüber allen anderen Einfallswinkeln unwirksam, so daß diffuses Licht zu Beleuchtungszwecken in das Gebäude gelangen kann. Die Nutzung von Photovoltaikelementen als Lichtfänger erlaubt eine effiziente Solarstromerzeugung. Der Sonnenschutz kann vertikal vor der Fassade oder horizontal über einer Dachöffnung als Verschattungssystem angebracht werden.

Translucent sunlight protection by means of HOE in combination with photovoltaics allows diffuse light to pass through in order to illuminate the room and allow for an unimpeded view. HOEs deflect the perpendicularly incoming sunlight to the opaque strips at the bottom side of the shading system and absorb the high-energy direct sunlight. The HOEs are not affected by any other angles of incidence so that diffuse light can penetrate the building for illumination purposes. The use of such photovoltaic elements as light catchers generates more efficient solar energy. The sunlight protection can be mounted vertically in front of the facade or horizontally above a roof opening as a shading system.

Transparenter Sonnenschutz für großflächige Verglasungen beinhaltet immer die Gefahr der Überhitzung durch Sonneneinstrahlung. Üblicherweise wird diesem Problem mit einem undurchsichtigen Sonnenschutz vor der Glasfläche begegnet. Leider wird dadurch auch immer die Aussicht durch die Glasfläche behindert und der dahinterliegende Raum erheblich verdunkelt. Ein transparenter Sonnenschutz mit HOE verhindert die Überhitzung durch Ausblendung der direkten, energiereichen Sonnenstrahlung. Gleichzeitig bleiben Durchsicht und Beleuchtung des Raumes erhalten, da das diffuse, energiearme Sonnenlicht den Sonnenschutz durchdringen kann. Je nach Installation drehen sich die Elemente des transparenten Sonnenschutzes um die vertikale oder horizontale Achse, entweder vor einer Fassade oder über einem Glasdach. Die Elemente werden der Sonne hydraulisch oder elektromotorisch nachgeführt und sind über Mikroprozessoren gesteuert.

The risk of overheating due to insolation is always possible with translucent sunlight protection for large-area glazing. Usually this problem is eliminated with non-transparent sunlight protection in front of the glass surface. Unfortunately this also means that the view through the glass area is impeded and the room, to the rear, is darkened considerably. Translucent sunlight protection with HOE prevents overheating by filtering out direct, high-energy solar radiation. Since the diffuse, low-energy sunlight can penetrate the sunlight protection, translucence and illumination of the room are still preserved. Depending on the installation, the elements of the translucent sunlight protection rotate along the vertical or horizontal axes, either in front of a facade or above a glass roof. The elements are hydraulically or electromotively directed towards the sun and are controlled by microprocessors.

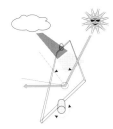

Bei dem Einsatz von Display-Hologrammen zeigt ein holographisches Gitter einen ähnlichen Effekt wie ein Prisma. Das weiße Licht wird in seine Spektralfarben zerlegt. Für die Display-Hologramme macht man sich diese Effekte zunutze und erhält so ein Gestaltungsmittel für Fassaden mit einer besonderen Farbreinheit und einer Farbveränderung durch die Veränderung des Standpunktes. Display-Hologramme können in Verbundsicherheitsglas als fester Bestandteil der Fassade oder innenliegender Verglasungen eingesetzt werden. Da die Lichtwirkung bei bestimmten Winkeln auftritt, werden die HOE bei definierten Kunstlichtsituationen und bei bestimmten Sonnenständen wirksam.

When display holograms are used, holographic grids show an effect similar to prisms. The white light is split into its spectrum colors. This effect is taken advantage of for display holograms and thus one obtains a means of design for facades with special color purity and changing colors resulting from a change of the viewing location. Display holograms can be used in compound safety glass as fixed components of the facade or interior glazings. Since the light effect occurs at certain angles, the HOEs become effective at defined artificial light situations and certain positions of the sun.

Glas, Licht und Energie
Glass, Light and Energy

Der Gebrauch von Glas in der Architektur ist vom Problem der hohen Wärmeleitfähigkeit begleitet. Der Dämmwert von Glas ist gemessen an herkömmlichen Baumaterialien zu gering. Glas in Schichten und in Kombination mit anderen Materialien hat eine Effizienzsteigerung erfahren. Einfaches Glas hat einen Isolierwert von 5,8; bei Doppelverglasung beträgt er 3,0; bei guter Doppelverglasung 1,1; bei Dreifachverglasung mit Low-E-Beschichtungen und Gas ist er 0,4 – 14mal besser als bei einfachem Floatglas. Transparente Isoliermaterialien werden zwischen Glasplatten untergebracht. Diese Kombination weist hohe Isolierwerte auf, läßt jedoch immer noch diffuses Licht eindringen. Sie kann sogar als Lichtleitsystem verwendet werden, das das Licht tief in den Raum hineinprojiziert. Gestapelte Glasrohre werden verwendet, um Wärme aufzufangen und Licht durchzulassen. Dünnwandige Glasröhrchen werden auch als transparente Wärmedämmung TWD Helioran oder auch als transparente Raumteiler eingesetzt.

The application of glass in architecture is faced with the problem of high thermal conductivity. The insulation value of glass is too low compared to other building materials. Glass in multiple layers and combined with other materials has an increased efficiency. Single-layer glazing has an insulating value of 5.8; this value is 3.0 in the case of double glazing. If a high-quality double glazing is applied, this value is 1.1. In the case of double glazing with Low E coatings and gas this value is 0.4 to 14 times better than single-layer floatglass. Translucent insulating materials are applied between glass panes. This combination results in high insulation values; however, only diffuse light can enter. This combination can even be used as a light-deflection system, which projects light deep into a room. Stacked glass tubes are used to collect heat and to let light through. Thin-walled glass tubes are also used as translucent heat insulation TWD Helioran or as translucent room separators.

Glas ist ein ideales Material für Solarenergiekollektoren sowohl thermischer wie auch elektrischer Art. Wie ästhetisch Solarkollektoren sein können, zeigen die Anlagen des Sonnenkraftwerkes bei Kraemer Junction in der kalifornischen Mojavewüste. Jede Anlage verfügt über ein Solarenergiefeld aus reihenweise angeordneten, mit Spiegeln ausgestatteten Paraboltrog-Solarkollektoren, die die Sonnenstrahlung einfangen. Von den Spiegeln wird das Sonnenlicht gebündelt auf Glasrohre fokusiert, die eine wärmeübertragende Flüssigkeit enthalten. Diese Flüssigkeit wird durch Wärmeaustauscher geleitet, um Dampf zu erzeugen. Dieser Dampf treibt dann die Turbine eines Generators an, der elektrischen Strom erzeugt.

Glass is an ideal material for solar energy and thermal and electric collectors. Just how attractive solar collectors can be is shown at the solar power plant near Kraemer Junction in the Californian Mojave Desert. Each facility has a solar energy field consisting of parabolic solar collectors equipped with mirrors arranged in a series to collect solar radiation. The mirrors bundle the sunlight and focus it on glass tubes which contain a heat transmitting liquid. This liquid is led through heat exchangers in order to generate steam. This steam drives the turbine of a generator which generates electricity.

Lichtumlenkungssysteme nutzen optische Gesetze wie Reflexion, Transmission oder Brechung, um das direkte Sonnenlicht auszublenden, andererseits das diffuse Tageslicht in den Innenraum durchzulassen oder sogar in die Raumtiefe zu lenken (Thomas Herzog, Design Center Linz).

Light-deflection systems make use of properties such as reflection, transmission or refraction in order to block direct sunlight and to let diffuse daylight pass at the same time, or even direct it into the back of the room (Thomas Herzog, Design Center Linz).

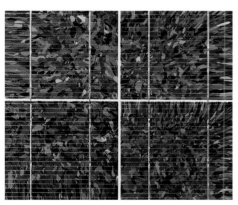

Die Sonne als Quelle kostenloser Elektrizität. Der Physiker Henri Becquerel entdeckte, daß elektrische Spannung erzeugt wird, wenn Licht auf eine Silizium enthaltende Materialkombination fällt. Diese Entdeckung, die den Gedanken nahelegte, daß durch einen künstlichen, der Photosynthese ähnlichen Prozeß Energie aus Licht gewonnen werden könne, war revolutionär. Es gibt verschiedene Typen von Photozellen wie monokristalline Zellen und polykristalline Zellen. Außerdem gibt es die Möglichkeit, ganz dünne Siliziumschichten auf Träger wie Glas oder Metall aufzutragen.

Free electricity from the sun. The physicist Henri Becquerel discovered that when light hits a combination of materials containing silicium, electric voltage is produced. This was a revolutionary discovery because it triggered the idea that one could produce energy from light by an artificial process similar to photosynthesis. There are several types of photovoltaics. There are single-crystalline and polycrystalline cells, as well as the technique of applying very thin layers of silicium onto a carrier such as glass or metal.

Photozellen zwischen Glastafeln zu laminieren, bietet eine faszinierende Anwendungsmöglichkeit, wobei die Tafel zusätzlich als schattenspendende Vorrichtung fungiert. Als Trägermaterial wird häufig Gießharz benutzt. Man kann amorphe oder auch kristalline Solarzellen verwenden, die amorphen Zellen sind rötlich durchscheinend bzw. dunkelgrau bis opak, die kristallinen Zellen blauopak mit durchscheinenden Zellzwischenräumen. Die Photovoltaikmodule sind meist so aufgebaut, daß sie wie Isolierglaselemente verarbeitet werden können.

Laminating photocells between glass plates offers a fascinating application, while the plate also functions as an additional means of shading. Casting resin is often used as a base material. Amorphous or even crystalline solar cells may be applied. The light transmitted through amorphous cells appears reddish or dark gray to opaque. The crystalline cells are opaque-blue with cell gaps shining through. Generally, the photovoltaic elements are constructed in such a way that they can be treated like insulating glass elements.

Nachhaltigkeit von Glas
Sustainability of Glass

Der Energieeinsatz
bei der Glasproduktion
konnte durch den Ein-
satz von Recyclingglas
und verbesserte Maschi-
nentechnik und effizien-
te Produktionsabläufe
seit den siebziger Jah-
ren um 70 % gesenkt
werden.
Entstaubungsgrade von
über 99 % und ein
Rückgang des Stickoxid-
ausstoßes konnten ver-
bucht werden. Der Ein-
satz von umweltfreund-
lichen Verfahren wie
der Elektroschmelze
führte zur Verminderung
des Kohlendioxidaus-
stoßes. Auch die Abwas-
sermengen wurden
durch konsequente
Mehrfachnutzung des
Kühlwassers stark re-
duziert.
Viele Unternehmen nut-
zen bereits die Abwärme
zur Kühlung und Hei-
zung und verbrauchen
daher weniger Primär-
energie.

Since the 1970s energy
consumption in glass
production has been
reduced by 70% due to
the recycling of glass,
improved machines and
efficient production
processes. Grades of
dedusting higher than
99% and a decrease of
the nitrogen oxide
emissions have since
been achieved. The ap-
plication of environ-
mentally friendly pro-
cesses such as the
electro melt have re-
duced carbon dioxide
emissions.
The amount of waste
water has been reduced
to a great extent due to
the consistent re-use of
cooling water. Many
corporations already
utilize waste heat for
cooling and heating and
hence consume less pri-
mary energy.

**Wie nur wenige Werk-
stoffe** bietet Glas die
Voraussetzung zur stoff-
lichen Wiederverwer-
tung. Es läßt sich immer
wieder einschmelzen,
ohne daß sich Beschaf-
fenheit oder Qualität
wesentlich verändern.
Aus altem Glas können
so stets aufs Neue voll-
wertige Glaserzeugnisse
hergestellt werden.

Like few other mater-
ials, glass fulfills the
prerequisites for mater-
ial recycling. It can be
remelted as often as de-
sired without any great
change in its properties
or quality. With the help
of these technologies,
new high-value glass
products made of
recycled glass can be
produced.

Bei der Produktion von
Flachglas werden seit
vielen Jahren Scherben
als Rohstoff eingesetzt.
Floatglasscherben sind
Sekundärrohstoffe und
unterliegen strengen
Qualitätskriterien. Wer-
den diese nicht erfüllt,
können Fehler wie Ein-
schüsse, Blasen, Schlie-
ren oder Farbverände-
rungen im Floatglas auf-
treten, die eine Weiter-
verarbeitung zu hoch-
wertigen Flachglas-
produkten, z.B. Auto-
scheiben, ausschließen.

In the production of
sheet glass, fragments
of glass have been used
for many years as raw
material. Floatglass
fragments are secondary
resources and are sub-
ject to strict quality
criteria. If these are
not met, defects like
inclusions, bubbles,
streaks or changes in
color can occur, pre-
venting the production
of high-quality sheet
glass products like car
windows.

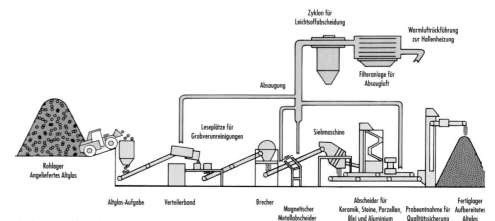

Filterstäube, Scherben, Teile des Ofenausbruchs und Schleifschlämme können bereits zu erheblichen Anteilen intern oder auch extern in der Glasindustrie verwertet werden.

Filter dust, glass fragments, parts of oven-break and grinding sludge can be used to a great extent either internally or externally in the glass industry.

Die Einsatzgebiete von Flachglasscherben sind sehr umfangreich. Ob bei der Float-, Guß- oder der Behälterglasherstellung, ob bei der Produktion von Dämmwolle oder Schmirgelpapier, ob als Füllmaterial für reflektierende Anstriche oder als Ausgangsmaterial für Filterkugeln, überall finden sie eine sinnvolle Verwendung.

There are various fields of application for fragments of sheet glass. They can be used in many fields: in float-glass, cast glass or container glass production, in the production of insulating material or grinding paper, as a spacer material for reflecting paint coatings or as a basic material for filter balls.

Bei der Herstellung von Mineralfaserdämmstoffen wird bis zu 70 % Altglas eingesetzt. Mit dem seit 1972 auf Eigeninitiative initiierten Glasrecycling hat die Glasindustrie in Sachen Umweltschutz weltweit neue Maßstäbe gesetzt. Rekordergebnisse dokumentieren den Rohstoffkreislauf im Bereich Behälterglas.
In Deutschland werden z. B. vier von fünf Glasverpackungen wiederverwertet.
Auch das Flachglasrecycling erfreut sich immer größerer Akzeptanz. Rund 20 % Energieeinsparung in der Produktion von Behälterglas konnten bisher aufgrund der Eigeninitiative Glasrecycling der deutschen Glas- und Mineralfaserindustrie verbucht werden.

In the production of mineral fiber insulating materials, up to 70% of the material used is recycled glass. Glass recycling, started in 1972 as a self-initiative of the glass industry, has set new standards in terms of environmental protection. Record results document the raw material cycle in glass packaging. In Germany, 4 out of 5 glass containers are recycled.
Also, sheet glass recycling is becoming increasingly acceptable. Based on the glass recycling initiative by the German glass and mineral fiber industries, savings in energy of approximately 20% have been achieved in the production of container glass to date.

Beim Behälterglas-Recycling wird das Glas nach Farben getrennt gesammelt. Die darin enthaltenen Fremdstoffe wie Papier, Metall und Kunststoff werden abgetrennt, um größere Verunreinigungen zu vermeiden. Scherben dürfen als Zuschlag in der Glasschmelze nicht fehlen. Zusätzlich zum Altglasrecycling sammelt jede Glashütte ihre Scherben, die beim Zuschneiden als Ausschuß oder Bruch entstehen, und mischt sie der Glasschmelze zu. Dadurch können Rohstoffe, Ausgaben und Energie eingespart werden.

In the case of container glass recycling, when the glass is collected, it is separated by color. The foreign materials in the glass, like paper, metal and plastic, are removed in order to avoid greater contamination. Glass fragments are a necessary additive to glass melt. In addition to glass recycling, each glassworks collects its glass fragments, resulting from cutting or breakage, which are then added to the glass melt. Thereby raw material, costs and energy can be saved.

Innovative Fassadensysteme
Innovative Facade Systems

Neben ästhetischen Aspekten werden heute bei der Fassadengestaltung zunehmend ökologische Gesichtspunkte berücksichtigt. Mehrschichtige Fassaden mit intelligenten, selbstregelnden Elementen beeinflussen Licht und Wärmeeinfall. Sie werden mit energiesparender, oft durch den Nutzer gesteuerter Klimatechnik im Gebäudeinnern und hochtechnischen außenliegenden Energieerzeugern/Solaranlagen kombiniert.

Von einem passiven Abschluß des Gebäudeinneren zum Außenbereich hat sich die Fassade zu einer aktiven Gebäudehülle entwickelt. Sie ist eine Schnittstelle, die für ein angenehmes und gesundes Innenklima sorgt. Das Außenklima wird zudem optimal als Energiequelle ausgenutzt.

Im Hinblick auf umweltgerechtes und wirtschaftliches Bauen gewinnt die Fassade an Bedeutung. Sie übernimmt zunehmend technische Funktionen zum Heizen, Belüften, Klimatisieren und Beleuchten.

Besides aesthetic aspects, more and more ecological aspects are being considered in today's facade design. Multilayered facades with computerized elements influence light and heat transmission, and these facades are being combined with energy-saving, often user-controlled air-conditioning systems inside the building and high-tech external energy generators/solar collectors.

The facade has changed in function from a passive wall on the building's interior to an active building envelope. It is an interface that provides a pleasant and healthy interior climate. Moreover, the outside climate is optimally utilized as an energy source.

The facade gains significance when considering construction technology that is beneficial to the environment and at the same time economical. It assumes more and more technical functions having to do with heating, ventilation, air-conditioning and illumination.

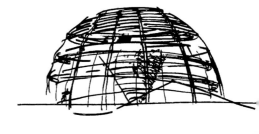

Mehrschalige Glasfassaden
Multilayer Glass Facades

Die Erweiterung der Commerz-bank-Zentrale in Frankfurt am Main wurde von Foster and Partners, London, mit der Firma Gartner geplant. Aus gestalterischen und thermischen Gründen sind die Fassaden der Büroräume als Zweite-Haut-Fassade ausgebildet. Merkmal dieses Fassadentyps ist eine Glasfront, die einer konventionell wärmegedämmten Gebäudehülle vorgelagert ist. Es entsteht so ein Fassadenzwischenraum, durch den die Außenluft strömen kann. Die Außenfassade besteht aus einem transparenten und opaken Bereich. Der lichtdurchlässige Teil ist 2,25 m hoch und als Einfachverglasung ausgeführt. Der opake Bereich von 1,5 m Höhe befindet sich vor den umlaufenden Stahlträgern. Der äußere Abschluß besteht aus einer rückseitig emaillierten Glasscheibe und bildet eine einheitliche Oberflächenstruktur aus Glas und Aluminiumprofilen.

The extension of the Commerz-bank headquarters in Frankfurt/ Main was planned by Foster and Partners, London, in collaboration with the firm Gartner. For design and thermal reasons, the facades of the office space have been built as second skins. This facade type features a glass front that is positioned in front of a conventionally heat-insulated building envelope. Thus a facade interspace is created where the outside air can circulate. The external facade consists of a transparent and an opaque section. The transparent part is 2.25 m high and implemented as single glazing. The opaque part, with a height of 1.5 m, is located in front of the surrounding steel girders. The outer edge consists of a glass pane with enameled backing and constitutes a uniform surface structure made of glass and aluminum profiles.

Die Viktoria Versicherung, geplant von HPP Hentrich-Petschnigg und Partner KG, Düsseldorf, in Zusammenarbeit mit der Firma Gartner, ist ein Gebäudeensemble mit einem 29geschossigen Hochhaus als Kernstück, das von sechsgeschossigen Gebäuden durchstoßen wird. Von der 11 000 m² großen Fassadenfläche sind 8 000 m² als Zweite-Haut-Fassade ausgebildet. Die Glasfront ist vorgelagert, so daß ein Luftzwischenraum zwischen Außen- und Innenfassade entsteht und Außen- und Innenfassade ein Element bilden. Die Innenfassade ist mit Drehkippflügeln ausgestattet und weist im Brüstungsbereich zwei übereinanderliegende Glaspaneele auf. Die Außenfassade besteht aus 10 bzw. 12 mm Einscheibensicherheitsglas.

The Viktoria insurance company building, planned by HPP Hentrich-Petschnigg und Partner KG, Düsseldorf, in collaboration with Gartner, is a building ensemble consisting of a 29-story high-rise building at its core, which is "pierced" by six-story buildings. 8 000 m² of the 11 000 m² total facade area are implemented as second-skin facade. The glass facade is located in the front, so that an air interspace is created between the outer and inner facades; and the outer and inner facades form a single element. The inner facade is equipped with tilt-and-turn windows and features two layered glass panels in the parapet area. The outer facade consists of 10 mm or 12 mm single safety glazing.

Die Hauptzentrale der RWE in Essen, geplant von Ingenhoven Overdiek und Partner, Düsseldorf, besteht aus einem Hochhaus und zwei siebengeschossigen Bürogebäuden. Mit 127 m ist das Hochhaus der höchste Bau im Ruhrgebiet. Der kreisrunde Baukörper mit einem Durchmesser von 32 m wurde als vollverglaster Büroturm, in Stahlbetonbauweise ausgeführt. Von der Gebäudehülle des Büroturms sind 7 000 m² als Zweite-Haut-Fassade ausgeführt. Eine vorgelagerte Glasfront kann Windbelastungen entgegenwirken, indem sie den Einsatz von zu öffnenden Fenstern bei Hochhäusern ermöglicht.

The RWE headquarters in Essen, planned by Ingenhoven Overdiek and Partner and Gartner, Düsseldorf, consists of one high-rise building and two seven-story office buildings. With a height of 127 m, the high-rise building is the tallest building in the Ruhr district. The circular structure, with a diameter of 32 m, is built as a fully glazed, reinforced concrete construction office tower. 7 000 m² of the building's envelope is implemented as a second-skin facade. A glass facade in front of the inner facade can counteract wind loads by allowing the use of high-rise building windows that can be opened.

Bei dem Stadttor in Düsseldorf, geplant von dem Architekturbüro Petzinka Pink und Partner und der Fassadenfirma Gartner sind von den insgesamt 17 500 m² Fassadenfläche 9 700 m² als Zweite-Haut-Fassade ausgebildet. Sie zeichnet sich durch eine wärmegedämmte, der Fassade vorgelagerte Glasfront aus. Die einzelnen Glasscheiben der Außenfassade (1 488 mm x 2 895 mm) werden oben und unten in Lüftungskästen eingesteckt und in Höhe des Geländers punktweise befestigt. Diese Verglasung und die innenliegenden Wendeflügel mit Holzrahmen bilden einen 92 bzw. 140 cm breiten Fassadenkorridor, der begehbar ist. Hier befindet sich der Aluminiumlamellen-Sonnenschutz, der einer übermäßigen Erhitzung der Büroräume vorbeugt.

The city gate of Düsseldorf, planned by the architecture office Petzinka Pink and Partner, in collaboration with Gartner, has a total facade area of 17 500 m², of which 9 700 m² is implemented as second skin. It features a glass facade in front of the heat-insulated inner facade. The individual panes of the outer facade (1 488 mm x 2 895 mm) are plugged into ventilation boxes on the top and bottom and fastened by point contacts at the height of the railing. This type of glazing with the inside pivoted sashes with wooden frame form a 92 cm or 140 cm wide passable facade corridor. This is also where the aluminum-slat sun protection is located, which prevents excessively high temperatures in the office space.

Die Zweite-Haut-Fassade der Commerzbank in Frankfurt/Main verbessert den Innenraumkomfort in vielfältiger Weise. Transmissionswärmeverluste werden durch den Temperaturunterschied der Innen- und Außenräume herabgesetzt. Die über den Querschnitt der Zu- und Abluftöffnungen eingeströmte Luft wird im Zwischenraum durch die Strahlung erwärmt, kann über die zu öffnenden Fenster in den Raum eintreten und hier zur Erwärmung der Raumluft beitragen, so daß Heizenergie eingespart werden kann.

The second-skin facade of the Commerzbank at Frankfurt/Main improves interior comfort in many different ways. Transmission heat losses are reduced by the temperature differences between inner and outer rooms. The air coming in via the cross-section of the intake and ventilation openings is radiation-heated in the interspace and can enter the room via the windows that can be opened, contributing to heating the air and thus saving energy on heating.

Bei der Fassade der Viktoria Versicherung in Düsseldorf bildet jedes Fassadenelement lüftungstechnisch eine Einheit. Die Belüftung des 340 mm breiten Fassadenkorridors erfolgt über die senkrechten Pfosten durch 22 Bohrungen auf jeder Seite des Elements mit einem Durchmesser von 60 mm. Hierdurch ergibt sich ein Öffnungsquerschnitt von 0,12 m² pro Fassadenelement.

In the facade of the Viktoria insurance company in Düsseldorf every facade element forms a ventilation unit. The ventilation of the 340 mm-facade corridor is achieved via the perpendicular posts by means of 22 boreholes, each with a diameter of 60 mm, on either side of the elements. This provides an opening diameter of 0.12 m² per facade element.

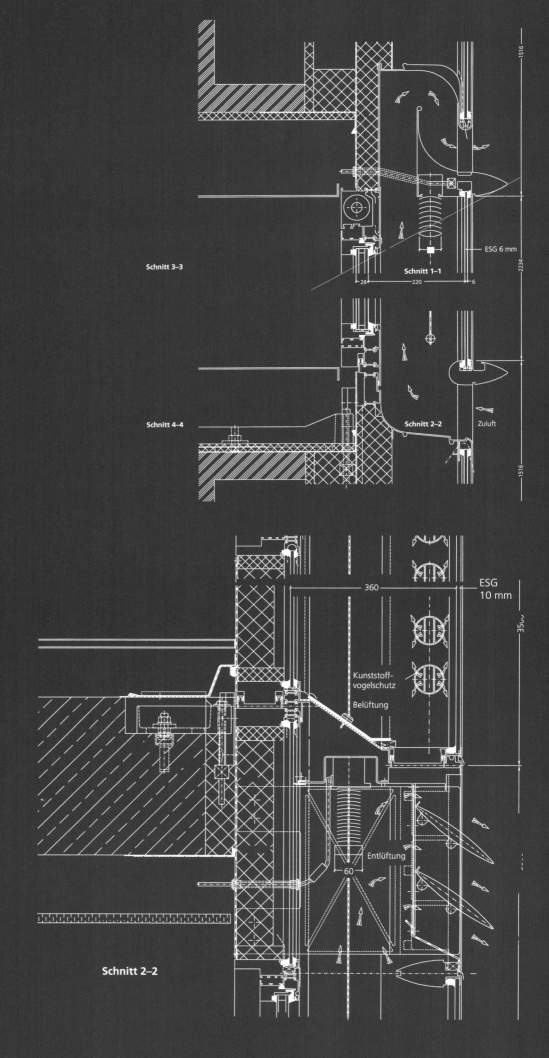

Schnitt 3–3

Schnitt 1–1

ESG 6 mm

28   220   6

2234

1516

Schnitt 4–4

Schnitt 2–2

Zuluft

1516

360

ESG 10 mm

35␣␣

Kunststoff-vogelschutz

Belüftung

Entlüftung

60

Schnitt 2–2

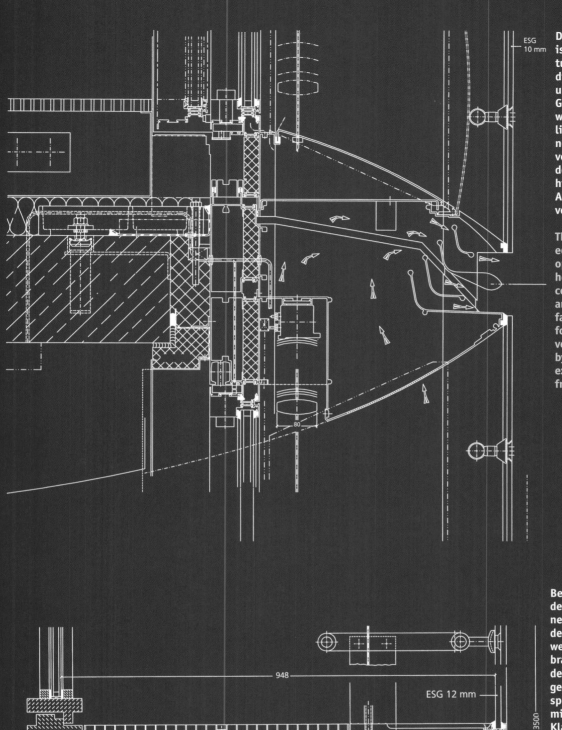

ESG
10 mm

80

Die Fassade der RWE in Essen ist in Geschoßhöhe mit Lüftungsöffnungen ausgerüstet, die wechselweise mit dem darunter- bzw. darüberliegenden Geschoß verbunden sind. Es werden so zwei nebeneinanderliegende Fassadenfelder zu einer Einheit verbunden. Dieses von Gartner entwickelte Prinzip der Diagonaldurchlüftung verhindert, daß sich verbrauchte Abluft mit der frischen Zuluft vermischt.

The RWE facade in Essen is equipped with ventilation openings at floor-to-floor height which are alternately connected to the stories below and above. Thus, two adjacent facade panels are joined to form a unit. This diagonal ventilation principle invented by Gartner prevents stagnant exhaust air from mixing with fresh incoming air.

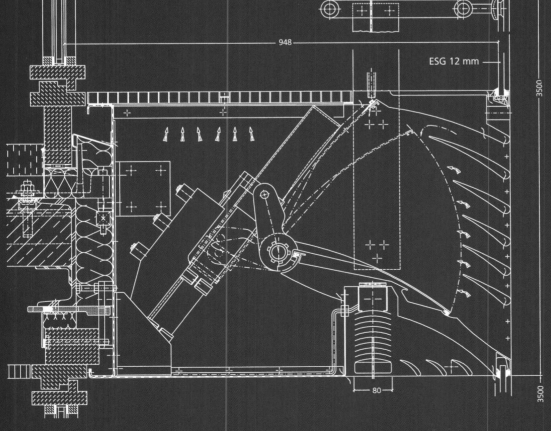

948

ESG 12 mm

3500

80

3500

Bei der Fassadenkonstruktion des Stadttors Düsseldorf trennen Lüftungskästen den Fassadenzwischenraum geschoßweise und erfüllen schall- und brandschutztechnische Anforderungen. Die Lüftungsöffnungen aus Edelstahlblech sind mit speziellen Luftleitprofilen und mit motorisch verschließbaren Klappen ausgerüstet, die je nach Wind und Wetter geöffnet oder geschlossen werden können.

The facade interspace in the facade construction of the Düsseldorf city gate is separated by ventilation boxes which fulfill requirements regarding sound insulation and fire protection. The stainless-steel ventilation openings are equipped with special air deflectors and motor-driven flaps that can be opened or closed depending on the weather conditions.

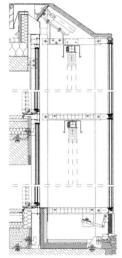

Das Gebäude der Götz Haupt-verwaltung in Würzburg, geplant von dem Architekturbüro Webler + Geissler in Stuttgart, hat den sol-skin®-Gedanken umgesetzt, ein ganzheitlich gesteuertes, sich selbst regelndes Gebäude zu er-richten. Unerwünschte Einflüsse von Außen werden ausgegrenzt, erwünschte Einflüsse werden soweit wie möglich genutzt. solskin® stimmt die Fülle isolie-render, integrierender, messender und regelnder Komponenten so aufeinander ab, daß Funktiona-lität, Arbeitsplatzkomfort und Ästhetik auf hohem Niveau ver-eint werden. Während der heißen Jahreszeit dient die Doppel-fassade der Reduktion von Kühl-lasten durch die konvektive Ab-fuhr von Sonnenwärme sowie durch die Nachabkühlung der Gebäudemassen. Im Winter wird die in den Südfassaden solar erwärmte Zuluft in der Doppel-fassade um das ganze Gebäude geleitet. Dieses Luftpolster dient dann rundum als Wärmepuffer so-wie als Lieferant konditionierter Zuluft. Die Fassade reduziert damit winterliche Strahlungs- und Lüf-tungswärmeverluste und ermög-licht angepaßte Oberflächen-temperaturen das ganze Jahr hindurch.

The Götz headquarters building in Würzburg, planned by Archi-tekturbüro Webler + Geissler in Stuttgart, implements the sol-skin® concept: an entirely controlled, self-regulating envi-ronment within the building. Un-wanted external conditions are excluded, and those desired are utilized as much as possible. sol-skin® coordinates the abundance of insulating, integrating, meas-uring, and regulating components so that functionality, workplace comfort, and aesthetics are brought together at a high level. By convective removal of solar heat and the building's cooling at night, the double facade serves to reduce cooling loads in the hot season. In wintertime, the incom-ing air that is warmed by solar heat in the south facades is passed around the entire building through the double facade. This air cushion then serves as an overall heat buffer as well as a supplier of conditioned air. Thus the facade reduces winter-depend-ent radiation and ventila-tion heat losses, and allows ad-equate surface temperatures throughout the year.

Seit Jahren wird versucht, verschiedene Funktionen der Fassade in einem System zu kombinieren. Dadurch konnte es dank frühzeitiger Entwicklungen geschafft werden, eine größtmögliche Produktionstiefe bereits im Werk zu realisieren und den kompletten Fertigungsprozeß unter kontrollierten Bedingungen abzuwickeln.

For years architects have attempted to combine different facade functions into one system. Early developments have made it possible to achieve maximum production of such facades in the factory and to complete the entire production process under controlled conditions.

Die Hauptverwaltung der Citibank in London, geplant von Foster and Partners, ist als Sicherheitsfassade ausgeführt. Das Schmidlin-Konzept setzt auf eine Kombination eines mehrschaligen Aufbaus und einem kettenförmigen, flexiblen Elementverbundsystem. Somit ist die Fassade in der Lage, auch extreme Druckverhältnisse und Belastungen aufzunehmen, wodurch eine bisher nicht zu realisierende Sprengwirkungshemmung erzielt werden konnte.

The Citibank headquarters in London, designed by Foster and Partners, has been planned as a safety facade. The Schmidlin concept is based on a combination of multi-layer construction and as a chain-type, flexible composite element system. Thus the facade can absorb even extreme pressure conditions and loads. As a result, an explosion of extreme strength could be withstood.

Mehrschalige Glasdächer
Multilayered Glass Roofs
Matthias Schuler
Transsolar

Die Problematik von hohen Glasfassaden durch abfallende Kaltluft bei Wärmedurchgangskoeffizienten über 1.4 W/m² K, die an Glasfassaden zu den scheinbar „unvermeidlichen" Rippenrohren führt, verschärft sich unter Glasdächern insofern, als sich jetzt, bedingt durch Adhäsion, Kaltluftblasen unter dem Dach bilden. Da die kalte Luft jedoch schwerer ist als die warme, überwiegt irgendwann die Schwerkraft, und eine große Kaltluftblase löst sich und fällt als spürbare Luftbewegung herunter. Danach beginnt das Spiel von vorne. Zusätzlich ist besonders in hochverglasten Räumen die erniedrigte Oberflächentemperatur der Glasflächen in einer reduziert empfundenen Temperatur zu bemerken, so daß derselbe Komfort nur über eine erhöhte Lufttemperatur zu erzielen ist. Daher sind Glashäuser am besten als un- oder schwachbeheizte Pufferräume zu nutzen, die, mit guter Verglasung ausgestattet, fast 80 % des Jahres Temperaturen im Komfortbereich aufweisen.

Soll nun dennoch ein Glashaus beheizt werden, so muß aus Rücksicht auf den Heizwärmebedarf eine thermische Verbesserung besonders der Dachverglasung erfolgen. Dies steht scheinbar im Widerspruch zur Anforderung an eine hohe Transparenz. In Anlehnung an das Prinzip der Doppelfassade bietet sich auch hier eine Doppelschaligkeit an, die als stehende Luftschicht je nach Verglasungsart eine Verbesserung von 25 bis 50 % bei den Wärmeverlusten bewirken kann. Erschwerend ist bei doppelschaligen Glasdächern jedoch die Reinigungsmöglichkeit, die zumeist zu einer fixen Doppelverglasung außen und einer beweglichen Einfachverglasung innen führt. Eine weitere Forderung leitet sich aus dem sommerlichen Überhitzungsschutz ab, der eine Verschattung von horizontalen und leicht geneigten Glasflächen erfordert. Außenliegender Sonnenschutz ist

The problem occurring in high glass facades when cold air descends at heat transition coefficients above 1.4 W/m² K, which leads to the seemingly "inevitable" slatted tubes at glass facades, is aggravated under glass roofs because cold-air pockets form under the roof due to adhesion. Since cold-air is heavier than warm air, at some point gravity will prevail and the large air pocket detaches and descends as a noticeable flow of air. After that, the whole procedure starts over again. In addition – especially in highly glazed rooms – the decreased surface temperature of the glass surface areas is felt as a lower temperature, so that the same comfortable conditions can only be achieved by increasing room temperature. Therefore, glass houses can best be utilized as unheated or lightly heated buffer areas which can offer comfortable temperatures for almost 80% of the year, if these rooms are equipped with good glazing.

If a glass house is to be heated, the roof glazing in particular must be improved thermally, considering heating's calorific demands. This is an apparent contradiction to the requirement of high translucence. Following the double-facade principle, the double shell-construction is an obvious solution, which – as a stationary layer of air – can achieve an improvement of 25 to 50% less heat loss, depending on the type of glazing. An additional problem is that cleaning accessibility must be considered for double-shell glass roofs; this most often leads to fixed double glazing on the outside and movable single glazing inside. Another requirement is protection against overheating in summer, which requires the shading of horizontal and slightly inclined glass surfaces. External sunlight protection is thermally more effective, but must be constructed in a weather-proof fashion; if not constructed as a fixed

thermisch wirksamer, aber witterungsfest auszuführen und, wenn nicht als feststehende Version ausgeführt, sehr wartungsbedürftig.

Die Zweischaligkeit als eine Lösung
So bietet sich eine Kombination der Verschattungsfunktion mit der Forderung nach Doppelschaligkeit an. Mit der Beweglichkeit der inneren Glasebene, ausgeführt beispielsweise in Form von drehbaren Glaslamellen, kann die Beweglichkeit des Sonnenschutzes verbunden werden. Dies führt zur Schließung der inneren Ebene bei Verschattungsbedarf oder Komforteinbußen im Winter. Da bei Sonnenschein auch im Winter kein Kaltluftabfall zu erwarten ist, da sich bei Besonnung auch das Glas aufwärmt, können dann die Glaslamellen geöffnet werden und die solaren Gewinne direkt dem Raum zugeführt werden. Die Verschattungswirkung wird unter Beibehaltung der Transparenz über eine partielle Bedruckung der Glaslamellen erreicht.

Umgesetzte Glasdachkonzepte
Die IHK Stuttgart benötigte für eine gemeinsame Erschließung zweier Gebäude der Stuttgarter Architekten Volkart und Gutbrod einen neuen Eingangsbereich. Um die schöne Hangsituation mit den dahinterliegenden Weinbergen

version, it is very maintenance-intensive.

The Double-shell as a Solution
Consequently, the obvious solution is a combination of the shading function with the demand for the double-shell construction. The movability of the inner glass level, e.g. in the form of turnable glass slats, can be connected with the movability of the sunlight protection. This means closing the inner level when shading is required, or if there is a loss of comfort in winter. As the glass heats up when exposed to sunlight, no descending cold-air movements will occur as long as the sun is shining (even in winter), and the glass slats can be opened and the solar yields can be directly fed into the room. The shading effect is achieved by printed glass slat surfaces which maintain their translucence.

Glass Roof Concepts Put into Practice
The Stuttgart Chamber of Commerce needed a new entrance area for joining two buildings designed by the Stuttgart-based architects Volkart and Gutbrod. In order to avoid ruining the hillside location and its vineyards in back, a shell entirely constructed of glass was proposed. The information center of the Chamber of

nicht zu verbauen, wurde eine völlig gläserne Hülle konzipiert. Neben dem eigentlichen Eingang sollte hier auch das neue Informationszentrum der IHK untergebracht werden. Durch die dadurch entstehenden Dauerarbeitsplätze mußten hohe Anforderungen an die Behaglichkeit gestellt werden. Über den architektonischen Anspruch hinaus wurden auch Anforderungen an die Ökologie gestellt. Das Gebäude sollte im Heizwärmebedarf niedrig gehalten werden, und es sollte zudem auf eine Kühlung verzichtet werden.

Konzept

Aus diesen Randbedingungen wurde in Zusammenarbeit der Architekten Kauffmann Theilig & Partner und dem Ingenieurbüro Transsolar ein teilweise zweischaliges Dach entwickelt, wobei die innere Schicht als öffenbare Glaslamellenebene ausgebildet wurde, um im kalten trüben Winter und in der Winternacht einen Pufferraum zu schaffen, der die Wärmeverluste reduziert und Komfortprobleme verhindern soll. Durch die Schaffung einer solchen inneren temporären Lamellenebene kann die einfallende Solarstrahlung durch Öffnen der Lamellen für die Halle nutzbar gemacht werden. Durch diese Zweischaligkeit reduziert sich der Heizwärme-

Commerce was to be located beside the actual entrance. Because of the workplaces that were located here, high demands were put on comfort criteria. In addition to the architectural requirements, there were also ecological demands. The heating needs of the building were to be low and the building was not to include air conditioning.

Concept

Based on this framework of conditions, the joint venture of architects Kauffmann Theilig & Partner and the consulting engineers Transsolar designed a partial double-shell roof where the inner layer was constructed as a glass slat level that could be opened; this would create a buffer space against cold and dismal winters and winter nights, reducing heat losses and aiding workplace comfort. By creating this internal temporary slat level and by opening the slats, the incoming solar radiation can be employed in the hall. Due to the double-shell construction, the heating demand was reduced overall from 23 MWh/a to 13.5 MWh/a. Related to the heated area, this meant a reduction from 94 kWh/m² to 55 kWh/m². In addition, the slats were printed (76% of the area; white upper side for high reflection; black underside for high

bedarf absolut von 23 MWh/a auf 13,5 MWh/a. Bezogen auf die beheizte Fläche bedeutet dies eine Reduktion von 94 kWh/m² auf 55 kWh/m². Zusätzlich wurden die Lamellen bedruckt (Bedruckungsgrad 76 %, Oberseite weiß für hohe Reflexion, Unterseite schwarz für hohe Verschattung und besseren Kontrast), um im Sommer die Funktion eines innenliegenden Sonnenschutzes zu übernehmen. Die Glasfassaden (Dach und Wände) wurden mit einem Wärmeschutzglas und einem k-Wert von 1,1 W/ m² K ausgeführt. Die Halle wird über eine Fußbodenheizung, über einen Konvektor und an der Südfassade mit Unterflurkonvektoren beheizt, wobei die neuen Heizkreise an die alte bestehende Heizanlage angeschlossen wurden. Die Unterflurkonvektoren an der Südfassade dienen hauptsächlich zur Verhinderung von Kaltluftabfall an der 8 m hohen Glasfassade. Auf eine Fassadenheizung konnte aufgrund der guten Verglasung verzichtet werden.

Für Glashallen mit einem innenliegenden Sonnenschutz kann diese Ablüftung auch thermisch unterstützt erfolgen, wenn eine gewisse Überhöhung des Glasdaches gegenüber dem Restgebäude beachtet wird und dort Lüftungsöffnungen angeboten werden.

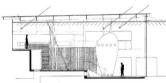

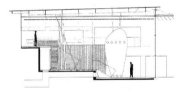

Energiekonzept:
An einem sonnigen Wintertag, an dem die Verwertung der solaren Gewinne durch Öffnen der Lamellen stattfindet; in einer Winternacht, wo der Pufferraum den Dämmwert der Dachschale um 30 % verbessert.

Energy concept:
A sunny winter day, when solar yields are utilized by opening the slats; a winter night, where a buffer space improves the insulation value of the roof shell up to 30%.

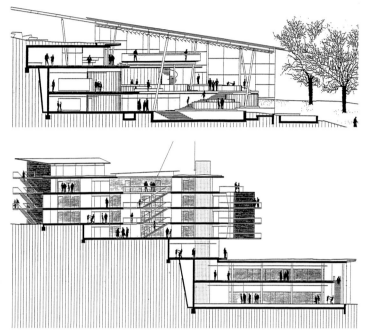

Terrassentherme Bad Colberg
Als Weiterführung des Konzeptes des doppelschaligen Glasdaches als Sonnenschutz wurde im selben Planungsteam in der seit ca. einem Jahr fertiggestellen Terrassentherme der Kurklinik Bad Colberg, Architekten Kauffmann Theilig & Partner, der Zwischenraum im Glasdach als Zuluftführung genutzt. Damit läßt sich auf eine Luftführung in Rohren verzichten, die dem Transparenzanspruch des Glasdaches widersprochen hätten. Auf der anderen Seite würden die hohen Raumlufttemperaturen und Feuchten in der Therme, selbst bei sehr guter Glasqualität von 1.1 W/m² K, bei Außentempera-

shading and better contrast) in order to function as sunlight protection in summer. The glass facades (roof and walls) were constructed with heat protection glass with a K-value of 1.1 W/m² K. The hall is heated with subfloor heating, a convector heating element, and subfloor convectors at the southern facade; the new heating circuits were connected to the existing heating system. The subfloor convectors at the southern facade are mainly used to prevent descending cold air at the 8 m high glass facade. Due to the good glazing quality, facade heating was not necessary.

For glass halls with internal sunlight protection, this method of expelling air can also be carried out with thermal support, if a certain excessive elevation of the glass roof in relation to the rest of the building is observed and exhaust openings are installed there.

Terrace Baths, Bad Colberg
As an extension of the concept of the double-shell glass roof as sunlight protection, the same planning team (architects Kauffmann Theilig & Partner) used the interspace in the glass roof as a fresh-air supply duct in the terrace baths of "Kurklinik Bad Colberg," which was completed approximately one year ago. Thus one can dispense with air supply piping, which would have contradicted the demands of translucence on the glass roof. On the other hand, the high room air temperature and humidity levels of the baths – even with good glass quality of 1.1 W/m² K – would have led to condensation, especially at the fringes of the panes when outside temperatures hit below freezing point. This may be prevented by the double-shell construction with a defined air supply from the interspace into the baths. Measurements and simulations during the planning phase confirmed the successful sealing of the air, even with air gaps between the slats manufactured by the Solaria company. Solar yields in the glass roof can be integrated into the air supply and can be fully exploited by reducing the temperature of the air supplied by the heating system. In addition, the internal glass slat level – which almost reaches room temperature – acts as a warm counter-radiator and considerably increases the comfort level, an especially important aspect for use in such baths. The double-layer printing of the glass slats – white on the top and yellow underneath – creates a friendly light tone even when the sky is overcast.

turen unter dem Gefrierpunkt zu Kondensatbildung besonders im Randbereich der Scheiben führen. Durch die Zweischaligkeit mit der definierten Luftführung aus dem Zwischenraum in die Therme kann dies verhindert werden. Messungen und Simulationen in der Planungsphase haben den lufttechnischen Abschluß auch bei gewissen Luftspalten zwischen den Lamellen, hier von der Firma Solonia ausgeführt, bestätigt. Solare Gewinne im Glasdach lassen sich in die Zuluft einbinden und über eine Reduzierung der Zulufttemperatur aus der Heizzentrale voll nutzen. Zusätzlich dient die innere Glaslamellenebene, die annähernd Raumtemperatur annimmt, als warmer Gegenstrahler und erhöht den Komfort deutlich, besonders für die Nutzung als Bad ist dies ein wichtiger Aspekt. Die zweilagige Bedruckung der Glaslamellen, weiß oben und gelb unten, erzeugt auch bei bedecktem Himmel einen freundlichen Lichtton, womit dem Anspruch des „Badens unter dem Blätterwald" Rechnung getragen wurde.

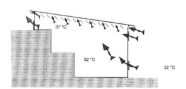

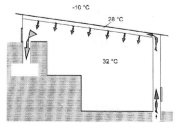

Kurklinik Bad Colberg,
Ansicht Therme Ost und
Therme West und Schnitt
durch das Bettenhaus 4
und den Therapiebereich
(oben links).
Innenansicht des Glas-
daches, das in der Kur-
klinik Bad Kolberg als
Sonnenschutz und als
Zuluftführung genutzt
wurde.

Kurklinik Bad Colberg,
view of east and west
baths and cross-section
of accommodation house
4 and the therapy area
(top left). Schematic
concept for the ventila-
tion in winter and
summer (bottom right).

Dynamische Fassaden
Dynamic Facades

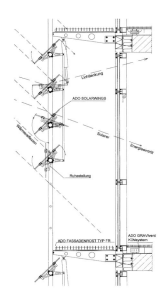

Das Solarwings System ist ein transparentes Sonnenschutz- und Tageslichtmodul, entwickelt von der Firma ADO Tageslichtsysteme. Abhängig von den Außenlichtverhältnissen können die Lamellen dem Sonnenlicht nachgefahren werden. Dadurch wird im Sommer ein Optimum an Wärmeabweisung bei gleichzeitiger Transparenz und Durchsichtmöglichkeit erreicht. In den übrigen Jahreszeiten kann durch gezielte Lamellenpositionierung der solare Energiegewinn sichergestellt werden. Bei bewölktem Wetter wird das Zenitlicht von den Lamellen in die Raumtiefe gelenkt und bewirkt eine bessere Tageslichtnutzung mit zusätzlicher Energieeinsparung. Das Solarwings System wird nach objektbezogenen Anforderungen geplant und ausgeführt.

The Solarwings system is a translucent sunshade and daylight module developed by the company ADO Tageslichtsysteme. The slats can be tracked to the sunlight depending on the exterior light conditions. Thus, in summer an optimum heat reflection is achieved while the same translucence and transparence. During the other seasons, the solar energy yields are ensured by controlled slat positioning. On cloudy days, the zenith light is guided by the slats into a room's depths and results in improved daylight utilization with additional energy savings. The Solarwings system is planned and implemented according to object-related requirements.

Beim Debis-Projekt am Potsdamer Platz in Berlin ist es aufgrund der intelligenten Gebäudetechnik möglich, den Energiebedarf im Vergleich zu einer konventionellen Klimaanlage um rund 50 % zu senken. Neben den Vorteilen im Hinblick auf Behaglichkeit und Energiebilanz ermöglicht die transparente Doppelfassade auch die maximale Ausnutzung des natürlichen Tageslichts und eine Reduzierung der Schallbelästigung.

Thanks to the intelligent building technology in the Debis Project at Potsdamer Platz in Berlin, it is possible to reduce energy demands by 50% compared to a conventional air-conditioning system. Apart from advantages concerning comfort and energy balance, the translucent double facade allows for the maximum utilization of natural daylight and the reduction of noise pollution.

Die Sekundärfassade, entwickelt von der Firma COLT International, besteht pro Element aus acht übereinanderliegenden Glaslamellen aus 12 mm starkem Verbundsicherheitsglas. Die Lamellen sind bis zu einem Winkel von 70° aufklappbar und dienen der Be- und Entlüftung des 700 mm breiten Fassadenzwischenraums. Gehalten werden sie beidseitig von einer Aluminium-Gußkonsole. Jeweils drei Lamellengruppen werden mit einem Elektromotor betrieben.

The secondary facade, developed by COLT International, consists of eight glass slats per element on top of one another, each made of 12 mm thick laminated safety glass. The slats can be opened to an angle of 70° and are used for ventilation and fresh-air supply for the 700 mm wide facade interspace. The slats are held in place by cast aluminum brackets on both sides. Three slats each are operated by an electric motor.

Der Neubau der Tobias Grau KG
in Rellingen bei Hamburg, entworfen von BRT Architekten Bothe Richter Teherani, ist ein futuristisch anmutendes Bauwerk. Der langgestreckte ovale Baukörper mit schräg ausgebildeter Nordfassade hat auf der Südseite eine 54 m² große Fläche mit einer Structural-Glazing-Fassade mit integrierter Photovoltaik der Firma Frener und Reifer. Die blau schimmernde Fassade ist teilweise lichtdurchlässig und erzeugt etwa 4,5 kW Leistung. Die gesamte Glaskonstruktion auf der Ost- und Westseite ist durch ein System außenliegender, gebogener Glaslamellen geschützt, die sich computergesteuert automatisch nach dem Sonnenstand ausrichten.

Die Gläser werden von angepaßten Edelstahlbeschlägen gehalten. Die speziell angefertigten Glaslamellen bestehen aus Verbundglas. Die äußere Scheibe ist ein grün getöntes und reflektierendes Sonnenschutzglas. Zum Blendschutz wurden die Lamellen mit einem Siebdruck mit einer Lichtdurchlässigkeit von 35 % versehen.

The new building for Tobias Grau KG at Rellingen near Hamburg, planned by BRT architects Bothe Richter Teherani, is a futuristic looking building. The stretched oval structure with slanting north facade features 54 m² of structural glazing with an integrated photovoltaic system by Frener und Reifer on its south facade. The iridescent blue facade is partially translucent and generates 4.5 kW of power. On the east and west sides, the entire glass structure is protected by a system of exterior, curved glass slats, which are automatically aligned by a computer to solar altitude.

The glass elements are held in place by matched stainless-steel fittings. The specially manufactured glass slats are made of laminated glass. The outer pane consists of tinted green, reflecting anti-sun glass. Screen printing with 35% translucence has been applied to the slats for anti-glare performance.

Die Volksbank Pforzheim,
geplant von Kauffmann Theilig &
Partner, hat eine als Hängever-
glasung ausgeführte Glashülle,
bei der eine vertikale Lastenauf-
nahme durch grazile Edelstahl-
profile mit einem Querschnitt von
16 x 24 mm geschieht. Die doppel-
schalige Fassadenkonstruktion ist
an der Südseite mit beweglichen,
punktgehaltenen Sonnenschutzlamellen versehen, die elektro-
nisch gesteuert werden.

The Volksbank Pforzheim,
planned by Kauffmann Theilig &
Partner, features a glass envelope
constructed as suspended glazing,
where vertical loads are carried by
delicate stainless-steel profiles
with a cross-section of 16 x 24 mm.
On the south side, the double-
layer facade construction is
equipped with movable, spot-
fastened, electronically controlled
sunshade slats.

Holzfassaden
Wood Facades

Der Bau des Bayerischen Landesamts für Statistik in Schweinfurt, geplant von KM + Architekten, ist beispielhaft in der maximalen Ausnutzung von Tageslicht bei gleichzeitiger Schaffung von blendfreien Computerarbeitsplätzen. Die technischen Anforderungen an die Fassade wurden mit einem System von Kasten-Fassadenfenstern der Firma Seufert-Niklaus gelöst. Die Umsetzung der 380 mm tiefen Klimahülle zum Einbau der Steuerungstechnik wurde durch hochwärmedämmende Holz-Compoundprofile möglich.

The building of the Bayerisches Landesamt für Statistik at Schweinfurt, designed by KM + Architekten, is an example of the maximum utilization of daylight and simultaneous creation of glare-free computer workplaces. The technical requirements for the facade are fulfilled by a system of countersash facade windows by Seufert-Niklaus. The implementation of the 380 mm deep climate envelope for the integration of the control equipment was made possible by means of highly heat-insulating wood compound profiles.

Im Holz-Glasfassadenbau wurden in den letzten Jahren in enger Zusammenarbeit mit Architekten und Designern neue Fensterlösungen entwickelt, die Funktionalität mit einer neuen Formensprache verbinden. Das aus norwegischen und englischen Beschlagskomponenten entwickelte, nach außen öffnende Fenstersystem besitzt einen Öffnungswinkel von 180°.

New window solutions for wood/glass facade constructions, combining functionality with an innovative design language, have been developed in cooperation with architects and designers over the past years. The window system, developed from Norwegian and English fitting components, opens to the outside at a 180° angle.

Hochleistungskonstruktionen
High-performance Structures

Das neue Ausstellungszentrum in Leipzig, entworfen von gmp, Hamburg, und Ian Ritchie, London, ist eines der größten rahmenlosen freitragenden Glasgewölbe der Welt. Die große zentrale Halle besteht aus punktverbundenen freitragenden Glasscheiben mit Kantenlängen von 3 x 1,5 Metern.

The new exhibition center in Leipzig, designed by gmp Hamburg with Ian Ritchie Architects, London, is one of the largest, frameless, suspended, glass vaults in the world. The large central hall has point-fixing glazing suspended overhead with large glass panes of 3 x 1.5 meters edge length.

Das „Tennisschlägerdach", geplant von den Architekten Pysall, Starenberg & Partner, ist eine Seilnetzkonstruktion, die von einem Stahlring gehalten wird. Die verglaste Überdachung einer Schalterhalle der Norddeutschen Landesbank in Braunschweig ist zu einem Markenzeichen der Fa. Seele geworden. Mit kreuzförmigen Klammern in einem 1,25 x 1,25 m großem Gittermuster werden jeweils vier Glasscheiben gleichzeitig gehalten.

The "Tennis Racket Roof," designed by the architects Pysall, Starenberg & Partner is a cable-net construction which is held by a steel thrust collar. This glazed roofing on a customer hall in the Norddeutsche Landesbank in Braunschweig has become a trademark for the Seele Company. Cruciform clamps in a grid pattern of 1.25 x 1.25 m fix the edges of four panes at a time.

Tragendes Glas
Load-bearing Glass
Andrea Compagno

Für den Einsatz von Glas im Fassadenbau bietet sich eine Vielzahl von Verglasungssystemen an. Möglichst transparente Glasbauten liegen heute wieder im Trend. Daher spiegeln moderne Fassadensysteme den Wunsch, eine maximale Transparenz durch die Reduktion der nichttransparenten tragenden Konstruktion zu erreichen. Eine weitere Steigerung der Entmaterialisierung ist möglich, wenn Glas selber tragende Funktionen übernimmt und sogar als Stütze oder Träger eingesetzt wird.

Punktförmige Befestigungssysteme
Ein erster Schritt in der Entmaterialisierung der tragenden Konstruktion ist die Reduktion der linearen zu punktförmigen Befestigungssystemen mit oder ohne Glasdurchdringung. Bei punktförmigen Befestigungen ohne Durchdringung sind die Glasscheiben durch beidseitig angebrachte Halterungen fixiert, die entweder im Fugenkreuz oder entlang der Kanten angeordnet sind. Ein Beispiel dafür ist die Atriumverglasung des Hotels Kempinski im Flughafen München, von den Architekten Murphy/Jahn 1994 fertiggestellt. Die Tragkonstruktion besteht aus kreuzweise angeordneten Seilen, die ein ebenes Seilwerk bilden. Die 1,5 x 1,5 m großen VSG-Scheiben sind an den Kreuzungspunkten mit eigens dafür entwickelten Klemmteilen befestigt. Bei punktförmigen Befestigungen mit Glasdurchdringung werden die Glasscheiben mit Bohrlöchern versehen und mit Schrauben befestigt. Eine Variante davon sind flächenbündige Verschraubungen, bei denen der Schraubenkopf in eine Senkbohrung eingelassen wird. Dank punktförmiger Befestigungssysteme kann eine Glasscheibe sowohl direkt auf der tragenden Unterkonstruktion als auch an den Knotenpunkten von gespannten Seilkonstruktionen befestigt werden.

Eines der ersten dieser Produkte war das Planar-System „Typ 901", das Foster and Partners zum ersten Mal 1982 bei der Fassade des Renault Centre in Swindon (England) einsetzten. Hier sind die 4 x 1,8 m großen ESG-Scheiben direkt an Edelstahlhalter geschraubt, die an den Riegeln der Fassadenkonstruktion befestigt sind. Daraus wurde der „Typ 905" entwickelt, bei denen die Glasscheibe mit aufgeschraubten, zylindrischen Beschlägen versehen und in Konsolen aus den tragenden Pfosten der Fassadenkonstruktion eingehängt ist. Ein Beispiel dafür ist das Bürogebäude „B8" im Stockley-Park, London, das von Ian Ritchie Architects in nur 36 Wochen Bauzeit 1990 fertiggestellt wurde.

Glas als tragender Bauteil
Für eine weitere Entmaterialisierung der Konstruktion kann Glas als tragendes Material selbst herangezogen werden. Die Nutzung der Tragfähigkeit der Glasscheibe ist bei zug- und druckbeanspruchten Konstruktionen sogar unentbehrlich. Die ersten zugbeanspruchten Glaskonstruktionen wurden in den 60er Jahren von der deutschen Firma Glasbau Hahn realisiert. Die Glasscheiben sind am oberen Rand mit Klemmen gehalten, die an einem Waagenbalken befestigt sind. Das System hat sich weltweit rasch verbreitet. Es existieren Ausführungen mit Glasscheiben von 13 m Höhe.

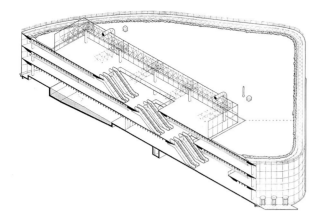

A number of glazing systems are suitable for use in facade construction. Nowadays, glass buildings that are as transparent as possible are once again in vogue. Therefore, modern facade systems reflect this desire to achieve maximum transparency by reducing the non-transparent bearing structure. Further dematerialization is possible when glass itself assumes bearing functions and is even used in supporting mullions or beams.

Point-fixing Systems

An initial step in the dematerialization of bearing structures is the reduction of the linear elements to a point-fixing system with or without glass perforation. For point-fixing systems without perforation, the glass panes are fixed in position by fittings attached on both sides, which are either located at the joints or at their corners. An example of this is the central courtyard glazing of the Kempinski Hotel at the Munich airport, completed by architects Murphy/Jahn in 1994. The load-bearing structure consists of crosswise arranged cables that form a flat cabling mesh. At the nodal points the laminated panes (1.5 x 1.5 m) are fastened by clamping plates that have been specifically developed for this purpose. For point-fixing systems with glass perforation, the glass panes are equipped with bore-holes and fastened with screws. A variant thereof is a screwed connection flush to the surface where the bolt head is recessed into a countersunk bore-hole. Thanks to point-fixing systems, a glass pane can be both fastened directly onto the bearing substructure or to the nodal points of pre-tensioned cable structures.

One of the first products of this kind was the planar system "Type 901" that Foster and Partners used in the facade of the Renault Centre in Swindon (England) for the first time ever in 1982. Here the 4 x 1.8 m toughened panes are directly bolted to stainless-steel spring plates which are fastened to the transoms of the facade structure. From this, "Type 905" was developed, where the glass pane is equipped with bolted-on, cylindrical fittings and nested in pins protruding from the load-bearing mullion of the facade structure. An example of this is the "B8" office building in Stockley-Park, London, which was completed by Ian Ritchie Architects after a construction period of only 36 weeks in 1990.

Glass as a Structural Component

Glass itself can be used as structural material for the further dematerialization of a building. Moreover, exploiting the load-bearing capabilities of the glass pane is indispensable for structures that are subject to tension and compression. The first suspended glass structures were realized by the German company Glasbau Hahn in the 1960s. The glass panes are held by clamps at the upper edge and fastened to beams. This system has quickly spread globally; there are even versions with glass panes boasting a height of 13 m. As a consequence of the difficulties involved in manufacturing, transporting, and mounting panes with excessive dimensions, solutions with more manageable formats have since been developed.

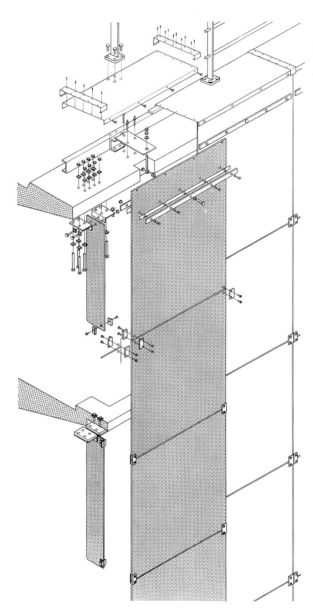

Die abgehängte Verglasung mit geschraubten Eckhalterungen, die sogenannten „patch fittings", für das Verwaltungsgebäude Willis, Faber and Dumas in Ipswich.

Suspended glazing with bolted corner fixtures, so-called "patch fittings," for the administration building of Willis, Faber and Dumas in Ipswich.

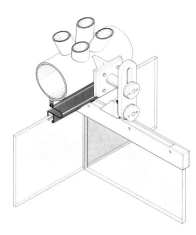

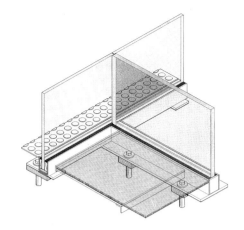

Die Schwierigkeiten bei der Herstellung, dem Transport und der Montage von übergroßen Scheiben haben in der Folge zu Lösungen geführt, die mit handlicheren Formaten auskommen.

Die abgehängte Verglasung mit geschraubten Eckhalterungen, die sogenannten „patch fittings", wurde von Foster and Partners für das Verwaltungsgebäude Willis, Faber and Dumas in Ipswich (England), 1971-75, entwickelt. Die 2 x 2,5 m großen und 12 mm starken ESG-Scheiben – die Dimension wurde damals von der Größe der Vorspannen begrenzt – sind mit geschraubten, 165 x 165 mm großen Eckbeschlägen aus Messing an der jeweils nächsthöheren Scheibe aufgehängt. Die obersten sind mit einem einzigen Bolzen von 38 mm Durchmesser am Rand der obersten Geschoßdecke befestigt, so daß die gesamte, rund 15 m hohe Fassade daran aufgehängt ist. Die horizontale Windaussteifung erfolgt durch Glasschwerter im Gebäudeinneren, die an den einzelnen Geschoßdecken abgehängt sind.

Aus dem „patch fitting"-System wurden die besprochenen Systeme mit punktförmigen, geschraubten Befestigungen weiterentwickelt. Punkthalterungen mit Kugelgelenken werden eingesetzt, um die Konzentration von hohen Biege- und Torsionskräften um das Bohrungsloch zu reduzieren. Das erste Befestigungssystem mit gelenkiger Punkthalterung haben Adrien Fainsilber und die Spezialisten für Glaskonstruktionen Rice-Francis-Ritchie (RFR) 1986 für die Gewächshäuser des Museums für Wissenschaft und Technik in Paris entwickelt. Die Verglasungen bestehen aus vorgespannten, 2 x 2 m großen und 12 mm starken Scheiben, die quadratische Felder von 8 m Seitenlänge bilden.

Die oberen vier Platten sind jeweils mit einem Federbeschlag an den Riegeln des tragenden Gerüsts aufgehängt, während die übrigen untereinander abgehängt sind. Diese hängende Glaswand ist mit einer horizontalen Seilkonstruktion gegen die Windkräfte stabilisiert. Um große Drehmomente um das Bohrungsloch zu verhindern, sind Kugelgelenke, die in der Glasachse liegen, in die Befestigungsknoten eingebaut.

Suspended glazing with bolted corner fixings (so-called "patch fittings") was developed by Foster and Partners for the administration building of Willis, Faber and Dumas in Ipswich (England) in 1971-75. The 2 x 2.5 m, 12 mm toughened panes – at that time the dimensions were limited by the size of the pre-toughening – are mounted to the next pane up by means of bolted 165 x 165 mm brass patch fittings. The highest panes are mounted at the rim of the uppermost plane by a single bolt, 38 mm in diameter, so that the entire, approximately 15 m high facade, is suspended from that point. Horizontal wind bracing is achieved by glass fins suspended from the individual ceilings on the building's interior.

Developed from the "patch fitting" system were the previously mentioned bolted point-fixing systems. Point-fixing systems with articulated fittings are used in order to reduce the concentration of high bending forces and torsional forces around the bore-hole. The first fastening system with articulated fixings was developed by Adrien Fainsilber and the glass structure specialists Rice-Francis-Ritchie (RFR) for the greenhouses of the Museum of Science and Technology in Paris in 1986. The glazing consists of toughened 2 x 2 m panes, 12 mm thick, that form square fields with 8 m long sides.

The top four plates are each suspended by one spring fitting on the transom of the load-bearing framework, whereas the remaining plates are suspended below one another. This suspended glass wall is stabilized against wind forces by a horizontal cable structure. To prevent high torsional stress around the bore-hole, spherical bearings in plane with the glass are mounted into the fixing points.

Glass Fins for Wind Bracing
Another way to employ glass in structural functions is the use of glass fins for wind bracing. The elongated Sainsbury Centre for Visual Arts building in Norwich (England), constructed by Foster and Partners in 1974-78, is enclosed by two 30 x 7.5 m glazings. They consist of 2.4 x 7.5 m toughened panes that are stiffened by glass fins with a width of 60 cm.

Das Gebäude des Sainsbury Centre for Visual Arts in Norwich ist durch zwei 30 x 7,5 m große Verglasungen abgeschlossen. Sie bestehen aus 2,4 x 7,5 m großen VSG-Scheiben.

The Sainsbury Centre for Visual Arts in Norwich is enclosed by two 30 x 7.5 m facades, consisting of 2.4 x 7.5 m laminated panes, reinforced by glass struts.

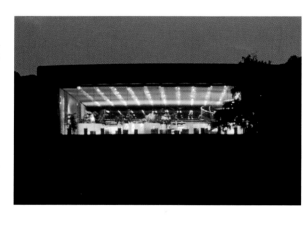

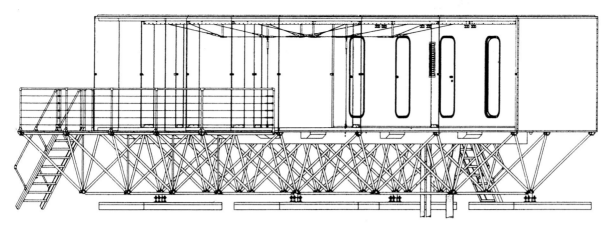

Glasstreifen zur Windaussteifung

Eine weitere Möglichkeit, Glas in tragender Funktion einzusetzen, bietet die Verwendung von Glasstreifen zur Windaussteifung. Das langgezogene Gebäude des Sainsbury Centre for Visual Arts in Norwich (England), von Foster and Partners 1974-78 erstellt, ist durch zwei 30 x 7,5 m große Verglasungen abgeschlossen. Sie bestehen aus 2,4 x 7,5 m großen VSG-Scheiben, die mit 60 cm breiten Glasschwertern ausgesteift sind.

Ein Beispiel für die Verwendung von Glasstreifen als Aussteifung von Fassaden ist das Sony Center, das die Architekten Murphy/Jahn zur Zeit (1991-2000) am Potsdamer Platz in Berlin realisieren. Die geschoßhohen Fassadenelemente sind im Pfostenbereich mit 22 cm breiten und 12 mm starken Glasstreifen versehen, welche der vertikalen Aussteifung gegen Windkräfte dienen.

Der erfolgreiche Einsatz von Glasstreifen zur Windaussteifung hat zur Idee geführt, sie auch für Stützen oder Träger zu verwenden. Beim Wohnhaus in Almere (Niederlande), das die Architekten Benthem Crouwel 1984 fertigstellten, besteht die raumhohe Verglasung des Wohnraums aus 12 mm starken ESG-Scheiben. Beim Glasstoß sind die Scheiben mit ESG-Glasstreifen, die am Fußboden und am Dachrand durch Aluminiumschuhe gehalten sind, gegen Windkräfte ausgesteift. Die Glasschwerter dienen aber auch als Auflager für das in leichter Bauweise erstellte Dach. Die Stoßfugen sind mit transparentem Silikon gedichtet.

Die Architekten Benthem Crouwel haben ihre Erfahrungen beim Haus in Almere auch für den Skulpturenpavillon in Arnheim (Niederlande), 1986, genutzt. Hier sind die Glasscheiben tragend und raumabschließend eingesetzt. Die Tragstruktur des 24 m langen und 6,2 m breiten Pavillons ist eine Rahmenkonstruktion. Die dreizehn Rahmenelemente bestehen aus jeweils zwei ESG-Streifen, die mit Fachwerkträgern aus Stahlprofilen verbunden sind. Zur Längsaussteifung dienen die VSG-Scheiben der Dachverglasung und die ESG-Scheiben der Glaswände. Leider stand der Pavillon nur drei Monate im Park und wurde nach der Ausstellung demontiert.

An example for the use of glass fins as facade reinforcement is the Sony Center that is being constructed by architects Murphy/Jahn at Potsdamerplatz in Berlin (1991-2000). The story-high facade elements are equipped with 22 cm wide by 12 mm thick glass fins in the area near the mullion, which provide vertical reinforcement against wind forces.

The successful usage of glass fins for wind bracing resulted in the idea of also using them as supports or beams. The room-high glazing of the living area of a residential building in Almere (Netherlands), completed by architects Benthem Crouwel in 1984, consists of 12 mm thick toughened panes. At the glass joint the panes are reinforced against wind forces by toughened glass fins that are fixed by aluminum shoes at the floor and the roof edging. The glass mullions are also used as posts for the light-construction roof. The butt joints are sealed with transparent silicon.

Architects Benthem Crouwel also used the experience gained with the Almere house for the sculpture pavilion in Arnheim (Netherlands) in 1986. Here, the glass panes have been used both as structural elements and room enclosure elements. The load-bearing structure of the 24 m long and 6.2 m wide pavilion is a frame construction. The 13 frame elements consist of two toughened fins each, which are connected to trussed beams made of steel profiles. Longitudinal reinforcement is achieved by laminated panes in the roof glazing and the toughened panes in the glass walls. Unfortunately the pavilion was only in the park for three months and then dismounted after the exhibition.

A spectacular application of glass supports is presented in the glass roof of the central courtyard of the community administration building in Saint-Germain-en-Laye near Paris, constructed by architects J. Brunet and E. Saunier in 1994. The 24 x 24 m roof glazing consists of supporting steel work made of steel profiles holding the roof glazing on spacers. This glass roof is carried by cross-shaped 22 x 22 cm glass supports consisting of laminated fins with three toughened panes. The cross-shaped supports – approved for a load of 6 tons, but calculated for 50 tons – represent a world's first in glass construction.

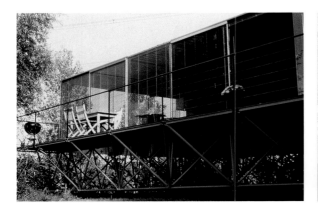

Beim Wohnhaus in Almere besteht die raumhohe Verglasung aus 12 mm starken ESG-Scheiben.

The ceiling-height glazing of the residential building in Almere consists of 12 mm thick toughened glass panes.

Eine spektakuläre Anwendung von Glasstützen zeigt das Glasdach des Atriums der Kommunalen Verwaltung in Saint-Germain-en-Laye bei Paris, von den Architekten J. Brunet und E. Saunier 1994 erstellt. Die 24 x 24 m große Dachverglasung besteht aus einem Tragrost aus Stahlpro-filen, die mit Distanzhaltern die Dachverglasung halten. Dieses Glasdach wird von kreuzförmigen, 22 x 22 cm großen Glasstützen getragen, die aus VSG-Streifen mit drei ESG-Scheiben bestehen. Die kreuzförmigen Stützen, für eine Belastung von 6 Tonnen zugelassen, aber für 50 Tonnen berechnet, stellen eine Weltpremiere im Glasbau dar.

Ein Jahr zuvor hatten die Architekten J. Brunet und E. Saunier eine Dachverglasung mit Glasträgern für die Werk-stätten im Musée du Louvre, Paris, realisiert. Die Glas-konstruktion schließt einen dreigeschoßigen Lichthof ab, welcher der unterirdischen Erweiterung des Museums Ta-geslicht zuführt. Für die 4 x 16 m große Dachverglasung wurden VSG-Scheiben verwendet, die von VSG-Balken ge-tragen werden. Das Verhalten des Materials wurde mit umfangreichen Tests untersucht. Dabei stellte sich heraus, dass die Glasunterzüge statt mit den zuvor geschätzten 5 Tonnen mit 12,2 bis 14 Tonnen belastet werden können.

Ganz-Glas-Konstruktionen

Das Experimentieren mit Glasstützen und -trägern hat ver-schiedene Architekten zu Projekten ermutigt, bei denen Glas alle Tragfunktionen übernimmt.

Der Eingangspavillon des Broadfield House Glass Museum in Kingswinford (England) wurde 1994 von den Architek-ten Antenna Design, B. G. Richards und R. Dabell erstellt. Der Anbau ist 11 m lang, 5,7 m breit und 3,5 m hoch. Sei-ne Tragstruktur ist aus Halbrahmen zusammengesetzt, wel-che aus VSG-Streifen mit drei Glasscheiben bestehen. Die 30 cm hohen Glasträger sind mit 28 cm tiefen Glasstützen über eine Zapfverbindung zusammengefügt, die vor Ort mit Gießharz ausgegossen wurde. Die Halbrahmen werden von Stahlschuhen am Fußboden und an der Hausmauer gehal-ten. Für das flachgeneigte Glasdach wurden Isoliergläser verwendet, deren innere VSG-Scheibe mit einem Streifen-muster bedruckt ist. Die Isoliergläser sind als Stufenglas

One year earlier, architects J. Brunet and E. Saunier constructed a roof glazing with glass beams for the work-shops in the Musée du Louvre, Paris. The glass structure forms the edge of a three-story light-well that provides daylight for the subterranean museum extension. For the 4 x 16 m roof glazing, laminated panes supported by lami-nated beams were used. The material behavior was exam-ined in comprehensive experiments. The experiments showed that the glass beams can be loaded with 12.2 to 14 tons instead of the previously estimated 5 tons.

All-glass Structures

Through experiments with glass supports and glass beams, several architects have decided to carry out projects in which glass takes over all load-bearing functions.

The entrance pavilion of the Broadfield House Glass Mu-seum in Kingswinford (England) was constructed by archi-tects Antenna Design, B.G. Richards and R. Dabell in 1994. The annex is 11 m long, 5.7 m wide, and 3.5 m high. Its load-bearing structure is composed of half-frames that consist of laminated strips and three glass panes. The 30 cm high glass beams are joined by 28 cm deep glass sup-ports via a mortice and tenon joint that was filled with casting resin on site. The half-frames are fastened to the floor and the house wall by steel shoes. Insulated glazing with an inside laminated pane printed with a striped pat-tern was used for the low-gradient glass roof. The insula-ted glazing is made as step glazing, and forms a canopy over the vertical, room-edge glazing. All joints are sealed with black silicone.

In 1995, students of the Faculty for Building Construction (Structural Theory) at the RWTH Aachen (a technical uni-versity) constructed a demountable exhibition pavilion. The 2.5 x 6.15 m pavilion was designed as a demountable building-block system made of prefabricated basic ele-ments. The LSG glass supports are clamped and bolted into two U-shaped steel profiles at the ground. The support heads are bolted to each other on both sides with 24 cm high glass beams made of laminated strips. The glass walls and the glass roof are fastened to this frame structure by

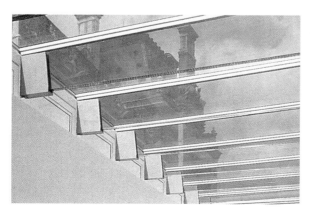

gefertigt und bilden ein Vordach über der vertikalen, raumabschließenden Isolierverglasung. Alle Fugen sind mit schwarzem Silikon gedichtet.

1995 haben die Studenten des Lehrstuhls für Baukonstruktion (Tragwerkslehre) an der RWTH Aachen einen demontierbaren Ausstellungspavillon realisiert. Der 2,5 x 6,15 m große Pavillon ist als demontierbares Baukastensystem aus vorgefertigten Grundelementen konzipiert. Die VSG-Glasstützen sind am Fußboden zwischen zwei U-förmigen Stahlprofilen eingeklemmt und verschraubt. Die Stützenköpfe sind beidseitig mit 24 cm hohen Glasträgern aus VSG-Streifen miteinander verschraubt. An dieser Rahmenkonstruktion sind Glaswände und -dach mit Stahlwinkeln befestigt. Sie bilden die Längsaussteifung des Pavillons, während die eingespannten Stützen in der Querrichtung aussteifen. Für eine einfache Demontage wurden Schraubenverbindungen statt Klebeverbindungen gewählt.

Die Glasbrücke des Architekturbüros Kraijvanger und Urbis in Rotterdam (Niederlande), 1993, verbindet im 1. OG die Büroräume von zwei gegenüberliegenden Bauten. Die Konstruktion der 3,2 m langen Brücke besteht aus VSG-Scheiben, die mit Punkthaltern aus Edelstahl miteinander verbunden sind. Die Bodenplatte ist eine VSG-Scheibe, die auf zwei Glasträgern aus VSG-Streifen liegt. Die Seitenwände und das Dach bestehen aus VSG-Scheiben.

1996 ist das gläserne Vordach für die Yurakucho U-Bahn-Station in Tokyo (Japan) fertiggestellt worden, das Rafael Vinoly Architects zusammen mit Dewhurst Macfarlane and Partners entworfen haben. Die auskragende Glaskonstruktion ist 10,6 m lang, 4,8 m breit und an der Spitze 4,8 m hoch. Die Tragstruktur besteht aus drei parallelen, auskragenden Trägern, die aus mehreren dreieckigen, ineinander verzahnten VSG-Scheiben und Acrylplatten – letztere aufgrund der Erdbebensicherheit – zusammengesetzt sind. Die Dachverglasung aus VSG-Scheiben ist mit punktuellen Befestigungen an diesen Kragarmen montiert.

Weitere Experimente zielen darauf ab, die hohe Druckfestigkeit von Glas optimal einzusetzen. Die Studenten

means of steel brackets. They make up the longitudinal reinforcement of the pavilion, whereas the restrained supporting posts provide transverse stiffening. For easy dismounting, bolted connections were used instead of sealant connections.

The 1993 glass bridge by architects Kraijvanger and Urbis in Rotterdam (Netherlands) connects the second floor of two adjacent buildings. The 3.2 m long bridge structure consists of laminated panes that are connected to one another by stainless-steel point fasteners. The base plate is a laminated pane resting on two glass beams made of laminated strips. The side walls and the roof consist of laminated panes.

In 1996, the glass canopy of the Yurakucho underground station in Tokyo (Japan), designed by Rafael Vinoly Architects together with Dewhurst Macfarlane and Partner, was completed. The projecting glass structure is 10.6 m long, 4.8 m wide, and 4.8 m high at its top. The load-bearing structure consists of three parallel, cantilevering beams that are composed of several triangular, interlocked laminated panes and plexiglass panes – the latter are used because they are earthquake-safe. The roof glazing made of laminated panes is point-fastened to these cantilevers.

Further experiments aim at optimally utilizing the compressive strength of glass. At the glasstec 96 exhibition, students S. Gose and P. Teuffel, accompanied by J. Achenbach, Institute of Building Construction and Design 2, Prof. S. Behling, the Institute of Structural Design II, and Prof. Dr.-Ing. Dr. h.c. J. Schlaich, University of Stuttgart, presented a load-bearing "Tensegrity" structure, where glass tubes were used as compression elements. The design is based on the "tensional Tensegrity" structure model by the American engineer R. Buckminster Fuller.

On the occasion of the Glas-Kon '98 exhibition in Munich, a glass arch 1 was presented, which had been constructed by M. Kutterer, Institut für Leichte Flächentragwerke (Institute for Light Surface Structures) at the University of Stuttgart, accompanied by student B. Sill. Based on this

Beim Skulpturenpavillon in Arnheim sind die Glasscheiben tragend und raumabschließend eingesetzt (unten links). Die Tragstruktur des Eingangspavillon des Broadfield House Glass Museum ist aus Halbrahmen zusammengesetzt, die aus VSG-Streifen mit drei Glasscheiben bestehen.

In the sculpture pavilion in Arnheim the glass panes are used as structural and room enclosure elements (below left). The load-bearing structure of the entrance pavilion of the Broadfield House Glass Museum is built out of half-frames that consist of LSG strips and three glass panes.

Der 2,5 x 6,15 m große Ausstellungspavillon in Aachen ist als demontierbares Baukastensystem aus vorgefertigten Grundelementen konzipiert.

The 2.5 x 6.15 m exhibition pavilion in Aachen (Germany) is designed as a demountable building-block system made of prefabricated basic elements.

In den von der RWTH Aachen, Institut für Tragwerkslehre, Professor Winfried Führer und Ulrich Knaack, entwickelten Sandwich-Konstruktionen wurde Glas in Kombination mit Holz- bzw. Aluminium-Abstandhaltern eingesetzt.

Glass in combination with spacers made of wood or aluminum was used in the sandwich constructions developed by the Institut für Tragwerkslehre, Professor Führer and Ulrich Knaack, at the RWTH Aachen.

S. Gose und P. Teuffel, begleitet von J. Achenbach, Institut für Baukonstruktion und Entwerfen LS2, Prof. S. Behling, und dem Institut für Konstruktion und Entwurf II, Prof. Dr.-Ing. Dr. h.c. J. Schlaich, Universität Stuttgart, haben auf der glasstec 96 eine „tensegrity"-Tragstruktur vorgestellt, bei der sie für die Druckglieder Glasrohre verwenden. Der Entwurf basiert auf dem Vorbild der „tensional-tensegrity"-Strukturen des amerikanischen Ingenieurs R. Buckminster Fuller.

An der Glas-Kon '98 in München wurde ein Glasbogen 1 vorgestellt, der von M. Kutterer, Institut für Leichte Flächentragwerke, Prof. W. Sobek, Universität Stuttgart, begleitet vom Studenten B. Sill, realisiert wurde. Daraus haben M. Kutterer und F. Meier vom Institut für Leichte Flächentragwerke, Universität Stuttgart, an der glasstec 98 in Düsseldorf den Glasbogen 2 entwickelt. Die Konstruktion besteht aus vierzehn 1,64 x 4 m großen VSG-Scheiben, die im Randbereich durch zusätzliche Glasstreifen verstärkt sind. Eine radiale Abspannung sorgt für die Stabilisierung. Bei der Demontage der Ausstellung wurde der Bogen mit verschiedenen Belastungen bis zur Zerstörung ausgetestet.

Ebenfalls an der glasstec 98 hat die Firma Seele, Gersthofen (Deutschland), eine Glaskuppel mit 12,30 m Durchmesser und 2,5 m Stichhöhe vorgestellt, bei der die Glasscheiben tragend eingesetzt sind. Die Glasschale besteht aus dreieckigen VSG-Scheiben mit Kantenlänge 1,1 m. Die Glasscheiben sind an den Spitzen mit runden Klemmtellern von 140 mm Durchmesser aus Edelstahl zusammengehalten und durch ein Netz aus Edelstahlseilen in drei Ebenen vorgespannt. Die Stahlseile sind an einem ringförmigen Träger aus Stahlrohr verankert.

All diese Beispiele zeigen den Trend zur Entwicklung möglichst filigraner und transparenter Glaskonstruktionen, bei denen das Material Glas selber herangezogen wird, um die tragende Funktion zu übernehmen.

project, M. Kutterer and F. Meier of the Institute for Light Surface Structures at the University of Stuttgart developed the glass arch 2 for the glasstec 98 exhibition at Düsseldorf. The structure consists of fourteen 1.64 x 4 m LSG panes that are reinforced in the edge area by additional glass strips. Stabilization is provided by radial guying. When the exhibit was dismounted, the arch was tested with various loads until it was destroyed.

Also for the glasstec 98 exhibition, the Seele company of Gersthofen (Germany) presented a glass dome with load-bearing glass panes, and a diameter of 12.30 m and a 2.5 m pitch. The glass shell consists of triangular laminated panes with an edge length of 1.1 m. At the tips, the glass panes are tied together with round stainless-steel clamping plates with a diameter of 140 mm and are pre-tensioned by a network of three levels of stainless-steel cables. The steel cables are anchored to a ring-shaped steel tube beam.

All these examples show the trend towards the development of glass structures which are as translucent and filigreed as possible, and for which glass itself is used as a structural material that can take on load-bearing functions.

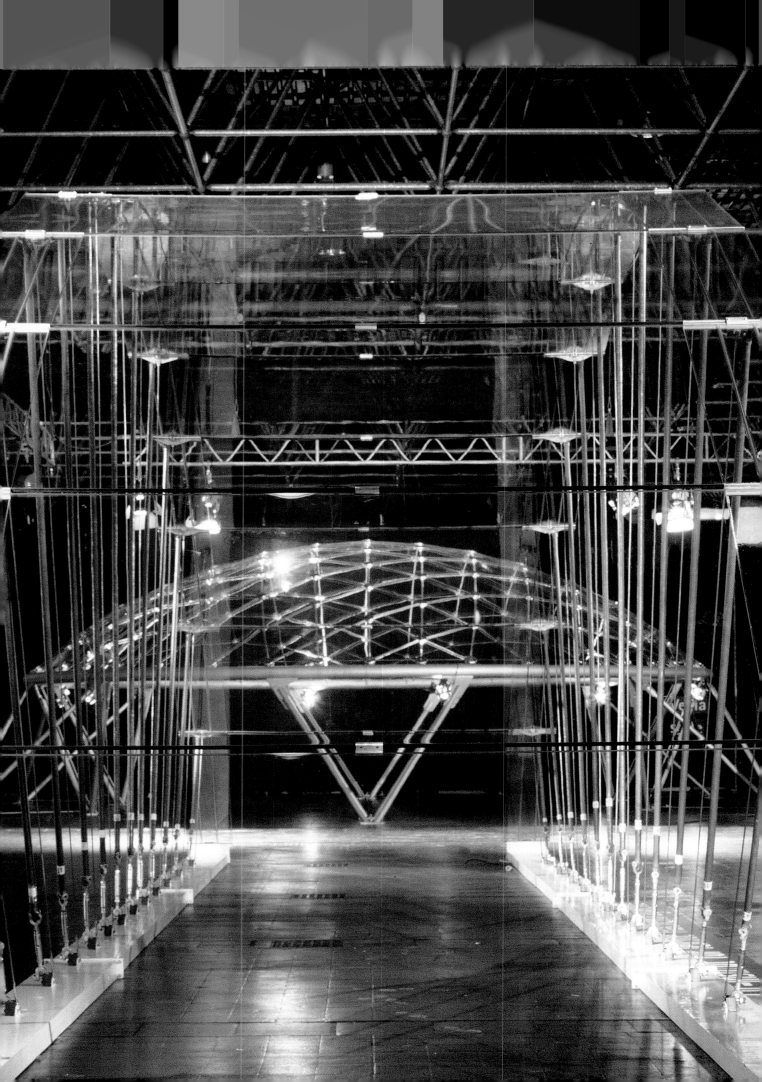

Glasdächer und Glasfassaden
Glass Roofs and Glass Facades
Hans Schober
Schlaich Bergermann und Partner

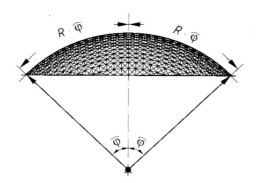

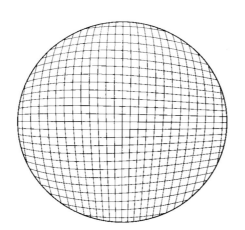

Die Attraktivität von Glaskuppeln wächst mit deren Transparenz. Günstige Voraussetzungen für optimale Transluzenz bieten doppelt gekrümmte Flächentragwerke mit Dreiecksmaschen. Nur das Dreiecksraster ist in der Lage, Kräfte im wesentlichen ohne Stabbiegung nur in der Fläche fortzuleiten, eine notwendige Voraussetzung für einlagige Membranschalen.

Solche Flächentragwerke werfen drei grundlegende Probleme auf: Wie kann der Gegensatz zwischen günstigem Tragverhalten und schwieriger, doppelt gekrümmter Herstellung aufgelöst werden? Wie kann eine Dreiecksstruktur mit den viel günstigeren Vierecksscheiben belegt werden? Wie können doppelt gekrümmte Flächen mit ebenen Vierecksscheiben belegt werden?

Mit den Netzkuppeln haben wir bekanntlich die beiden ersten Punkte so gelöst, daß das Grundraster des Tragwerkes aus einem Vierecksnetz aus Flachstäben besteht, das quadratisch ist, wenn man es sich ausgelegt denkt. Dieses ebene Netz läßt sich in nahezu alle beliebigen Formen bringen, indem sich der Maschenwinkel von 90 Grad ändert. Aus den Quadraten werden Rhomben. Die Vierecksmaschen werden mit dünnen Seilen diagonal verspannt, so daß Dreieckselemente – die notwendige Voraussetzung für günstige Schalenwirkung – entstehen. Die Verglasung wird direkt auf die Flachstäbe aufgeklemmt.

Zentralsymmetrische Kuppeln
Rippenkuppeln mit Stäben in Ring- und Meridianrichtung sind wegen der rotationssymmetrischen Struktur einfach herzustellen, benötigen aber, da auf Rahmenwirkung bzw. Biegesteifigkeit angewiesen, entsprechend schwere Träger.

Durch diagonale Seilverspannung der viereckigen verglasten Maschen können solche Rippenkuppeln in echte Schalentragwerke mit optimaler Transparenz überführt werden. Ausgeführt wurden solche Tragwerke beispielsweise für das Rhönklinikum in Bad Neustadt und das Einkaufszentrum Grünau in Leipzig. Rotationssymmetrische Strukturen lassen sich natürlich immer mit ebenen Vierecksscheiben belegen. Nachteilig ist die Verdichtung der Stäbe im Zenit, also dort, wo man es gerade nicht haben möchte.

Tonnenförmige Gewölbe
Tonnen sind im Gegensatz zu den dreidimensionalen Kuppeln „nur" ebene oder zweidimensionale Stabtragwerke und können deshalb wesentlich einfacher hergestellt werden, was ein Grund für deren weite Verbreitung ist.

Tonnen sind statisch dasselbe wie Bögen, d. h. formt man das Wölbprofil nach der Stützlinie, treten im Bogen nur Normaldruckkräfte auf, aber keine Biegemomente. Zu jeder Belastung gehört aber eine andere Stützlinie, was sofort einleuchtet, wenn man die Stützlinie als umgekehrte

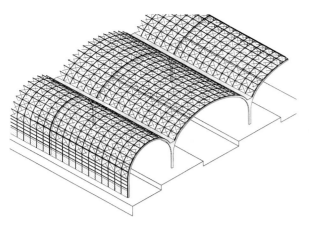
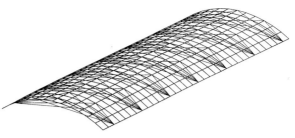

The appeal of glass domes grows with their translucence. Double-curved surface structures with a triangular mesh net provide favorable prerequisites for optimal transparency. Only the triangular pattern is capable of transferring forces just area-wise without a substantial bar deflection – which is a prerequisite for single-layer membrane shells.

Surface structures of this type pose three fundamental problems: How can the contradiction between favorable load-bearing behavior and difficult, double-curved construction be resolved? How can a triangular structure be covered with the preferred rectangular tiles? How can double-curved surfaces be covered with plane rectangular tiles?

As is generally known, we have solved the first two issues with grid shells by building the base grid of the structure as a rectangular grid made of flat bars, thus producing an area that is square (if it were to be laid out flat). This plane mesh can be formed in almost any shape by modifying the 90° mesh angle. The squares each transform into the shape of a rhombus. The rectangular meshes are diagonally guyed by thin cables, thus forming triangular elements – the prerequisite for the desired shell effect. The glass tiles are clamped directly onto the flat bars.

Centrosymmetrical Domes
Ribbed domes with ring- and meridian-directional bars can easily be constructed because of their rotation-symmetrical structure. However, these domes require correspondingly heavy beams, as they rely on frame action.

Such ribbed domes can be transformed into true shell structures with optimum translucence by diagonally guying the rectangular glazed meshes. Examples of such structures can be found in the Rhönklinikum in Bad Neustadt and in the Grünau shopping mall in Leipzig. Rotation-symmetrical structures can, of course, always be covered with plane rectangular tiles. A disadvantage of this may be the concentration of bars in the zenith exactly in an area where it is not desired.

Barrel Vaults
In contrast to three-dimensional domes, barrel vaults are "merely" plane or two-dimensional bar structures and can thus be constructed much more easily – a fact that explains their widespread use.

Statically, a barrel vault is identical to an arch, i.e. if one shapes the barrel profile according to the pressure line, there will only be normal pressure forces exerting on the arch and no bending moments. However, every load has its own pressure line, which is certainly plausible if one regards the pressure line as an inverted catenary line – i.e. a useful finding that can be applied when designing

Seillinie versteht, eine äußerst nützliche Erkenntnis, die bei der Formfindung von Kuppeln Anwendung finden kann. Tonnen müssen aber den unterschiedlichsten Belastungen widerstehen können und benötigen daher biegesteife Bogenträger.

Erst wenn man die Vierecksmasche der Tonne durch gespannte Diagonalseile in Dreieckselemente überführt und die Tonne zusätzlich mit steifen Querschotten versieht, wird sie zur effizienten Zylinderschale.

Die Querschotten schaffen sozusagen die für eine Schale nötige zweite Flächenkrümmung und werden üblicherweise als vorgespannte Sonnen- oder vorgespannte Speichenräder ausgebildet, deren Abstand von der Spannweite und den Krümmungsverhältnissen der Tonne abhängt.

Ist wie bei der Innenhofüberdachung des Quartiers 203 in der Friedrichstraße in Berlin eine Diagonalverspannung in der Dachfläche der Tonne unerwünscht, da es sich um ein Biegetragwerk handelt, so sind stärkere Profile nötig. Mit einer räumlichen Verspannung in den Gebäudeachsen gelang es, zusammen mit der Vierendeelwirkung der vollverschweißten Rohre die Profile dennoch zu minimieren.

Kann die Tonne nicht kontinuierlich am Rand, sondern nur in bestimmten Abständen gelagert werden, wie beispielsweise bei der Bahnsteigüberdachung des Spandauer Bahnhofs in Berlin, sorgt die Schale auch für die Lastabtragung in Längsrichtung und wird zur echten Zylinderschale. Sie trägt dann ungefähr wie ein durchlaufender Balken mit einer der Stichhöhe entsprechenden Bauhöhe. Die Diagonalseile werden in allen Lastfällen erheblich beansprucht und müssen sorgfältig verankert und geklemmt werden. Ein steifer Schott an den Auflagern muß dann nicht nur für die Queraussteifung der Tonne, sondern auch für eine der Schale gerechte Aufnahme der Auflagkräfte sorgen, d.h. er muß in der Lage sein, kontinuierlich Schubkräfte aus der Dachebene abzunehmen. Die Funktion des Querschotts übernimmt hier der stählerne Bogenträger.

Flache Dächer geringer Wölbung
Häufig werden Dächer über viereckigen Innenhöfen in Kissenform mit geringer Wölbung gewünscht, um die Sicht aus den Geschossen oberhalb des Daches nicht zu behindern. Die Kissengeometrie läßt sich nur dann mit ebenen Vierecksscheiben belegen, wenn der Stich und damit auch die Scheibenverwindung gering bleibt. Bei geringen Wölbungen scheiden jedoch einlagige Schalentragwerke aus Stabilitätsgründen aus, so daß nur zweilagige bzw. unterspannte Systeme in Frage kommen.

Beim Glasdach der Deutschen Bank in Berlin wölbt sich ein Stabnetz, das den Druckgurt bildet, 0,60 m nach oben und ein Seilnetz, das den Zuggurt bildet, 1,40 m nach

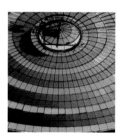

Kuppel des Einkaufszentrums in Grünau, Leipzig. Überdachung Bahnhof Berlin-Spandau (oben links), Atriumdach Quartier 203, Berlin (oben rechts) von von Gerkan, Marg und Partner.

The dome in the Grünau shopping center in Leipzig. Station roofing at Berlin-Spandau (top left) and central courtyard roofing Quartier 203, Berlin (top right) by von Gerkan Marg and Partner.

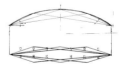

Atriumdach Quartier 203, Berlin, Friedrichstraße.

Central courtyard roofing Quartier 203, Berlin, Friedrichstraße.

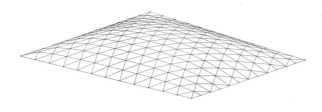

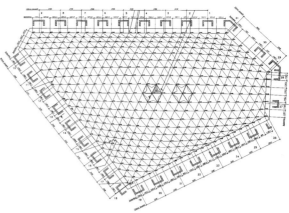

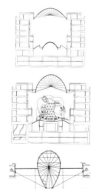

Innenhofüberdachung der Deutschen Bank Berlin, Unter den Linden, Architekt Benedict Tonon und Novotny, Mähner. Innenhofüberdachung des Palais Bernheimer in München (oben links), Innenhofüberdachung im Flämischen Rat in Brüssel (oben rechts).

Inner courtyard roofing of the Deutsche Bank Berlin, Unter den Linden, Architect Benedict Tonon und Novotny, Mähner. Inner courtyard roofing of the Palais Bernheimer in Munich (top left) and inner courtyard roofing of the Flämischer Rat (Flemish Council) in Brussels (top right).

Atriumdach der DG Bank in Berlin, Pariser Platz 3, Architekt Frank O. Gehry (Mitte).

Central courtyard roofing of the DG Bank in Berlin, Pariser Platz 3, by Architect Frank O. Gehry (center).

unten. Das Stabnetz ist mit viereckigen Isolierglasscheiben direkt verglast, und das Seilnetz verläuft diagonal und stützt zur Vermeidung eines Pfostenwaldes nur jeden zweiten Knoten. Zur Optimierung der Beanspruchung wurde für die Kissenform eine Formfindungsberechnung durchgeführt.

Kuppeln mit verglasten Dreiecksmaschen

In vielen Fällen stehen wir vor der Aufgabe, Glaskuppeln freier Form zu bauen, weil sie sich über unregelmäßigen Grundrissen wölben, den Übergang zwischen unterschiedlichen geometrischen Flächen bilden oder gar als Skulptur wirken sollen.

In der Regel lassen sich solche Flächen nicht mehr mit ebenen Vierecksscheiben belegen, so daß man genötigt ist, die ungünstigeren Dreiecksscheiben zu verwenden. Insbesondere bei Isolierverglasung wird man dann auch das Stabnetz als direktverglastes Dreiecksnetz ausbilden.

Der Übergangsbereich zwischen den beiden Tonnen des Daches für das Museum für Hamburgische Geschichte war trotz der windschiefen Vierecksmaschen in weiten Bereichen mit viereckiger Einfachverglasung eindeckbar, die aber an Stellen extremer Scheibenverwindung in Dreiecke aufgelöst wurden.

Beim Palais Bernheimer in München wie auch beim Flämischen Rat in Brüssel sollte der unregelmäßige Innenhof mit einem isolierverglasten kissenförmigen Glasdach überspannt werden. Die Wölbung erlaubte ein einlagiges Schalentragwerk, dessen Gestalt über eine Hängeform gefunden wurde. Vierecksmaschen hätten sich zu stark verwunden, so daß in beiden Fällen nur ein direkt verglastes dreieckiges Stabnetz in Frage kam, ideale Voraussetzung für ein Schalentragwerk. Man erhält trotz der ungünstigen Dreieckstruktur, bei der sich sechs Stäbe in Knoten kreuzen, ein filigranes Gebilde.

Das Atriumdach der DG Bank am Pariser Platz in Berlin verläßt die herkömmliche Architektur von Dächern. Frank O. Gehry entwarf hier eine Fläche mit dreidimensionalem Volumen, ein onduliertes Tonnendach als Skulptur, das in den Innenraum eingreift.

Solche freie Formen können nur mit Dreiecken verglast und mit einem dreieckigen Stabnetz als Schale gebaut werden. Das Schalentragwerk ist am Rand nicht kontinuierlich, sondern lediglich im Abstand von etwa 16 m gestützt. Wegen der geringen Krümmung in der Längsrichtung mußte die Schale aus Stabilitätsgründen in den Auflagerachsen durch „Sonnen" zusätzlich ausgesteift werden. Das gesamte Tragwerk besteht aus Edelstahl. Die Knoten wurden dreidimensional gefräst.

Kuppeln als Translationsfläche

Die letzten Beispiele zeigen, daß sich freie, doppelt gekrümmte Flächen zwar stets mit Dreiecken bilden lassen, leider aber nicht die Transparenz und auch Wirtschaftlichkeit einer viereckig verglasten Struktur erreichen.

dome forms. However, barrel vaults must withstand a variety of forces and, therefore, require flexurally rigid arched beams.

Only after transforming the barrel's rectangular mesh into triangular elements with the help of tensioned diagonal cables, and then also equipping it with rigid traverse stiffening plates, will it become an efficient cylinder.

The traverse stiffening plates, so to speak, create the second surface curve necessary for a shell, and are usually constructed as pre-tensioned sun wheels or pre-tensioned spoke wheels. Their distance varies depending on the span and the curve ratios of the barrel. If – as found in the inner courtyard roofing at Quartier 203 in Berlin's Friedrichstraße – diagonal bracing in the roof of the barrel vault is undesirable because it is a bending girder structure, then stronger profiles will be needed. However, spatial girder structures in the building axes, in conjunction with the Vierendeel effect of the full-welded pipes, make it possible to minimize these profiles.

If the barrel vault cannot be supported continuously at its lower edge, but only at certain intervals – like the platform roofing of the Spandau railway station in Berlin, for example – then the shell also provides for longitudinal load removal, and thus is a true cylinder shell. In this case it provides load bearing approximately like a continuous beam with a pitch corresponding to the overall height.

Bei doppelt gekrümmten Flächen mit günstiger viereckiger Struktur müssen entweder die Glasscheiben die Maschenverwindung mitmachen können oder die gleiche Krümmung wie die Tragkonstruktion aufweisen, oder aber die Netzgeometrie muß so gewählt werden, daß die einzelnen Vierecksmaschen stets eben bleiben.

Bei der Kugelkalotte in Neckarsulm folgen die sphärisch gekrümmten Isoliergläser der Tragwerkskrümmung, erlauben so verwundene Vierecksmaschen und führen zu einer idealen Kugelgestalt. Diese architektonisch anspruchsvolle, aber auch teure Verglasungsart würde den Bau doppelt gekrümmter Schalen mit viereckigen Maschen nicht sehr einschränken, gäbe es da nicht einen geometrischen Trick, nahezu beliebige Formen mit ebenen Vierecken zu bauen.

Läßt man beispielsweise eine Parabel über eine dazu senkrecht stehende Parabel gleiten, entsteht ein elliptisches Paraboloid mit einer elliptischen Grundrißkurve, das mit einem gleichmaschigen Netz aus ebenen Vierecksscheiben belegbar ist. Ein gebautes Beispiel dazu ist die Innenhofüberdachung des Rostocker Hofes in Rostock.

Weist die Leitlinie gegenüber der Erzeugenden eine gegensinnige Krümmung auf, entsteht das hyperbolische Paraboloid, das bekanntlich auch mit zwei Scharen geradlinig Erzeugender gebildet werden kann.

The diagonal cables are stressed considerably in all load situations and must be carefully anchored and clamped. Rigid diaphragms at the supports of the shell must not only provide for the transversal stiffening of the barrel vault, but must also provide shell-adequate support of the barrel, i.e. the shell must be able to absorb continous shear forces from the roof. Thus the steel arches function as transverse diaphragms.

Flat Roofs with Slight Arching

Roofs above rectangular inner courtyards are frequently designed in a "pillow shape" with slight arching, in order not to obstruct the view from the floors above the roof. In this case the pillow shape can only be covered with plane rectangular tiles, if the rising and thus also the tile torsion can be kept low. However, for roofs with slight arching, single-layer shell structures have to be ruled out for reasons of stability. Only dual-layer respectively trussed systems should be considered.

The glass roof of the Deutsche Bank building in Berlin has a bar grid forming the compression flange vaulting 0.60 m upward and a cable net forming the tension flange vaulting 1.40 m downward. The bar grid is covered with rectangular thermopane glazing and the diagonal cable net only supports every other nodal point – in order to prevent a maze of stakes. Shape-design computations were carried out on the pillow shape in order to optimize the load.

Übergangsbereich, Museum für Hamburgische Geschichte in Hamburg, Architekt von Gerkan, Marg und Partner.

Transition area, Museum für Hamburgische Geschichte in Hamburg (Museum of Hamburg History), Architect von Gerkan, Marg und Partner.

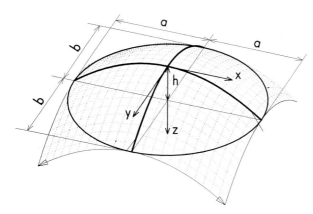

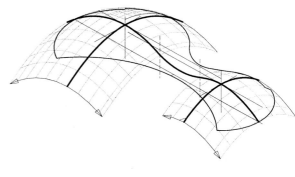

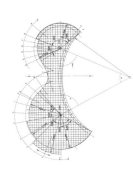

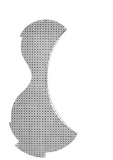

Galerie Rostocker Hof
mit einer Netzkuppel als Translationsfläche (oben links), Glaskuppel für die Flußpferde im Zoo Berlin als Translationsfläche mit ebenen Vierecksmaschen (oben rechts und unten).

Rostocker Hof Gallery with a meshed dome as translational surface (top left); glass dome for the hippopotamus at the Berlin zoo as translational surface with plane rectangular mesh (top right and bottom).

Man kann also Hyparflächen mit geraden Rändern herstellen, wodurch sie einfach gelagert werden können. Als Beispiel hierfür dient die Innenhofüberdachung in Leipzig. Die Translationsfläche überdeckt einen trapezförmigen Innenhof mit ebenen Vierecksscheiben. Translationsflächen ermöglichen also eine riesige Formenvielfalt von Netzkuppeln mit gleichmaschigem Netz aus ebenen Vierecksmaschen.

Leitlinie und Erzeugende müssen aber nicht wie bei den gezeigten Beispielen aus geometrisch einfachen Kurven bestehen, sondern können als beliebige Raumkurven definiert werden und eröffnen dadurch eine riesige Formenvielfalt.

Jüngstes Beispiel hierfür ist das Flußpferdehaus im Zoo Berlin. Hier wurden zur Überdachung der beiden kreisrunden Becken als Leitlinie zwei Parabeln mit einer frei definierten Übergangskurve gewählt.

Als Erzeugende mußten ebenfalls Parabeln gewählt werden, die mit denen der Leitlinien jeweils identisch sein mußten, um kreisförmige Grundrißkurven zu ergeben. Innerhalb des Übergangbereiches wurden die unterschiedlichen Erzeugenden des großen und kleinen Beckens ineinander überführt. Der kreisförmige Einschnitt der Besucherhalle in die Netzkuppel wird durch einen auf der Spitze stehenden Kreiskegel mit 8 Grad Neigungswinkel beschrieben, welcher sich mit der Kuppel in einem frei geschwungenen Rad verschneidet. Die Kegelfläche definiert die mit 8 Grad geneigte Fassadenfläche, die als Regelfläche verwindungsfrei verglast werden kann. Das Beispiel zeigt, daß Netzkuppeln in nahezu beliebiger Form wirtschaftlich hergestellt werden können, indem mit dem Trick der Translationsfläche die gesamte Kuppel aus einem gleichmaschigen Netz mit ebenen Vierecksscheiben hergestellt wird, eine in gestalterischer und wirtschaftlicher Hinsicht optimale Methode.

Triangular Meshed Domes
We are often confronted with the task of building free-shaped domes because they span irregularly shaped floor plans, or because they form a transition between different geometric areas, or even because they are meant to give the impression of a sculpture.

Usually these areas cannot be covered with plane rectangular tiles, so one is forced to use the less desirable triangular tiles. Especially when using insulating glass, one should employ the bar grid as directly glazed triangular mesh.

The transition area between both barrels of the roof of the Museum of Hamburg History could be covered in large sections – despite the crooked rectangular mesh – with rectangular single glazing, which was, however, replaced by triangles in sections where tiles showed extreme torsion.

The irregularly shaped inner courtyard of the Palais Bernheimer in Munich as well as that of the Flemish Council in Brussels were to be spanned by a thermopane pillow-shaped glass roof. The arching allowed a single-layer shell structure, the form of which was derived from a suspended shape. Rectangular meshes would have caused too much torsion so that in both cases only a glazed triangular bar net could be considered – the ideal prerequisite for a shell structure. Despite the triangular structure, where six bars cross at nodal points, a filigree formation would still result.

The roof of the central courtyard of the DG Bank at Pariser Platz in Berlin abandons conventional roof architecture. Here, Frank O. Gehry designed a surface with three-dimensional volume, a crimped barrel-shaped roof as a sculpture intervening with the interior.

Free shapes like this can only be glazed with triangles and constructed with a triangular bar net as a shell. The shell structure is not continuously supported at the edge, but only at 16 m intervals. Due to the small longitudinal arching, the shell had to be – for stability reasons – reinforced by sun wheels at the footing axes. The entire structure is made of stainless steel. The nodal points were milled three-dimensionally.

Domes as Translational Surfaces
These recent examples show that free, double-curved surfaces can indeed be constructed with triangles, but unfortunately cannot achieve the translucence and cost-effectiveness of a construction made with rectangular glazing. For double-curved surfaces with rectangular structures, either the glass tiles must be able to bear the mesh torsion or have the same curvature as the load-bearing structure; or, the net shape must be chosen in such a way that the individual rectangular meshes stay plane at all times. Translational surfaces correspond to a vast variety of shapes of net domes with identically-meshed net made of plane rectangular meshes.

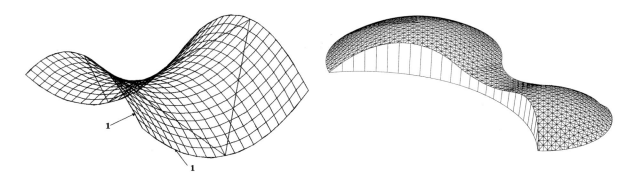

The spherically curved insulating glass tiles in the spherical dome in Neckarsulm follow the curvature of the structure, thus allowing for torsioned rectangular meshes and resulting in an ideal spherical shape. The architecturally ambitious and at the same time more expensive glazing type would put heavy restrictions on the construction of double-curved shells with quadrangular mesh if there were not a geometrically cunning technique that allowed the construction of nearly any shape by using plane quadrangular tiles.

If, for example, a parabola floats across a parabola positioned perpendicularly to it, an elliptical paraboloid with elliptical layout curvature is formed which can be covered with an identically-meshed net of plane rectangular meshes. An example that has already been built is the inner courtyard roofing of the Rostocker Hof in Rostock.

If the directrix is curved in the opposite direction to the generatrix, a hyperbolic paraboloid is formed, which is also known to be formed by two systems of linear generatrices.

Thus, hypar surfaces with straight edges can be constructed, which means that they can be individually supported. The inner courtyard roofing in Leipzig is an example of this. The translational surface spans a trapezoidal inner courtyard with plane rectangular tiles.

However, directrix and generatrix must not necessarily consist of geometrically simple curves – as in these examples – but can also be defined as random spatial curves, and thus present a wide variety of shapes.

The most recent example of this is the hippopotamus house in the Berlin zoo. Here, two parabolas with freely-defined translation curves were chosen as directrix for the roofing over both circular ponds.

Parabolas also had to be chosen as generatrix and had to be identical to the corresponding parabolas of the directrices in order to yield circular layout curves. The different generatrices of the small and large pond were merged within the translation area. The circular cut of the visitors' hall into the net dome is described by a circular cone standing on its tip, with an inclination of 8 degrees, which blends with the dome in a freely-curtailed wheel-shape. The cone surface defines the frontage inclined by 8 degrees, which – as normal surface – can be glazed in a torsion-free manner. This example shows that meshed domes can be economically constructed in almost any shape, using the technique of translational surfaces and constructing the entire dome from an identically-meshed network of plane quadrangular tiles. This is the optimum solution for translucence and economy.

Das hyperbolische Paraboloid als Translationsfläche mit ebenen Vierecksmaschen, Flußpferdehaus im Berliner Zoo, Architekt Jörg Griebl.

The hyperbolic paraboloid as translational surface with plane rectangular mesh; hippopotamus house at the Berlin zoo, architect Jörg Griebl.

Knotensteifigkeit von Tragwerken
Nodal Stiffness of Structures
Raimund Lehmann
LFK Ingenieure

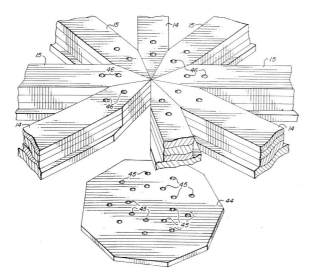

Nahezu frei von einengenden Grenzen durch die Materialgegebenheiten sind Tragwerke mit doppelsinniger Flächenkrümmung prädestiniert zur Abtragung der Lasten aus Eigengewicht und äußeren Lasten. Dies geschieht hauptsächlich durch Membrankräfte, Druck- als auch Zugkräfte in der Fläche, ohne dabei größere Biegebelastung durch entsprechend dick ausgeführte Bauwerksteile aufnehmen und weiterleiten zu müssen.

Lehmbauten in südlichen Gefilden, das Iglu in den kalten nördlichen Regionen, historische Bauten wie das Pantheon in Rom oder die Kuppel der Bourse de Commerce in Paris, unzählige Schutzhüllen von Radaranlagen, Erdfunkstationen und Spiegelteleskopen zeigen die Vielfalt der Anwendungsmöglichkeiten von Schalentragwerken sowohl in der Formen- als auch Materialwahl. Viele sakrale Bauten als Zeugnis eines epochalen Baustils wären ohne die „Hilfe" des Schalentragwerks gar nicht oder in nur viel wuchtigerer und den Betrachter optisch erdrückenderen Art baubar gewesen. Ein perfektes natürliches System für Schutzfunktion und optimale Nutzung bei geringstem Materialeinsatz liefert nach wie vor das Ei mit seiner „zerbrechlichen" Schale.

Die in heutiger Zeit entwickelten und in jüngster Vergangenheit gebauten Schalentragwerke sind nicht mehr an die absolute Kuppelform der Vergangenheit gebunden, sondern können praktisch nahezu über jedem beliebigen Grundriß gespannt werden.

Starke Krümmungsänderungen der Oberfläche, Kanten, Grate und zerklüftete Randbedingungen sorgen auch heute noch für statische Probleme in Form einer vergrößerten Biegemomentenbelastung und können nur über eine erhöhte Bauteildicke oder die optisch störende Konzentration von Baugliedern „erkauft" werden.

Generationen von Architekten und Ingenieuren haben sich in der Vergangenheit mit der Konstruktion von aufgelösten und möglichst transparenten und filigranen Schalentragwerken beschäftigt und sind dabei zu unterschiedlichsten Lösungen gekommen. Rippenkuppel und Schwedler-Kuppel seien hier nur stellvertretend genannt. Allen Lösungen gemein ist das Problem, eine doppelt gekrümmte und somit nicht abwickelbare Fläche möglichst günstig mit einer Stabwerkstruktur zu belegen, die bezüglich Kosten, visuellem Eindruck, Materialeinsatz, Tragwerksystem und Produktionstechnologie eine Optimierung darstellt und somit ein Indikator für die zum jeweiligen Zeitpunkt vorhandenen Spitzentechnologien bildet.

Bei den modernen Stahlgitterschalen, wie sie als Erstlinge beim Museum für Hamburgische Geschichte in Hamburg und beim Freizeitbad „Aquatoll" in Neckarsulm eingesetzt wurden, können die Einzelbauteile auf zwei Hauptgruppen, die Glashaut und das Traggerüst aus Stahlstäben, reduziert und zusammengefaßt werden. Typische Verglasungsdetails sind mit winzigen Abänderungen in großer Menge in der Fachliteratur vorhanden; das Hauptaugenmerk wird daher

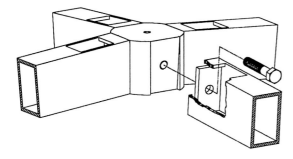 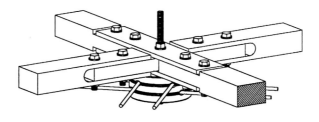

Structures with double surface-curvature are predestined to transfer loads resulting from dead weight and external loading, as they are nearly free of limitations imposed by material characteristics. The transfer is mainly achieved by membrane forces, surface compression and tension forces, without having to bear forward extensive bending moments through building parts that are constructed correspondingly thick.

Clay buildings in southern climates, the igloo in cold northern regions, historical buildings such as the Pantheon in Rome, or the domes of the Bourse de Commerce in Paris, innumerable protective covers of radar systems, ground radio stations, and mirror telescopes show the multitude of applications of shell structures both in the selection of shape and material. Without the "help" of shell structures, many religious buildings – testimony of an epoch-making architectural style – could not have been built at all or only in a more massive way and in a manner optically more oppressive for the viewer. The egg – with its "fragile" shell – still is a perfect, natural system for protective function and optimum utilization with minimum use of material.

The shell constructions developed today and built recently are no longer tied to the absolute dome shape of the past but can be spanned across practically any arbitrary floor plan.

Even today, large curvature changes of the surface, edges, ridges, and fissured boundary conditions cause static problems because of extended bending moment load. This can only be compensated for with the help of increased component thickness or an optically disturbing concentration of structures.

In the past, generations of architects and engineers have made the design of open shell structures as transparent and filigreed as possible and have come up with many different solutions. To represent this multitude, only the ribbed dome and the Schwedler dome shall be mentioned here. All such solutions share the common problem of having to cover – as well as possible – a double-curved, non-unrollable area with a framework structure that will optimize costs, visual appearance, material usage, structure, and production technology. It should thus be an indicator of the state-of-the-art technology available at that particular point in time.

The individual components of modern steel lattice shells, as used for the first time in the Museum für Hamburgische Geschichte (Museum of Hamburg History) and the recreational swimming pool center "Aquatoll" in Neckarsulm, can be grouped as belonging to two different shell types: the glass envelope and the supporting frame made of steel bars. Typical glazing details – with minute modifications – are represented in large numbers in technical literature; thus, in the following text the main focus will be on the bars and the joining technique of the lattice structures. Principal considerations for designing the

im folgenden auf die Stäbe und die Fügetechnik der Netzstrukturen gelegt. Grundlegende Überlegungen zur Formfindung der Tragstruktur, um diese möglichst effizient mit ebenen Gläsern belegen zu können, sind in anderen Aufsätzen und Betrachtungen niedergelegt.

Die meisten bisher ausgeführten Netztragwerke wurden durch das Zusammenfügen massiver Stahlstäbe und deren in der Verglasungsebene gelenkiger Knotenausbildung gebaut. Moderate Krümmungen dieser Konstruktionen erlauben eine Ausbildung von rechteckigen bis hin zu rautenförmigen „Maschen", was den bekleideten Glasformaten entspricht. Diese Maschenform und Knotenausbildung kommt ohne diagonal in zwei Richtungen verlaufende Seile, meistens aus Edelstahl und oft paarweise angeordnet, nicht aus, um eine ausreichend steife Grundform, die Dreiecksform zu bilden. Werden die Krümmungen wie beim Netztragwerk des Flämischen Rates in Brüssel größer und verbindet sich dies mit einer unregelmäßigen Grundrißform, so können solche Geometrien nur noch mit dreieckförmigen Maschen gebildet werden. Dies hat zur Konsequenz, daß der Anteil an Elementen der Tragstruktur und somit auch das Gewicht dieser Strukturen urplötzlich hochschnellt, was sich natürlich auch in der Anzahl der Knotenausbildungen und in der Länge der Glasfugen und somit in den Kosten wiederspiegelt.

Knoten mit Laschenausbildung benötigen zum biegesteifen Anschluß der Stäbe einen breit auftragenden, dem einfa-

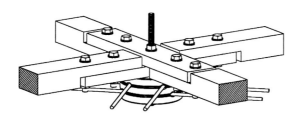

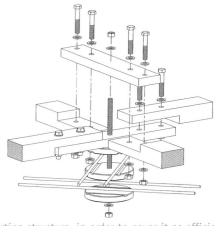

chen Stahlbau entliehenen Anschluß mit paarweise ange-ordneten, teilweise vorgespannten Schrauben. Deren Köpfe tangieren zumindest teilweise die Dichtigkeit der Vergla-sung, indem sie in den Glasstoßfugen untergebracht wer-den müssen und damit die zweite Entwässerungsebene einschnüren. Die Produktion der Einzelteile ist mit einfa-chen Maschinen zur Stab- und Laschenbearbeitung mög-lich. Die Verschraubung entspricht im wesentlichen einer klassischen Scher-/Lochleibungsverbindung. Ein Paket aus runden, mit Nuten für die Seildiagonalen versehenen Tellern komplettiert den Knoten.

Einen anderen Ansatz verfolgt die Knotenausbildung mit Stahltellern und mehrflächig bearbeiteten Stabenden. Da-bei werden an den Stabenden Einfräsungen vorgenommen, in denen der Teller oberflächenbündig mit dem Stab ein-gelassen wird. Innerhalb des Tellers erfolgt die Verschrau-bung mit dem Stab; versenkte Zylinderschrauben mit In-nensechskant tragen nur wenig auf und sind innerhalb der Dichtungsprofile unterzubringen. Bei Druckbeanspruchung wird die Kraft über die vertikalen Flächen am Stabende mittels Kontakt von Stab zu Stab geleitet. Zugkräfte bzw. Zugkraftkomponenten bei Momentenbeanspruchung senk-recht zur Glasebene werden auch hier mittels Scher-/Loch-leibungsbeanspruchung der Schrauben übertragen.

Die Fertigung dieser Stäbe ist gegenüber dem zuvor be-schriebenen Knoten mit Laschenausbildung wesentlich aufwendiger und nur durch den Einsatz von CNC-gesteuer-ten Werkzeugmaschinen möglich.

Bedenkt man, daß Schalentragwerke mit komplizierten Formen und Randausbildungen praktisch über keine zwei gleiche Stäbe, keine zwei gleiche Maschen und somit über keinerlei Stäbe mit gleicher bzw. spiegelbildlicher End-geometrie verfügen, so ist verständlich, daß diese Bauwei-se erst durch den Einsatz von leistungsstarker EDV und die Entwicklung spezifischer Software möglich war.

Durch den Einsatz modernster Technologie in Planung und Fertigung ist es nur eine Frage der Gewöhnung, Netztrag-werke mit vielen tausenden von an den Enden komplett unterschiedlichen, optisch aber doch sehr ähnlichen Stä-ben zu realisieren. Winkeländerungen von 0,03 Grad oder Längentoleranzen im tausendstelmillimeter-Bereich stellen für das Bauwesen eine schier unvorstellbare Genauigkeit dar; sie gehört bei Netztragwerken aber eigentlich schon zum Standard.

Ein weiterer, nicht zu unterschätzender Vorteil von Syste-men dieser Genauigkeit liegt in dem Zwang, Informationen über die Stabgeometrie und somit letztlich über die Form des Bauteils nur noch per Datenaustausch von Prozeß zu Prozeß transferieren zu können. Dadurch ist aber auch die Fehlerquelle Mensch aus der Prozeßkette entfernt, und man kann sagen, daß ein fehlerfreier Input des Drahtmodells als Ergebnis nur ein fehlerfreies Produkt auf der Baustelle bedeuten kann.

supporting structure, in order to cover it as efficiently as possible with plane glass tiles, have been explored in other articles and research.

Most of the network structures constructed so far have been built by joining solid steel bars and their nodal con-struction through pivotol mounting at the glazing level. Moderate curvatures in these constructions allow for the design of a mesh ranging from rectangular to diamond-shaped, so as to correspond with the covered glass for-mats. This mesh shape and node construction is not pos-sible without diagonally running cables, usually made of stainless steel which, are often arranged in pairs; this arrangement is necessary to form a sufficiently stiff basic shape, the triangle. If the curvatures become larger – as found in the network structure of the Flemish State Par-liament building in Brussels – and are connected to an irregularly shaped floor plan, then such shapes can only be formed with the help of triangular meshes. As a conse-quence, the proportions of the structural elements and thus also the weight of these structural increase quite suddenly, which is also reflected in the number of nodal points, the length of the glass joints needed and, thus, the costs.

For the flexurally rigid connection of the bars, nodal points with tongues require a broad joint, as used in simple steel construction, with partially pre-tensioned screws arranged in pairs. The screw heads affect the tightness of the glaz-ing to some extent, since they must be accommodated in the glass butt joint and thus restrict the second draining level. The component parts can be manufactured with simple bar-and-tongue processing machines. The screw connection essentially corresponds to the conventional shearing/bearing pressure connection. The node is com-pleted by round plates equipped with grooves for the diagonal guying.

A different approach is node construction with steel plates and multi-dimensionally processed bar ends. For that pur-pose, slots are milled into the bar ends so that the plate can be mounted flush with the surface. The screw connec-tion with the bar is located within the plate; countersunk hexagonal socket-head cap screws protrude only very mini-mally, and are to be positioned within the sealing profile. When pressure is applied, the compression force is trans-ferred by bar-to-bar contact via the vertical surfaces at the bar end. Here the tensile forces or tensile force com-ponents of loads perpendicular to the glass level are also transferred by the shearing/bearing pressure connection of the screws.

The fabrication of these bars is much more expensive com-pared with the nodes with tongues described above, and is only possible with the help of CNC-controlled machine tools.

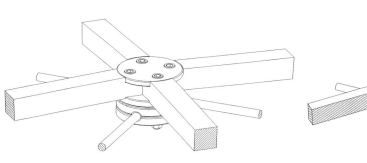

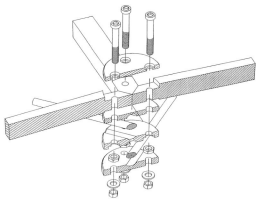

Considering that shell structures with complicated shapes and edge designs contain no two bars or meshes that are exactly alike, nor any two identical meshes and thus no bars with identical or mirror-image end shapes, it is understandable that this type of construction has only been an option since high-performance computers and specialized software have been used in their design.

Thanks to the use of sophisticated planning and manufacturing technology, it is only a question of getting used to implementing mesh structures with thousands of visually similar bars with completely different ends. Angle changes of 0.03 degrees or length tolerances in the range of one thousandth of a millimeter might appear to be unbelievably precise for civil engineering, but for mesh structures this accuracy has actually become standard. An advantage of these high-precision systems and one which should not be underestimated, is the necessity of transferring information about bar geometry and thus about the shape of the component only by means data exchange between processes. This removes the human mind as a source of error from the process and it can be said that error-free input for the wiremodel can only result in an error-free product at the construction site.

Ultimately, the load-bearing capacity of steel-lattice shell structures is limited by the load-bearing capacity of the nodal points as the weakest link in the overall system. The load-bearing capacity of the bars described earlier could be noticeably increased by a negligible change in the milling process during production. Up to now, the load-bearing capacity of the system was ultimately determined by locally heavy loading of the screw connections of the plates and the bars as the shearing/bearing connection. Now, tongues and grooves incorporated in a ring-shaped configuration are responsible for transferring forces. The "mere" task of the screw connection is to hold the package together as long as possible. These screws are relieved of the direct force transfer. In a remarkably positive sense the node technology leads to increased spring stiffness of the nodes and thus the overall increased rigidity of the entire system of the shell. The benefits are larger spans with increased load-bearing capacities, and reduced cross-sectional dimensions.

Die Tragfähigkeit von Schalentragwerken in der Form von Stahlgitterschalen ist letztlich begrenzt durch die Tragfähigkeit der Knotenverbindungen als dem schwächsten Glied des gesamten Systems. Die Tragfähigkeit der zuvor beschriebenen Stäbe ließ sich durch einen im Produktionsprozeß nur unmerklichen Mehraufwand an Fräsarbeit nochmals in spürbarer Größenordnung steigern. War bisher die Tragfähigkeit des Systems letztlich bestimmt durch die lokal sehr hohe Beanspruchung der Verschraubung der Teller mit den Stäben als Scher-/Lochleibungsverbindung, so sind ringförmig eingearbeitete Nut und Feder nun für den Kraftfluß verantwortlich. Die Verschraubung hat dann „nur noch" die Aufgabe, das gesamte Paket möglichst lange zusammenzuhalten. Von der direkten Kraftübertragung sind diese Schrauben entlastet. Deutlich positiv bemerkbar macht sich diese Knotentechnologie in der vergrößerten Federsteifigkeit des Knotens und damit in dem insgesamt steiferen Gesamtsystem der Schale. Größere Spannweiten bzw. vergrößerte Belastbarkeit oder aber auch reduzierte Querschnittsabmessungen sind der Gewinn.

Entwurf für das Atrium des British Museum in London, Architekt Foster and Partners (unten links). Innenhofüberdachung für das Museum für Hamburgische Geschichte, Architekt von Gerkan, Marg und Partner.

Design for the atrium of the British Museum in London, architects Foster and Partners (bottom left). Inner courtyard roofing for the Museum für Hamburgische Geschichte, architects von Gerkan, Marg und Partner.

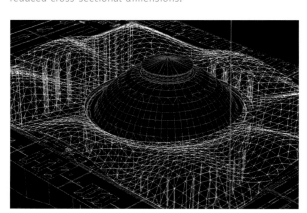

Schloß Juval
Juval Castle
Robert Danz

Die Burganlage auf dem Felsenrückenkopf zwischen Etschtal und Schnaltal liegt auf 927 m Höhe. Als Erbauer der Burg wird Hugo von Montalban angenommen, der sich 1278 nach Jufal nennt. 1983 kaufte Reinhold Messner die Burganlage und begann mit der Renovierung. Seit 1985 bewohnt er mit seiner Familie Schloß Juval. Um die Ruine neben dem Bergfried vor weiterem Verfall zu schützen, wurde ein Glasdach geplant. Die Denkmalschutzbehörde stimmte der die alte Bausubstanz erhaltenden Maßnahme ohne Einwände zu.

Die Form des Daches gleicht weitgehend der ehemaligen Dachkonstruktion mit einem Dachüberstand von 25 bis 40 cm über den Burgsteinmauern und nur wenigen Auflagerpunkten auf der Giebelwand. Auf die Giebel- und Traufwände sind Schwellen aus verzinktem und gestrichenem HE-B 120 gelegt, die punktförmig mittels Kernbohrungen mit dem Bruchsteinmauerwerk verbunden sind. Die den Raum quer überspannenden Fischbauchträger sind auf den Schwellen befestigt. Im Bereich des Bergfrieds sind die Träger mit dem Obergurt in die Wand eingelassen. Die Firstlinie des Daches verläuft von der Südostecke des Bergfrieds zum Firstpunkt der talseitigen Giebelwand.

Der statische Nachweis der Stahl-Glas-Konstruktion erfolgte nach den gültigen Baubestimmungen von 1995. Ein Verbund aus Zugstäben in der Dachebene ist nicht notwendig, weil er nicht wirksam wäre, da die Scheibenwirkung der Glastafeln für eine Aussteifung sorgt. Die Glastafeln spannen in Richtung Dachneigung und haben einen geschuppten Stoß in der Achse der Stahlträger. Da der Grundriß der Dachfläche trapezförmig ist, wurde eine strahlenförmige Aufteilung der Glastafeln vorgenommen. Das hat zur Folge, daß keine Glastafeln gleich sind. Nicht nur die Abmessungen unterscheiden sich, sondern auch die Winkel. Durch den Überstand der oberen Glastafeln des Verbundsicherheitsglases über die unteren Glastafeln im Bereich der Schuppung, der Traufe und des Ortgangs sind zusätzlich die Abmessungen unterschiedlich.

Um Fehler bei der Planung und der Produktion zu vermeiden, wurden alle Daten mit CAD ermittelt. Die Ergebnisse der Planbearbeitung konnten so direkt per Diskette auf die Zuschnittanlage und die Bohrmaschine für die Glastafeln übertragen werden. Damit diese Planung durchgeführt werden konnte, war es unerläßlich, daß zu Beginn der Ausführungsplanung eine exakte Bauaufnahme (Toleranzvorgabe max. 3 mm) der Mauerkrone vorgenommen wurde. Der Bemessung der Glastafeln und der Stahlträger liegt eine Lastenannahme von 185 kg/m² für Schnee- und Eigengewicht zugrunde. Ausgeführt wurde das Glas als Verbundsicherheitsglas aus 2 x 8 mm ESG mit 1,56 mm PVB-Folie. Die Gläser wurden einem achtstündigem Heat-Soak-Test unterzogen. Durch die Unterspannung brauchte auf die Resttragfähigkeit des Glases bei Bruch nicht eingegangen zu werden. Die auf die Waagbalken kardanisch aufgelagerten, unterspannten Glastafeln überdecken eine Fläche von rund 200 m². Die Glastafeln erhielten mit den Rodan-Glasklemmhaltern eine statisch definierte Lagerung und konn-

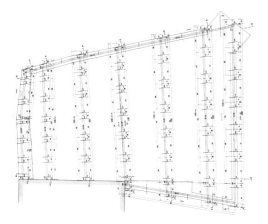

ten zwängungsfrei montiert werden. Der Glasklemmhalter ermöglicht einen Toleranzausgleich bei der Montage in x-, y- und z-Richtung.

Auch Winkelverdrehungen können durch die Kugellagerung ausgeglichen werden. Das größer gebohrte Loch in der Glastafel wurde nach der Montage mit einem definierten Zwei-Komponenten-Epoxidharz ausgegossen, um eine form- und kraftanschlüssige Verbindung von Glastafel und Glashalter herzustellen. Neben dem umfangreichen statischen Nachweis der unterspannten Glastafeln durch das Ingenieurbüro Delta-X erfolgte zur Abnahme ein Bauteilversuch bei der Firma Fischnaller.

The castle complex on the mountain ridge between Etschtal and Schnaltal is located at an attitude of 927 m. The castle was supposedly built by Hugo von Montalban, who named himself "Jufal" in 1278. In 1983 Reinhold Messner bought the castle complex and started the renovation, and since 1985 he and his family have been living there. A glass roof was planned in order to save the ruins next to the keep from further decay. The authorities for the preservation of historic monuments agreed without objection to the measures targeted at maintaining the fabric of the building.

The form of the roof is to a large extent similar to the former roof construction, with a roof overhang of 25-40 cm beyond the castle's stone walls, with only a few footings at the gable wall. Beams made of galvanized and painted HE-B 120 are placed onto the gable and eaves are connected in a point-shaped fashion to the coursed masonry by means of core drillings. The fish girders spanning the room diagonally are fixed to the beams. Near the keep the girders are embedded with the top flange into the walls. The ridge line of the roof runs from the southeast of the keep to the ridge joint of the valley-side gable wall.

Static proofing was carried out in accordance with 1995 construction regulations. Since the pane effect of the glass plates provides bracing, no bonding of tension bars in the roof level is necessary, nor would it be effective. The glass plates provide tension towards the roof pitch and feature a scale-like joint on axis with the steel girders. As the horizontal projection of the roof area is trapezoidal, the glass plates were arranged in a radial layout. This results in there being no two glass plates alike. Not only the dimensions, but also the angles are different. Because the upper laminated safety glass plates overlap the lower glass plate as the scale, eaves, and verge, the dimensions are also different.

To avoid planning and production errors, all data was determined by CAD systems. Thus, the planning results could be directly transferred via diskette to the cutting and drilling machines for the glass plate production. For the planning to be carried out, it was indispensable that an exact building survey of the wall top (max. tolerance limit 3 mm)

was performed at the beginning of the final planning stage. The structural design of the glass plates and steel girders is based on a load assumption of 185 kg/m² for snow and dead weight. The material used is laminated safety glass made from 2 x 8 mm ESG with 1.56 mm PVB foil. The glass was subjected to an eight-hour heat-soak test. Because of the trussing the residual stability of the glass in the event of breakage did not have to be examined. The trussed glass plates, cardanically footed on the scale beams, span an area of approximately 200 m². The Rodan glass clamps provide a statically defined bearing for the glass plates which could be mounted without constraining force. The glass clamp holder provides tolerance compensation in x, y, and z axes at mounting time.

Even angular torsion can be compensated for by means of the spherical seating. After mounting, the hole in the glass plate that was drilled slightly larger was filled with a defined 2-component epoxy resin in order to establish a form-closed, power-grip connection between glass plate and glass holder. Apart from the comprehensive static proofing of the trussed glass plates being performed by the engineering consultants Delta-X, a component test will be carried out by the firm Fischnaller.

Glasdach mit talseitiger Giebelwand und Blick von Südosten auf die Unterspannung der Glastafeln, fischbauchartigen unterspannten Stahlträger und dem Auflagerdetail für die Obergurte.

Glass roof with valleyside gable wall and view from the southeast to the trussed glass panels, trussed steel fish girders and footing detail for the top flanges.

Konstruktiver Glasbau
Structural Glass Engineering
Jonathan Sakula & Philip Wilson
Dewhurst Macfarlane & Partners

Obwohl die Entwicklung von Glastragwerken nur etwa 20 %
der Aktivitäten der Firma Dewhurst Macfarlane & Partners
ausmacht, ist sie dennoch ein sehr wichtiger Teil ihrer
praktischen Aktivitäten der letzten zwölf Jahre gewesen.
In diesem Beitrag wird beschrieben, wie sich die Arbeit
entwickelt hat, ausgehend von den ersten Arbeiten an
Treppen und Böden bis hin zu Trägern und ganzen Trag-
werkgerüsten.

Treppen
1987 wurde Glas zum ersten Mal in der Praxis für eine
Treppe verwendet, und zwar für die Treppe in der Corsica
Street in London. Zu diesem Zeitpunkt entsprach es dem
Stand der Technik, das von Pilkington empfohlene ver-
gütete Glas in 25 mm Stärke mit vierseitiger Stützung zu
verwenden. Diese Anordnung bot insofern Sicherheit, daß
auch im Falle eines Sprungs im Glas die vierseitige Stützung ein Herunterfallen der Stufe verhindert. Daraus hat
sich die Wendeltreppe von Rutland Gate in London entwik-
kelt, die 1988 fertiggestellt wurde. Für die Stufen, die sich
in eine Richtung erstrecken, wurde 19 mm dickes vergüte-
tes Glas verwendet, unter dem sich eine 15 mm dicke
Acrylschicht befindet. Die Acrylschicht wurde wegen der
einseitigen Verspannung als Sicherheit im Falle des Bruchs
des vergüteten Glases verwendet. Eine ähnliche Stufen-
konstruktion wurde von Eva Jiricna 1989 für eine Treppe
im Geschäft Joseph in Knightsbridge in London verwendet.
Leider mußte diese Treppe aufgrund von Umbaumaßnahmen
demontiert werden.

Böden
1990 wurde Glas zum ersten Mal in der Praxis in größerem
Umfang für einen Fußboden verwendet, und zwar im Restaurant Now and Zen in London, das von Rick Mather entworfen wurde. Der Glasfußboden lag neben dem Eingang
zum Restaurant und mußte für eine unvorhersehbare Belastung durch Publikumsverkehr konzipiert werden. Die
Platten mit den Maßen 3,9 x 1,1 m wurden aus 19 mm
starkem vergütetem Glas gefertigt und mit vierseitiger
Stützung versehen. Bis zu jenem Zeitpunkt lagen die bisher größten verwendeten Platten bei 750 Quadratmilli-
meter. Die Verwendung von vergütetem Verbundglas als
Fußbodenbelag soll Sicherheit im Falle von Sprüngen im
Glas gewährleisten.

Vergütete Glasträger
Eine weitere bedeutsame Entwicklung geschah 1992, als
zum ersten Mal Glasträger für einen Wintergarten verwendet wurden, der von Rick Mather für ein privates Wohnhaus
im Norden Londons entworfen wurde. Windlastbeständige
Glasschwerter wurden zwar bereits seit geraumer Zeit eingesetzt, allerdings wurden hier erstmals Glasträger als
Tragwerk permanenter Lasten verwendet. Die Träger sind
jeweils 3,8 m lang und aus 10 mm starken vergüteten
Dreifach-Verbundglasscheiben gefertigt. Zunächst sollte
die Sicherheit nach Glasbrüchen mit Hilfe von Seilen
gewährleistet werden, aber dann wurde klar, daß das Verbundglas auch ohne Seilunterstützung seine eigene Inte-
grität aufrechterhalten würde. Die Verbindung mit den 1,8 m

Although the development of structural glass represents only about 20% of the work of Dewhurst Macfarlane & Partners, it has been a very important part of the company's practical activities for about the last 12 years. This section will discuss how this work has evolved, starting with early work on staircases and floors, then beams and entire structural frames.

Staircases

The first actual use of glass in practice was for a staircase in Corsica Street in London in 1987. At that time, "state of the art," as recommended by Pilkington, meant using 25 mm annealed glass with four-sided support. The safety in this arrangement is that, even if the glass cracks, the four-sided support prevents the step from collapsing. From this, the spiral staircase at Rutland Gate in London evolved, which was completed in 1988. For the steps spanning in one direction, 19 mm of annealed glass was used under which a layer of acrylic material (15 mm) was added. The reason for the acrylic layer is that, for a one-way spanning situation, it provides a safety layer in the event that the annealed glass breaks. A similar structure of steps was used by Eva Jiricna for the staircase at the Joseph shop in Knightsbridge, London, in 1989. Unfortunately this staircase had to be dismantled due to shop replanning requirements.

Floors

The first use of glass for flooring on a large scale was at the Now and Zen Restaurant in London by Rick Mather in 1990. The glass floor was adjacent to the entrance of the restaurant and had to be designed for accidental overloading due to public traffic. The sheet sizes were 3.9 m x 1.1 m and were made of two 19 mm annealed glass sheets with four-sided support. Up to that time the largest floor plates used were 750 square millimeters. The use of annealed compound glass for flooring is supposed to ensure safety in case of cracking.

Annealed Glass Beams

In 1992 an additional significant development occurred: the first use of structural glass beams for a winter garden designed by Rick Mather for a private home in North London. Glass fins had been used for some time to resist wind loads, but this was the first use of glass beams to support permanent loads. The beams are each 3.8 m long, and made of 10 mm annealed sheets of triple compound glass. The first thought was to provide safety in case of cracking by means of cables, but it was then realized that the compound glass would maintain its own integrity without the use of a cable. The joint with the 1.8 m vertical fin is similar to a timber "mortice-and-tenon" joint, with the two side wings of the beam resting on the two side wings of the fin. This is an adequate method because the joint is not required to resist momentum, and the lateral stability is provided through the attachment to the building.

hohen senkrechten Schwertern ist der für Holz verwendeten Zapfenverbindung ähnlich, wobei die beiden Seitenflügel des Trägers auf den beiden Seitenflügeln der Flosse ruhen. Dies ist eine geeignete Methode, da die Verbindung keinen Kräftemomenten widerstehen muß und die seitliche Stabilität durch die Befestigung am Gebäude gewährleistet wird.

Das 1993 von Design Antenna konzipierte Broadfield House Glass Museum beruht auf demselben Prinzip, jedoch mit 5,8 m langen Trägern und 3,8 m hohen Schwertern.

Verstärkte Glasträger

Das Jahr 1996 brachte eine Herausforderung, welche die Tragfähigkeit von verstärktem Verbundglas ein wesentliches Stück voranbrachte. Bei dem Projekt handelte es sich um ein von Rafael Vinoly konzipiertes vollverglastes Vordach einer U-Bahnstation am International Forum in Tokio. Es sollte 5 m breit werden, mit einer freitragenden Spannwei-

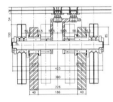

te von 11 m. Da Glas nicht in solchen Längen verfügbar ist, mußte ein Weg gefunden werden, mehrere Scheiben zu einer Einheit zusammenzufügen. Die Lösung wurde auf eine Serviette skizziert.

Reibschlüssige Verbindungen

Eine dritte Verbindungstechnik für Trägerelemente wurde für den im Mai 1998 fertiggestellten Glass Reading Room des Arab Urban Development Institute (Arabisches Institut für Stadtentwicklung) in Riad, Saudi-Arabien, verwendet. Entworfen wurde das Projekt vom Architekturbüro Nabil Fanous Architects und gebaut von der Firma Zamil Glass. Dieser Würfel mit 8 m Kantenlänge hat kein internes Tragwerk. Er ist nur einfachverglast, da er von einem großen Betonvordach beschattet wird. Aus 15 mm starken Flügeln geformte Träger aus verstärktem Verbundglas von 2,67 m Länge werden mit Hilfe von gleitfesten Stahlverbindern zusammengefügt und bilden so einen Portalrahmen, der die verglasten Lasten tragen kann und Tragwerkstabilität bietet. Wegen der hohen Kräfte, die beim Festziehen der Bolzen auftreten, mußte das Füllmaterial zwischen Glasflügel und den Verbindungen sowohl relativ weich als auch kriechbeständig sein. Für diese Zwecke wurden 2 mm starke Aluminiumbleche verwendet.

The Broadfield House Glass Museum, conceived by Design Antenna in 1993, is based on the same principle, but with beams 5.8 m long and fins 3.8 m high.

Toughened Glass Beams

The year 1996 brought a challenge which advanced the load-carrying capacity of toughened compound glass substantially. The project designed by Rafael Vinoly was an all-glass canopy roofing of a subway station at the Tokyo International Forum. This was to be 5 m wide with a cantilevered span of 11 m. Since glass is not available in such a length, a means had to be found for joining it. The solution, as sketched on a napkin, is as shown in the figure. A series of laminated toughened beams with 19 mm leaves are joined together by bolted connections. The key to the design was the method of transferring force at the connections, to ensure that the bearing areas were sufficient and accurate enough to prevent high stress concentrations which would cause failure. The number of laminations in the beams increases towards the support, in line with the bending moment. The glass was made in the UK by Firman's and installed by Asahi Glass.

Ein von Rafael Vinoly konzipiertes voll verglastes Vordach einer U-Bahn-Station am „International Forum" in Tokio. Originalidee, skizziert auf einer Serviette.

All-glass canopy over a subway station at the Tokyo International Forum by Rafael Vinoly. Original conceptual sketch on a napkin.

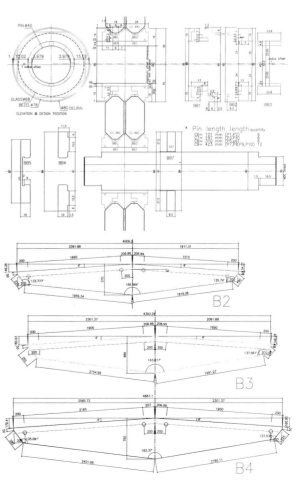

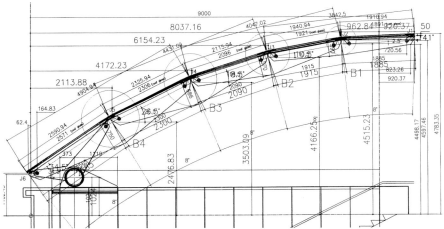

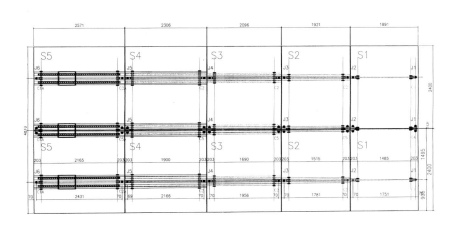

Eine Reihe von Trägern aus verstärktem Verbundglas mit 19 mm starken Flügeln wird mit Hilfe von Schraubverbindungen zusammengefügt. Der Schlüssel zu dieser Konzeption war die Kräfteübertragung an den Verbindungsstellen, um sicherzugehen, daß die tragenden Flächen ausreichend und präzise genug bemessen waren, hohe bruchauslösende Belastungskonzentrationen zu verhindern.

A series of laminated toughened beams with 19 mm leaves are joined together by bolted connections. The key to the design was the method of transferring force at the connections, to ensure that the bearing areas were sufficient and accurate enough to prevent high stress concentrations which would cause failure.

Das Jahr 1996 brachte eine Herausforderung, welche die Tragfähigkeit von verstärktem Verbundglas ein wesentliches Stück voranbrachte. Das Ganzglasdach sollte eine Breite von 5 m und eine freitragende Spannweite von 11 m aufweisen.

In 1996 the practice received a challenge which was to push the load-carrying capacity of laminated, toughened glass much further. The all-glass canopy was to be 5 m wide with a cantilevered span of 11 m.

Für die 50 x 50 m große Fassade des Samsung
Jong-Ro-Gebäudes in Se-
oul wurden 10 m lange
Träger verwendet.

10 m long beams were
used for the 50 m x 50 m
facade of the Samsung
Jong-Ro Building in
Seoul.

Künftige Entwicklungen

Ein derzeit geplantes Projekt ist ein 30 m hoher Glasturm
aus 2 000 vergüteten Glasplatten von 15 mm Stärke. Bei
den Architekten handelt es sich um Sutherland and Hussey,
und das Projekt wird als „Bauturm" bezeichnet und soll
im Jahre 2 000 im Nationalen Ausstellungszentrum von
Birmingham errichtet werden, um die Erfolge der Bauindustrie darzustellen. Der Durchmesser beträgt an der Basis
1,2 m, und das Querschnittsprofil verjüngt sich in zwei
Windungen (die die zwei Jahrtausende darstellen) zur
Spitze hin. In diesbezüglichen Testreihen werden derzeit
die Ebenheit von Glas sowie Fragen von Blitzschlag und
dynamischem Verhalten untersucht.

Die praktischen Arbeiten der vergangenen Dekade haben
gezeigt, daß bei geeigneter Berücksichtigung von Einzel-
heiten sowohl beim Design als auch bei der Ausführung
und durch die Vorsehung von redundanten Komponenten
durch die Verwendung von Verbundglas (wo es angebracht
erscheint) Glas mit hinreichender Sicherheit als Tragwerkmaterial verwendet werden kann.

After the successful use of this technology, a similar technique was used in 1997 to create 10 m long beams for the
50 m x 50 m facade of the Samsung Jong-Ro Building in
Seoul, Korea. For this building, also by Rafael Vinoly, the
upper part of the facade is supported by horizontal laminated toughened glass beams made of two 19 mm leaves.
The lower part is supported by similar vertical beams made
of two 15 mm leaves. The weight of the glazing is supported by steel hangers. Construction by Hanglass will be
completed in 1999.

Friction Grip Connections

A third type of joining method for supporting beams was
used for the Glass Reading Room of the Arab Urban Development Institute in Riyadh, Saudi Arabia, completed in
May 1998. The architect was Nabil Fanous Architects and
the contractor was the Saudi-based Zamil Glass. This cube
is 8 m x 8 m x 8 m and has no internal structure. It is sin-
gle-glazed as it is shaded by a large concrete canopy.
Toughened glass beams 2.67 m in length formed of two
15 mm leaves were joined using steel friction-grip connectors to create portal frames which carry the glazing loads
and provide structural stability. Because of the high forces
which arise when the bolts are tightened, the spacer
material between the leaves of glass at the joints had to
be relatively soft yet creep-resistant. A 2 mm sheet of
aluminium was used for this purpose.

Future Development

One project currently being designed is a 30 m high glass
tower formed of 2,000 annealed glass sheets each 15 mm
thick. The architects are Sutherland and Hussey, and the
project is known as the Construction Tower, to represent
the achievements of the construction industry and to be
built at the National Exhibition Centre in Birmingham in
2000. The diameter at the base is 1.2 m and the cross-
sectional shape progressively lozenges as it performs two
revolutions (representing two millennia) to reach the top.
Testing is currently underway on the flatness of glass and
on issues to do with lightning and dynamics.

The work carried out by the practice over the last decade
has shown that, with suitable attention to detail in both
design and construction and by the provision of redun-
dancy by using laminated glass where appropriate, glass
can be used as a structural material with adequate safety.

Ein derzeit geplantes
Projekt ist ein 30 m ho-
her Glasturm aus 2 000
vergüteten Glasplatten
von 15 mm Stärke.

One project currently
being designed is a
30 m high glass tower
formed of 2,000
annealed glass sheets,
each 15 mm thick.

Für den Glass Reading Room des Arab Urban Development Institute in Riad, Saudi-Arabien, das im Mai 1998 fertiggestellt wurde, wurde eine neue Trägerverbindungstechnik verwendet. Die Größe dieses Würfels beträgt ohne inneres Tragwerk 8 m x 8 m x 8 m.

A new method for joining beams was used for the Glass Reading Room of the Arab Urban Development Institute in Riyadh, Saudi Arabia, completed in May 1998. This cube is 8 x 8 x 8 m with no internal structure.

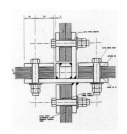

Aus 15 mm starken Flügeln geformte Träger aus verstärktem Verbundglas von 2,67 m Länge werden mit Hilfe von gleitfesten Stahlverbindern zusammengefügt und bilden so einen Portalrahmen, der Tragwerkstabilität bietet.

Laminated toughened glass beams 2.67 m in length formed of two 15 mm leaves were joined using steel friction-grip connectors to create portal frames which carry the glazing loads and provide structural stability.

Das Material und das Ephemere
The Material and the Ephemeral
James Carpenter, Luke Lowings

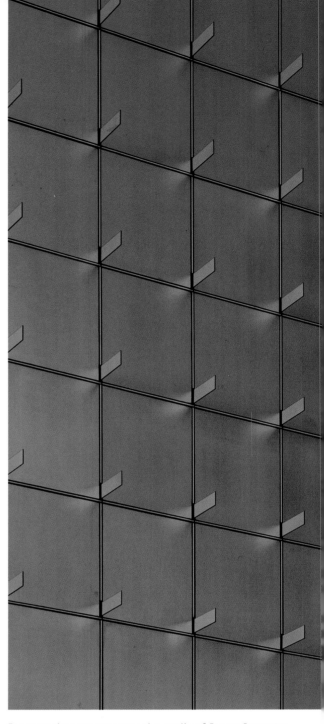

Seit über 20 Jahren beschäftigt sich das Studio von James Carpenter Design Associates mit Gestaltung, Konstruktion und Errichtung von Baukörpern, die Licht im architektonischen Rahmen erkunden. Im Mittelpunkt dieser Aktivitäten steht das Arbeiten mit Glas als tragendes und darstellendes Element.

Die Reduzierung der tragenden Unterstützung von Glas in Bauwerken auf das absolute Minimum stand in den vergangenen Jahren im Brennpunkt vieler Bemühungen von Architekten und Ingenieuren; der Einsatz von Glas als tragendes Element ist eine Weiterentwicklung dieser Idee. Das vorgebliche Ziel ist maximale Transparenz, die als Metapher für Offenheit und Helligkeit dient. Allerdings ist Glas als Baumaterial immer noch sehr massiv, und um das Gefühl der Leichtigkeit richtig einschätzen zu können, ist ein Kontrast zu optischem Gewicht oder der Dunkelheit erforderlich. Die unkritische Verbindung von Glas mit Transparenz und Offenheit im weitesten Sinne wird nicht durch die bloße Betrachtung der Interaktion von Licht und Glas bestätigt.

Mehrere neuere Projekte des Büros haben den Versuch unternommen, die Spannung zu offenbaren zwischen dem Vorhandensein des Materials an sich und seiner Fähigkeit, Informationen über seine Umgebung zu vermitteln. Drei Projekte werden im Detail beschrieben: ein kleiner, nachgespannter, vertikal freitragender Glasschirm, der von Richard Meier and Partners in einem Haus installiert wurde; eine Seilnetzfassade für den Anbau des deutschen Außenministeriums in Berlin (zur Zeit der Drucklegung im Bau befindlich); eine laufende Entwicklungsarbeit zur Gestaltung nachgespannter Glasröhrenschwerter für ein Gebäude in London, das von Foster and Partners entworfen wurde. Alle drei Projekte erforschen die Verwendung von Glas als Tragwerkmaterial, um optisches Gewicht zu reduzieren, aber auch als Medium zur Erforschung des Lichts an sich und als Material mit eigener Masse und Präsenz. Zunächst werden einige frühere Projekte beschrieben und erläutert, die visuelle und technische Hintergründe geliefert haben.

Glasstabwand (Projekt) 1988–90
Dieses Projekt einer Vorhangfassade wurde mit Skidmore Owings and Merrill für die Zentrale der South California Gas Company in Los Angeles entwickelt. Das Projekt griff auf das Pilkington-Planar-System zurück und verwendete stranggepreßte Glasstäbe als Druckelemente in vertikalen Edelstahlfachwerken. Jeder der farbigen Glasstäbe war isoliert, um gegen seismische Stöße geschützt zu sein. Das Projekt war bereits in vollem Umfang entwickelt und detailliert geplant, bevor es aufgrund von zeitlichen Beschränkungen verworfen wurde.

Lichtbrechende Tensegrity-Ringe 1992
Dieses Skulpturprojekt wurde von James Carpenter Design Associates innerhalb von vier Monaten vor der Eröffnung des Münchner Flughafens entworfen, hergestellt und errichtet. Unter Verwendung des von R. Buckminster Fuller entwickelten Octet-Fachwerksystems repräsentiert dieses

For more than twenty years the studio of James Carpenter Design Associates has been engaged in the design, production and installation of structures that explore light in an architectural context. The focus of this activity has been to work with glass as a structural and visual tool.

The reduction of the structural support of glass in buildings to the absolute minimum has been the focus of a great deal of effort by architects and engineers in recent years, and the use of glass itself as a structural element is a further development of this idea. Ostensibly the goal is maximum transparency, which serves as a metaphor for ideas of openness and lightness. However, glass as a structural material still remains very massive, and in order to be able to appreciate a sense of lightness a contrast with visual weight or with darkness is necessary. The uncritical connection of glass with transparency and openness in the broadest sense is not born out of a mere observation of the interaction of light and glass.

Several of the studio's recent projects have tried to manifest the tension between the presence of the material itself and its ability to convey information about its surroundings. Three projects are described here in detail:

Projekt für das Büro das erste baulich realisierte Beispiel der Verwendung von Glas als reinem Tragwerkelement. Die beiden Ringe verwenden beschichtetes Verbundglas als Druckelement im Fachwerk. Das Lichtlabor Bartenbach entwickelte 1995 ein mit Heliostaten kombiniertes Spiegelsystem auf dem Flug-hafendach, um Sonnenlicht auf das dichroitische Lichtfeld zu projizieren.

Lichtfeld 1995

Über 200 beschichtete Verbundglasflossen ragen aus der Fassade einer 30 x 18 m großen, reflektierenden Streuglasebene über einer belebten Straße in Manhattan heraus. Die Orientierung der Fassade und der entlang der Straße geneigte Blickwinkel wurden verwendet, um das Phänomen der rechtwinkligen Reflexion zum Einfangen verschiedener Lichtebenen des Himmels zu erforschen. Die Wand mußte vollständig lichtundurchlässig sein, es entsteht jedoch ein Eindruck der Tiefe, wodurch ihre Massivität aufgehoben wird. Ihre Wirkung ist zunächst vergänglich, ihr Eindruck soll sich allerdings im Laufe der Zeit entwickeln, wenn die vorübergehenden Menschen mit ihren Eigenschaften vertraut sind.

a small post-tensioned vertical cantilever glass screen installed in a house by Richard Meier and Partners; a cable-net facade for the extension to the German Foreign Ministry in Berlin (under construction at the time of writing); and the ongoing development of post-tensioned tubular glass struts for a building in London being designed by Foster and Partners.

All three projects explore the use of glass as a structural material in order to reduce visual weight, but also as a medium for the exploration of light itself and as a material with mass and presence of its own. A number of earlier projects that have provided visual and technical background are first described and illustrated.

Glass Rod Wall (project), 1988-90

This curtain wall project was developed with Skidmore, Owings and Merrill for the headquarters of the Southern California Gas Company in Los Angeles. It adapted Pilkington's planar system and used extruded glass rods as compressive elements in vertical stainless-steel trusses. Each colored glass rod was isolated to protect it from seismic shock. The project was fully engineered and planned in detail before being abandoned due to time limitations.

Dichroic Light Field
Design Team JCDA:
James Carpenter, Luke Lowings, Richard Kress, Janet Fink
Engineer:
Steve Desimone – Desimone, Chaplin & Dobryn, New York
Fabrication and Installation:
IDA, Derby, CT
Glass:
John Depp Inc., New York

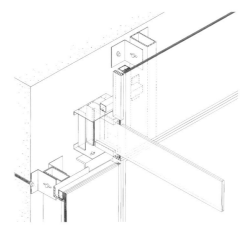

Refractive Rings
Design Team JCDA:
James Carpenter, Luke Lowings, Richard Kress, Janet Fink
Engineer:
Tony Broomhead –
Ove Arup and Partners
Component Engineering & Fabrication:
TriPyramid Structures Inc., Westford, MA
Glass:
John Depp Inc., New York

Refractive Tensegrity Rings, 1992

This sculptural project was designed, fabricated and installed by JCDA in the four months prior to the opening of Munich Airport. Using the Octet truss system developed by R. Buckminster Fuller, this project represents JCDA's first built example of the use of glass as a purely structural element. The two rings use laminated compound glass as the compressive element in the trusses. In 1995 Bartenbach Lichtlabor developed a system of mirrors combined with heliostats on the roof of the airport to project sunlight onto the dichroic light field.

Dichroic Light Field, 1995

More than 200 laminated compound glass fins project from the facade of a 30 m x 18 m diffused reflective glass plane above a busy street in Manhattan. The orientation of the facade and the oblique viewing angle along the street were used in exploring the phenomenon of right-angle reflection to capture the different light levels in the sky. The wall had to be completely opaque, but an illusion of depth is created that serves to dematerialize its solidity. Its effects are at first fleeting, but its impact is intended to develop over time as passersby become familiar with its qualities.

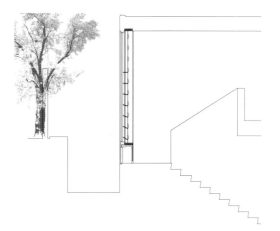

Periskop-Fenster 1996

Sichtschutz und das Bedürfnis nach Privatsphäre führten zur Entwicklung einer transparenten Oberfläche als Projektionsschirm. Geätztes Glas verbirgt das Innere des Raumes, dient aber als Projektionsschirm für Abbilder, die von einer Linsen- und Spiegelreihe gebündelt werden.

Periscope Window, 1996

Constraints on the view and a demand for privacy led to the development of a translucent surface as a projection screen. Etched glass conceals the interior of the room but acts as a projection screen for images that are focused by an array of lenses and mirrors.

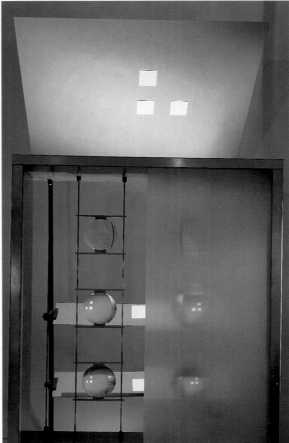

Periscope Window
Design Team JCDA:
James Carpenter, Marek Walczak, Rebecca Uss, Richard Kress, Luke Lowings
Fabrication:
Product and Design, New York
Glass:
John Depp Inc., New York

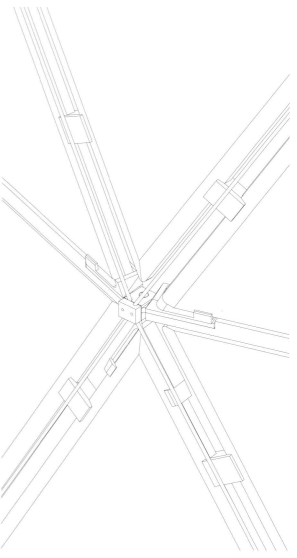

Freitragender Glasturm 1998

Eine 23 m hohe Glasröhre hängt freitragend im Eingangsbereich des Hong Kong Convention and Exhibition Centre.
Das Glas wird durch ein vorgespanntes Netz spiralförmiger
Edelstahlstangen, die eine Schalenwirkung erzeugen, im
Druck gehalten. Die Weiterentwicklung der maschinell bearbeiteten Aluminium-Eckbeschläge stellt den Höhepunkt
der Entwicklungsarbeiten verschiedener Projekte dar.

Glass Tower
Design Team JCDA:
James Carpenter,
Richard Kress, Luke
Lowings, Rebecca Uss
Engineer:
T. Broomhead – Arup Ass.
*Component Engineering
& Fabrication:* TriPyramid
Structures Inc., Westford
Glass: John Depp Inc., NY

Suspended Glass Tower, 1998

A 23 m high tube of glass is suspended in the entry to
the Hong Kong Convention and Exhibition Centre. The
glass is held in compression by the pre-tensioned net of
helical stainless-steel rods, producing a shell effect. The
refinement of the aluminum corner fittings treated by
machines represents the culmination of development work
on several projects.

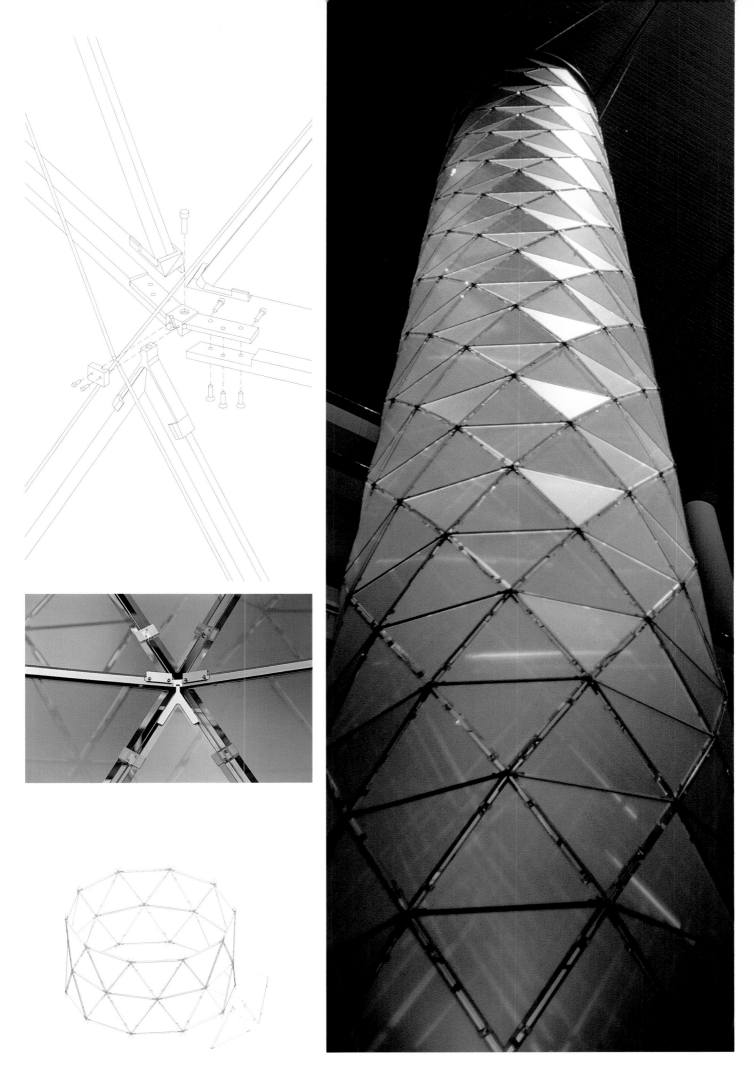

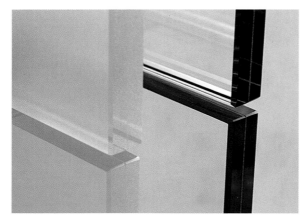

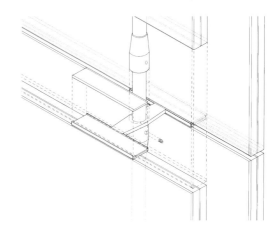

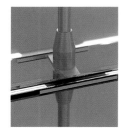

Rachofsky Screen
Design Team JCDA:
James Carpenter, Luke
Lowings, Richard Kress,
Rebecca Uss
Installation:
Brian Gulick, Greg
Morrell
Mechanism:
Canstruct Inc., Hoboken
Glass:
John Depp Inc., New York
Component Fabrication:
TriPyramid Structures
Inc., Westford, MA

Rachofsky-Schirm, Dallas (vollendet im Frühjahr 1996)

Dieser bewegliche Glasschirm vereinigt in sich alle Aspekte von Material und Vergänglichkeit, die das vorliegende Essay anzusprechen versucht. Der Schirm wurde für einen Kunstsammler in einem Haus installiert, das vom New Yorker Büro von Richard Meier and Partners entworfen wurde. Der Auftrag lautete, einen Schirm vorzusehen, der den Eßbereich des Hauses von der Kunstgalerie trennt, jedoch auch in einen speziell dafür gebauten Untergeschoßraum abgesenkt werden kann, sollte die Raumteilung nicht gewünscht werden.

Wir waren daran interessiert, halbreflektierendes Glas und transparentes Glas übereinander anzuordnen, um der Wand Tiefe zu verleihen und die Überlagerung durchscheinender und reflektierter Bilder zu ermöglichen. Dadurch kann sich der Schirm unter verschiedenen Beleuchtungsbedingungen verändern. Um das richtige Gleichgewicht zwischen reflektierten und durchscheinenden Abbildern zu erreichen, wurden visuelle Experimente mit Gläsern unterschiedlicher Reflexionsfähigkeit und Transparenz angestellt.

Die von uns gewünschte spezifische halbreflektierende Beschichtung wird nur in Scheiben mit den maximalen Abmessungen von 1,6 m x 0,65 m hergestellt. In einem solch kleinen Schirm wäre ein Rahmen, der einzelne Scheiben hält, optisch zu schwer und würde die Glasfunktion auf die Rolle eines Bildvermittlers beschränken. Daher schlug ich vor, den Schirm aus vier übereinander angeordneten, in Druckspannung stehenden, mit vier nachgespannten Edelstahlstangen gehaltenen Glasscheiben zu bauen, die zwischen einer Edelstahlstange oben und einem Träger in der Konstruktion unterhalb des Fußbodens festgeklemmt werden. Auf diese Weise konnte das Tragwerk auf ein Minimum beschränkt und die subtile optische Wirkung des Glases erhöht werden. In anfänglichen Diskussionen mit Tim Macfarlane von Dewhurst Macfarlane deutete sich an, daß die Idee realisierbar war und ein Glas mit einer Stärke von einem Zoll für jeden Stapel ausreichend war, um ein Umfallen des Schirms zu verhindern. Darüber hinaus wurden konstruktive Zerstörungstests unter der Leitung von Tony Broomhead von Ove Arup and Partners durchgeführt. Die Gegengewichtmechanismen zum Versenken und Anheben des Schirms wurden vor der Montage komplett zusammengebaut und geprüft. Sämtliche Arbeiten wurden unter der direkten Leitung des Studios ausgeführt.

Lichthoffassade und Dach, Berlin

Der Lichthof wird der öffentlich zugängliche Bereich des neuen Auswärtigen Amtes in Berlin sein, entworfen vom Architekturbüro Müller-Reimann. Das Tragwerk der Fassadenwand, das von Schlaich, Bergermann und Partner in Stuttgart entwickelt wurde, ist ein nachgespanntes Zweiwege-Kabelnetzwerk, welches auf jahrelangen Arbeiten und Erfahrungen der Entwickler beruht und die horizontale Durchbiegung nutzt, um eine Reaktion auf Windlasten zu erreichen. Eleganz und Filigranität dieser Konstruktion eröffneten JCDA die Möglichkeit weitergehender Erkundung einiger visueller Ideen.

Rachofsky Screen, Dallas, completed spring 1996

This moving glass screen combines all the aspects of the material and the ephemeral that this essay seeks to address. The screen was installed in a house for an art collector designed by Richard Meier and Partners, New York.
The commission was to provide a screen that would divide the dining area of the house from the art gallery, but which could also be lowered into a specially built basement room if the division of space were not desired. The idea was to layer a semireflective glass with a transparent glass to give depth to the wall and make the superimposition of translucent and reflected images possible. This would allow the screen to change significantly under different lighting conditions. Visual tests were performed on glass of varying reflectivity and translucency to achieve the best balance of reflected and translucent images.

The particular semireflective coating chosen is produced in sheets no larger than 1.6 m x 0.65 m. A frame to hold separate sheets would have been visually heavy in such a small screen and would have reduced the glass to merely a conveyor of images. It was therefore proposed that the screen be made of four glass sheets arranged on top of one other under compression, held in position by four posttensioned stainless steel rods and clamped between a top bar of stainless steel and a beam in the structure below the floor. Initial discussions with Tim Macfarlane of Dewhurst Macfarlane indicated that the idea was viable and that a glass thickness of an inch in each stack would be sufficient to prevent the screen from overturning. Tests to destroy the structure were also performed under the direction of Tony Broomhead of Ove Arup and Partners. The counterbalanced mechanism that lowered and raised the screen was completely assembled and tested prior to in-

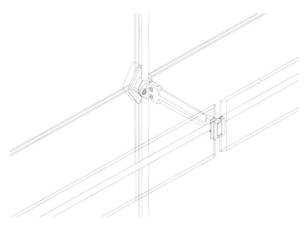

Der Lichthof liegt nach Norden, und Sonnenstudien machten die Durchführbarkeit der Reflexion des Lichtes in den Schattenbereich im hinteren Teil des Lichthofs deutlich. An den tiefen Dachträgern verwendeten wir spiegelartige Metallreflektoren und verschiedene Glasbeschichtungen, um das Licht nach hinten in den Schatten zu reflektieren. In der Fassade verwendeten wir drei Glasbeschichtungen, um Wärme, Sonnenlicht und Farbe zu reflektieren. Das Glas ist eine Verbundglasscheibe von 24 mm Stärke mit zwei Schichten wasserklaren Glases. Die erste Beschichtung soll Energie reflektieren, um ein Anlaufen der Innenseite des Glases zu verhindern. Die zweite Beschichtung ist eine halbreflektierende Schicht, die nur im zentralen Bereich der Fassade vorkommt. Diese Beschichtung ist der Beschichtung sehr ähnlich, die im Rachofsky-Schirm verwendet wird, und soll das im zentralen Bereich reflektierte Bild verstärken, so daß der Eindruck entsteht, es fließe innerhalb der Fassade. Die dritte Beschichtung kommt in horizontalen, von der Fassade überhängenden Glasbändern vor. Diese dichroitische Beschichtung teilt das Sonnenlicht in zwei Hälften, wobei die komplementären Hälften des Spektrums jeweils reflektiert bzw. durchgelassen werden. Dadurch werden zwei ständig wechselnde Farbfelder auf jeder Seite der Fassade, innerhalb des Lichthofs und zur Straßenseite, projiziert.

Die Fassadenkonstruktion besteht aus zwei parallelen Seilen, die ungefähr 450 mm voneinander getrennt sind, um der Wand Tiefe zu verleihen, worin das Licht spielen kann. Die horizontalen Seile und ihre dichroitisch beschichteten Glasbänder hängen freitragend von den vertikalen Seilen. Durch den hohen Vorspannungsgrad werden die vertikalen Seile versteift, und der kleine dichroitisch beschichtete Glasstreifen am Ende des Kragarms dient als Gegengewicht

stallation. All the work was carried out under the direct supervision of the studio.

Lichthof Facade and Roof, Berlin, completion 1999

The Lichthof will be the area open to the public at the new German Foreign Office in Berlin, designed by Müller Reimann Architekten. The structure of the facade wall, which was developed by Schlaich, Bergermann and Partners of Stuttgart, and is based on their many years of work and experience, is a two-way post-tensioned cable net, which relies upon horizontal deflection to provide a reaction against wind loads. The elegance and delicacy of this structure opened up the possibility of further exploration of certain visual ideas for the studio.

The courtyard faces north, and studies of the sun made the practicality of reflecting light into the shaded area at the back of the courtyard clear. Specular metal reflectors and various glass coatings were applied to the deep roof beams to reflect light back into the shadow. In the facade three glass coatings were used to reflect heat, sunlight and color. The glass is a compound pane, 24 mm thick, of two layers of water-clear glass. The first coating is to reflect energy to avoid condensation on the inside of the glass. The second coating is a semireflective coating, which occurs only in the central area of the facade. This coating is very similar to the one used in the Rachofsky Screen and is intended to strengthen the reflected image in the central area so that it appears to float within the facade. The third coating type occurs in horizontal bands of glass cantilevered from the facade. This dichroic coating divides sunlight into two halves, reflecting and transmitting complementary halves of the spectrum. This will project two constantly changing fields of color on each side of the facade, within the Lichthof and out into the street.

The facade structure consists of two parallel cables separated by about 450 mm in order to lend depth to the wall so that there can be a play of light. The horizontal cables and their dichroic-coated glass bands are cantilevered from the vertical cables. Because of the high degree of pre-tension, the vertical cables are made stiff and the small dichroic-coated strip of glass at the end of the cantilever arm counterbalances the large pane of glass close to the cable. The glass panes are 2.7 m by 1.8 m and are restrained at their corners only by cast stainless-steel patch plates. Under extreme conditions, the wall moves in the center about 300 mm to either side of the vertical. This movement occurs rarely and is gradual, but it is emphasized by the semireflective coating on the glass. This will enhance the viewers' awareness of the fragility of the reflected image and the delicacy of the membrane.

There is a literal boundary between the inside and the outside, and normally the use of glass is an attempt to minimize this. The boundary, though one can see through it, is real. This effect can assume a symbolic, political dimension, in that it occurs in the facade of the Foreign Office. The superimposition of transmitted and reflected images

Die Fassadenkonstruktion des Lichthofs in Berlin besteht aus zwei parallelen Seilen, die ungefähr 450 mm voneinander getrennt sind, um der Wand Tiefe zu verleihen, worin das Licht spielen kann. Die horizontalen Seile und ihre dichroitisch beschichteten Glasbänder hängen freitragend von den vertikalen Seilen.

The facade structure of the Lichthof in Berlin consists of two parallel cables that are separated by about 450 mm in order to give depth to the wall so that there can be a play of light. The horizontal cables and their dichroic-coated glass bands are cantilevered from the vertical cables.

Lichthof, Berlin
Design Team JCDA: James Carpenter, Luke Lowings, Richard Kress
Renderings: Marek Walczak
Installation: Mero-Raumstruktur GmbH, Würzburg

The Glass Tube Field
Design Team JCDA:
James Carpenter, Luke
Lowings (Design/Manager), Richard Kress
Renderings:
Marek Walczak

zur großen Glasscheibe nahe des Seils. Die Glasscheiben sind 2,7 m x 1,8 m groß und werden an den Ecken lediglich von vergossenen Edelstahl-Steckplatten eingespannt. Unter extremen Bedingungen beträgt die Bewegung der Wand in der Mitte etwa 300 mm zu jeder Seite der Vertikalen. Diese Bewegung tritt nur selten auf und ist allmählich, wird jedoch durch die halbreflektierende Beschichtung des Glases betont. Dadurch wird dem Betrachter die Zerbrechlichkeit des reflektierten Bildes und die Filigranität der Membrane stärker bewußt.

Zwischen dem Inneren und dem Äußeren gibt es eine buchstäbliche Grenze; normalerweise versucht man, durch die Verwendung von Glas diese Grenze zu minimieren. Die Grenze, auch wenn man durchsehen kann, ist real. Diese Verwirrung kann symbolische, politische Ausmaße annehmen, wenn sie in der Fassade des Außenministeriums vorkommt. Die Überlagerung durchscheinender und reflektierter Bilder, die durch die Verwendung halbreflektierender Gläser in einem klar umrissenen Bereich der Fassade zustande kommt, soll das Bewußtsein für diesen Widerspruch stärken.

Glasröhrenfeld, London

Das Glasröhrenfeld im Tower Place, London, entworfen von Foster and Partners, ist die geplante Zentrale einer Versicherungsgesellschaft neben dem Tower of London. Zwei Gebäude bilden einen gemeinsamen dreieckigen Bereich, der jederzeit für die Öffentlichkeit zugänglich ist und durch ein Glasdach mit zwei abgehängten Vorhangwänden geschützt wird. Die Glaswände, entworfen von der Fassadengruppe Ove Arup and Partners, reichen nicht bis zum Boden. Jede 2 x 3,8 m große Glasscheibe hängt von der jeweils darüberliegenden herab, wobei jede der 26 m langen Ketten von einem einzigen Bolzen an der Spitze gehalten wird. Die Windhemmung wird erreicht durch vorgespannte Seile, die 63 m entlang der Wandlänge verlaufen. Wir schlugen vor, die Stahlständer, welche die Fassadenabspannung unterstützen, durch vorgespannte Glasrohre zu ersetzen. Auf diese Weise wird das gleitende Feld scheinbar durch nahezu transparente Ständer gestützt. Die Ständer wurden zunächst als zwei konzentrische Glasrohre (150 mm Durchmesser) geplant, mit einem zwischenliegenden Harzlaminat und einer vorgespannten Edelstahlstange mit ungefähr 10 mm Mittendurchmesser, um Lastumkehr bei Zugbelastung zu verhindern. Die Durchführbarkeit dieses Ansatzes wurde in einer Testreihe bestimmt. In jedem Anwendungsfall führte das Schrumpfen des Harzlaminats zum Bruch einer der Rohre, gewöhnlich wurde dabei gleichzeitig die Schichtung gespalten. Während dieser Beitrag geschrieben wird, wird gerade ein einfacherer Ansatz geprüft und Prüfmuster vorbereitet.

Sämtliche Projekte unternehmen den Versuch, die Gestaltung von Glaswänden in verschiedenen Formen und Größen über die allzu vereinfachende Vorstellung des Transparenzbegriffs weiterzuentwickeln. Die Entwicklung von Glasfassaden, sei sie auch noch so technisch, ist unvermeidbar Teil eines andauernden Prozesses künstlerischer und archi-

accomplished by the use of a semireflective glass in a defined area of the facade is intended to increase one's awareness of this inherent contradiction.

The Glass Tube Field, London

The Glass Tube Field, Tower Place, London, designed by Foster and Partners, is the proposed headquarters of an insurance company adjacent to the Tower of London. Two buildings form a common triangular space that is open to the public at all times and which is sheltered by a glass roof and two suspended glass curtain walls. The glass walls, designed by Ove Arup and Partners facade group, do not reach the ground. Each glass sheet, 2 x 3.8 m large, is hung from the one above, with each 26 m long chain being held in place by a single bolt at the top. Wind restraint is achieved by pre-tensioned cables that run along 63 m of the wall. We suggested substituting pre-tensioned glass tubes for the steel props that help restrain the facade. In this way the floating field will appear to be supported by the almost transparent props. The props were initially planned as two concentric glass tubes (o.d. 150 mm) with a resin laminate between, and a pre-tensioned stainless-steel rod with a diameter of approximately 10 mm to avoid load reversal under tension. A number of tests were undertaken to determine the feasibility of this approach. In every case the shrinkage of the resin laminate caused the breaking of one of the tubes and usually changed the laminate at the same time. At the time of

tektonischer Erforschung, und mit diesen Projekten wird versucht, die Erforschung bewußt zu machen. Sie streben den Kontrast zwischen der materiellen Welt und ihrer Präsentation innerhalb des Materials selbst manifest zu machen. Die Weiterentwicklung dieser Ideen in großem Stil in zwei späteren Projekten war nur möglich aufgrund des Verständnisses und der Erfahrung aus den kleineren Projekten. Diese Art der Erforschung im kleinen Maßstab durch engagierte Gruppen oder Einzelpersonen ist wesentlich für die Entwicklung einer synthetischen Beziehung zwischen Technologie und Kultur. Diese Projekte sollten als Teil der Bemühungen angesehen werden, der immer größer werdenden Aufsplitterung des Gestaltungsprozesses zu widerstehen – trotz der besonderen Berücksichtigung eines einzelnen Werkstoffes. JCDA ist bemüht, weiterhin das Hauptaugenmerk ihrer Arbeit auf die Erforschung des Lichts im Raum zu richten und nicht die strenge technische Erforschung von Aufbau und Material zu verfolgen (obwohl tiefergehende Grundkenntnisse für eine erfolgreiche Zusammenarbeit unerläßlich sind). Wir streben nach einer Integration von Licht und Schatten, Raum und Struktur im Zusammenhang und hoffen, unsere Arbeit über die Beschränkungen des Kunstobjekts hinaus in Architektur, Landschaftsgestaltung und Städteplanung hinein ausdehnen zu können.

writing, a simpler approach is being tested and samples are being prepared.

All of these projects have attempted to take the design of the glass wall in different forms and at different scales beyond a simplistic notion of transparency. The development of glass facades, even at its most technical, is inevitably part of an ongoing process of artistic and architectural exploration, and these projects have tried to make that exploration a conscious one. They aspire to manifest the contrast between the material world and its representation within the material itself. The development of these ideas on a large scale in the latter two projects was only possible because of the understanding and knowledge gained from the smaller projects. This kind of small-scale exploration by committed groups of individuals is essential to the development of a synthetic relationship between technology and culture. These projects should be seen as part of an effort to resist the increasing compartmentalization of the design process despite their emphasis on a single material. As a studio, JCDA strives to keep the focus of the work on the exploration of light in space rather than on a strictly technical exploration of structure or material (although thorough basic knowledge is essential for successful collaboration). We seek an integration of light and shade, and space and structure in context, hoping to expand the work beyond the confines of the art object into architecture, landscape and urban design.

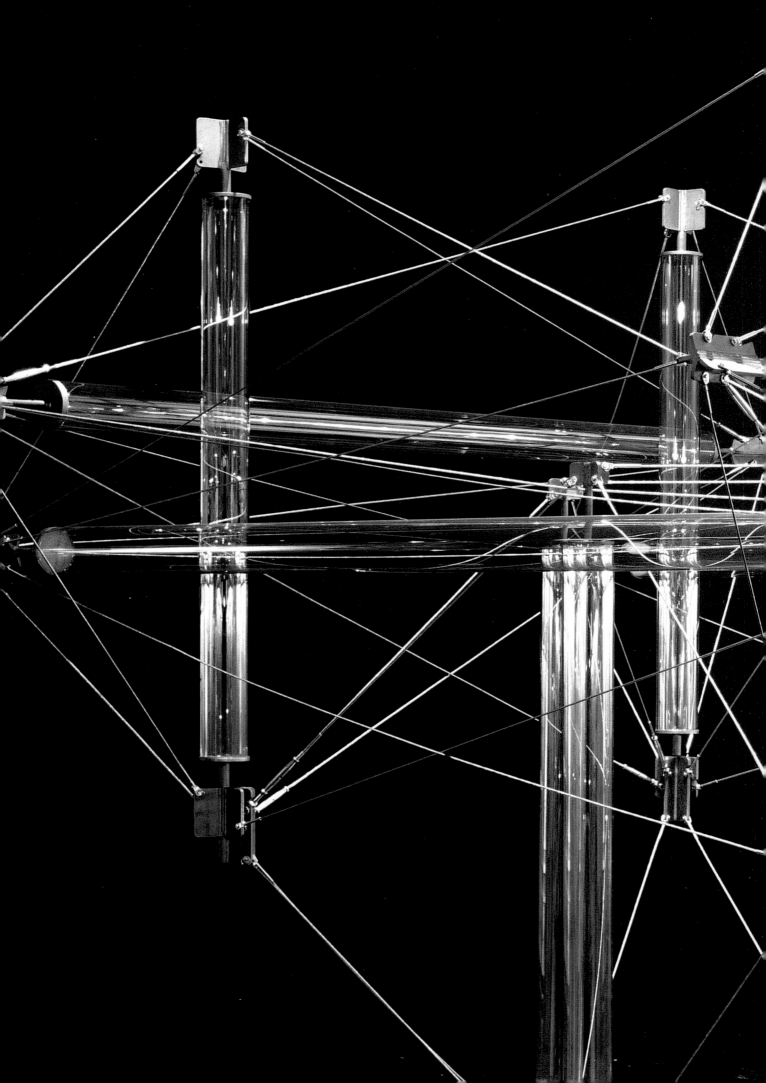

Forschung und Entwicklung
Research and Development
Universität Stuttgart/
Stuttgart University

Die europäische Forschung und Entwicklung im Bereich von Glas und Fassaden nimmt im globalen Vergleich eine Spitzenposition ein. Ein entscheidender Punkt hierfür ist die Tradition des Handwerks und der Industrie und zum anderen die geschichtliche Entwicklung der europäischen Baukultur und der Ingenieurwissenschaften.

An den verschiedenen Hochschulen und wissenschaftlichen Einrichtungen wird an Sonderproblemen des Glas- und Fassadenbaus geforscht. Einige Beispiele sind: Professor Stephen Selkowitz am Lawrence Berkely National Laboratory in den USA; Bill Addis von der Universität Reading in England, Mick Eeckhout von der Universität Delft in den Niederlanden; Professor Winfried Führer mit Ulrich Knaack und Professor Sedlacek von der RWTH Aachen; Professor Wörner an der Technischen Universität Darmstadt; und die Forschungseinrichtungen wie das Fraunhofer-Institut in Freiburg i.Br. und das Centre for Window and Facade Technology im englischen Bath.

Stuttgart und die Stuttgarter Schule ist durch die enge und fruchtbare Zusammenarbeit von Architekten und Ingenieuren geprägt. Bedeutende Baumeister wie Rolf Gutbrod, Günter Wilhelm, Fritz Leonhardt, Jörg Schlaich, Friedrich Wagner, Frei Otto, Günter Behnisch, Kurt Ackermann, Peter von Seidlein sind in diesem Umfeld gewachsen und haben es geprägt. Ihre wissenschaftlichen Arbeiten und Bauten sind international bekannt und geschätzt. Die Arbeiten zum Thema Brücken von Leonhardt und Schlaich oder die Untersuchungen zu leichten Flächentragwerken von Frei Otto und Klaus Linkwitz machten Architekturgeschichte. Von besonderer Bedeutung ist der interdisziplinäre Umgang mit zum Teil neuen Themen sowie die Verschmelzung von konstruktiver und ästhetischer Vision.

Vor diesem Hintergrund nimmt die Universität Stuttgart eine besondere Rolle in der Forschung und Entwicklung von Glaskonstruktionen und Fassaden ein. In enger, fakultätsübergreifender Zusammenarbeit werden prototypische Konstruktionen entwickelt und durch Kooperation mit der Industrie realisiert. Zu nennen sind hierbei speziell die folgenden Institute: Institut für Leichte Flächentragwerke unter der Leitung von Professor Werner Sobek und dem wissenschaftlichen Mitarbeiter Mathias Kutterer, Frank Maier und Walter Haase; Institut für Tragkonstruktion und Konstruktives Entwerfen unter der Leitung von Professor Bernhard Tokarz und Professor Günter Eisenbiegler; Institut für Konstruktion und Entwurf II der Fakultät für Bauingenieur- und Vermessungswesen mit Professor Jörg Schlaich und das Institut für Baukonstruktion und Entwerfen Lehrstuhl 2 mit den wissenschaftlichen Mitarbeitern Peter Seger, Joachim Achenbach, Bettina Volz, Jürgen Marquardt, Jörg Hieber, Jürgen Hess und Andreas Achilles.

Der Forschungsschwerpunkt „Glas- und Fassaden-Konstruktionen" kann nur in enger Zusammenarbeit mit der Industrie, dem Handwerk, den Fassadenentwicklern und Ingenieuren und Fachleuten sinnvoll betrieben werden. In diesem Umfeld werden Ideen zum Teil in Gesprächen oder

informellen Workshops geboren. Oft ist es der Zündfunken des einen, der die Idee des Anderen befruchtet. Die Endprodukte besitzten meist viele „Väter" und „Mütter". Entscheidend für den Erfolg ist die Dynamik, die zur Zeit im Forschungsbereich Glas und Fassaden steckt und sich teilweise bereits in gebauten Projekten wiederspiegelt.

So entstehen mitunter auch technische Entwicklungen, denen man mit der Frage nach Sinn und Nützlichkeit allein nicht beikommt. Dies mag darin begründet liegen, daß es zu den wichtigsten Tugenden von Wissenschaftlern und Forschern gehört, sich diese eher hinderliche Frage erst gar nicht zu stellen. Wenn die hier gezeigten Experimentalbauten das Vitruvsche Pflichtgebot, nützlich, dauerhaft und schön zu sein, vielleicht nicht in jeder Beziehung erfüllen, sollte dies nicht als Einwand gelten, sondern als Hinweis auf deren herausragende Qualität. So können die vorgestellten Prototypen in der hier gezeigten Form und Größe zweifelsohne als Weltneuheiten im Bereich der innovativen Glastragkonstruktionen bezeichnet werden. Wie erwartet werden darf, nimmt das Spektrum der ausgestellten Prototypen genau an der Schnittstelle seinen Anfang, an welcher das Maß des „derzeit Erlaubten" endet. Es verbinden sich damit auch Hoffnungen, zumindest indirekte Anstöße für die Fortentwicklung eines gegenüber „Ganzglasbauten" restriktiven Baurechts zu geben.

Dieses Kapitel soll die dankenswerten Bemühungen aller an der glasstec 98 beteiligten Forschungsbereiche und der freundschaftlich verbundenen Institutionen, Fachfirmen und Sponsoren festhalten und weiterhin Anregungen für alle am innovativen Bauen mit Glas Interessierten geben.

Europe is a global leader in the field of glass and facade research and development. A decisive factor in this is the European tradition of craft and industry, on the one hand, and the historical development of the European building culture and engineering sciences on the other.

Special glass and facade construction problems are being researched at several universities and scientific institutes. Some examples are: Professor Stephen Selkowitz of the Lawrence Berkely National Laboratory in the USA, Bill Addis of the University of Reading, UK, Mick Eeckhout of the University of Delft, The Netherlands, Professor Winfried Führer, Ulrich Knaack, and Professor Sedlaceck of the University of Aachen, Germany, Professor Wörner of the University of Darmstadt, Germany; and research institutes such as the Fraunhofer Institut in Freiburg, Germany, and the Centre for Window and Facade Technology in Bath, UK.

The city of Stuttgart and the University of Stuttgart have themselves been shaped by the fruitful collaboration between architects and engineers. Distinguished builders like Rolf Gutbrod, Günter Wilhelm, Fritz Leonhardt, Jörg Schlaich, Friedrich Wagner, Frei Otto, Günter Behnisch, Kurt Ackermann, and Peter von Seidlein grew up in this environment and changed its appearance through their work. Their scientific works and buildings are known and appreciated all over the world.

The research work by Leonhardt and Schlaich on bridges and by Frei Otto and Klaus Linkwitz on light surface structures has contributed much to architectural history. The interdisciplinary treatment of new topics as well as structural and aesthetic vision are areas of special emphasis. The University of Stuttgart plays a special role in terms of research and development of glass structures and facades. Through a variety of inter-faculty projects, prototype structures are developed and realized in cooperation with industry. The following institutes should be mentioned in particular: the Institute for Light Surface Structures under the leadership of Professor Werner Sobek and his assistant Mathias Kutterer; the Institute for Load-bearing Structures and Structural Design under the leadership of Professor Bernhard Tokarz and Professor Günter Eisenbiegler; the Institute for Surface Structures, Construction for Civil Engineers, and Surveying led by Professor Jörg Schlaich; and the Institute for Building Construction 2 with the scientific staff of Peter Seger, Joachim Achenbach, Bettina Volz, Jürgen Marquardt, Jörg Hieber, Jürgen Hess and Andreas Achilles.

The main field of research, "Glass and Facade Structures" can only be pursued through collaboration between industry, craft, facade developers, engineers and specialists. In this environment, ideas are born in conversations and informal workshops; it is often the "spark" of one person which ignites the idea of another. A decisive factor is the series of recent dynamic development in the glass and facades research which can be seen in projects already built. Some of these dynamic technical developments defy questions of meaning and usefulness. This might be because one of the most important virtues of scientists and researchers is not to ask questions of too practical a nature. It should not be considered a strike against experimental buildings presented here that they cannot fulfill Vitruvius's dictate of being useful, lasting and beautiful. Rather, this should be seen as a sign of their outstanding quality. In the form and size presented here, prototypes can undoubtedly be described as outstanding new developments in the field of innovative load-bearing structures made of glass. The range of these prototypes starts exactly at the point where the "presently allowed" ends in the hope of giving at least an indirect impetus to change construction laws which restrict "full-glass constructions."

With this chapter, the Institute for Building Construction L2 would like to document the commendable efforts of all research departments, affiliated institutes, specialized companies, and sponsors participating in glasstec 98 and would like to continue to encourage all parties interested in innovative building with glass.

Sphärische Glasstruktur
Spherical Glass Structure
Klaus Fischer

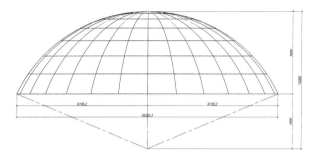

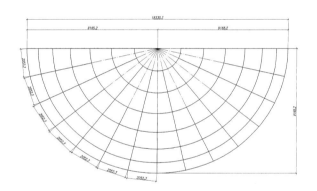

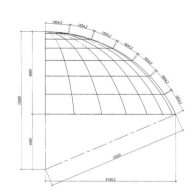

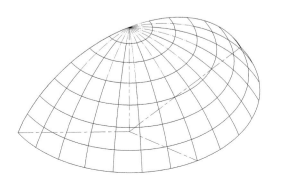

Wie jede Epoche in der Vergangenheit ihre Kultur, ihren wissenschaftlichen Erfolg sowie ihre politische Ordnung hatte, so zeichnete sie sich auch mehr oder weniger durch ihren eigenen Baustil aus. Hierzu gehörten ebenso Baumaterialien, welche den Charakter des jeweiligen Baustils zum Ausdruck brachten. In diesem Jahrzehnt sowie dem zu Ende gehenden Jahrtausend kann man das Material Glas als ein maßgebliches Produkt moderner Architektur einstufen. Es wird in ganz unterschiedlicher Art und Weise am Bau eingebracht. Es ist eine wahre „Optimierungswut" in Richtung Minimalisierung von nichttransparenten Komponenten zu beobachten, die einerseits Ausdruck findet in einem filigranen Metalltragwerk, sei es in Form von Unterspannung, und Verspannung, oder in möglichst großflächigen Elementen, die sich aufgrund ihrer baulichen Dicke selber stützen und tragen. Der Entwicklung sind hier noch keine Grenzen gesetzt mit Ausnahme von baurechtlichen Auflagen. Sollten bekannte Grenzen hier überschritten werden, so müßten diese Auflagen jeweils im einzelnen behandelt werden mit dem Ziel, die Zustimmung im Einzelfall zu erlangen.

Wie jeder Aufbruch in Richtung etwas Neuem birgt auch dies Gefahren und Risiken in sich. Um hier eine Minimalisierung zu erzielen, sollten neben ausreichenden Planungs- und Versuchsvorläufen auch Fachfirmen zu Rate gezogen werden, deren Erfahrungsspektrum zumindest vom Ansatz her ein Gelingen verspricht. In diesem Bestreben haben sich Professor Stefan Behling und Klaus Fischer – zusammen mit dem Organisationsteam der glasstec 98 – eine besonders aussagefähige, möglichst selbsttragende Glaskuppel als Messe-Exponat ausgedacht. Die Ausgangsgeometrie sollte ein Teil einer Kugelkalotte sein. Dies repräsentiert ungefähr das Viertel einer Kugel. Diese Kugel hat einen Ausgangsdurchmesser von 20 m und somit (von der Basis her gesehen) beachtliche Ausmaße.

Das strukturelle Konzept sah vor, die Glasscheiben derart kraftschlüssig miteinander zu verbinden, daß eine möglichst originale Schalentragwirkung erzielt wird. Diese sollte in der Lage sein, einerseits Kräfte – die aus Eigengewicht kommen – sicher nach unten zur Randkonstruktion abzutragen als auch ein gewisses Maß an geometrischen Imperfektionen zu verkraften. Sie muß auch ansatzweise asymmetrischen Belastungen standhalten, wie sie gemäß DIN heute in einem realen Bauwerk anzusetzen sind. In Fe-Berechnungen wurde versucht, sich ein Gefühl für den Kräfteverlauf zu verschaffen, bei dem neben idealisierten Kraftflüssen auch die vorgenannten Sonderfälle derart dargestellt werden sollten, um sich eine Vorstellung über die möglichen k.o.- und Crashkriterien zu verschaffen.

Diese Fe-Berechnungen haben ergeben, daß die Schale eigentlich mit extrem geringen Spannungen haushalten kann, was dazu führte, daß man sich auf eine nach unten hin optimierte Glasstärke von 2 x 6 mm (also 12 mm VSG mit einer Folieneinlage von ca. 1,5 mm) konzentrierte. Bezogen auf ein Ei ist dies ein Sechzehntel der Eierschalenstärke. Verglichen wurde hier die Relation Eigröße/Schalenstärke zu Durchmesser/Glasstärke.

**Spherical Glass
Structure Team**
Construction:
KFG Klaus Fischer,
Lauffen
Glass:
Tambest Oy,
Tampere/Finland
PVB:
HT Tropplast AG
Profiles:
BSP
Silikon Profile GmbH
Statics:
Lehmann & Keller
Ingenieure, Lauffen
*Consulting and
Realization:*
Universität Stuttgart,
Institut für Baukon-
struktion und Entwer-
fen, Lehrstuhl 2
Prof. S. Behling,
J. Achenbach,
Prof. F. Wagner

Für den Aufbau auf dem Messegelände war zwar kein übli-
cher Ablauf mit Statik und Prüfstatik – wie am Hochbau –
notwendig, dennoch hatte, wie es üblich ist, die Messe auf
ein gewisses „Vier-Augen-Prinzip" bestanden. So war auch
die Sicherheit für Mensch und Sachgut auf dem Messegelände zu garantieren. Insofern wurde dem verantwortlichen
Ingenieurbüro eine gewisse Menge an aussagefähigen Un-
terlagen zur Verfügung gestellt, um den Gedankenansatz
zu vermitteln und die Baufreigabe zu erzielen. Neben diesen der Idee zugrundegelegten Hauptkriterien waren die
Detailausbildungen in einer Art und Weise zu lösen, daß
sie ein Funktionieren der gedachten Gesamtkonzeption
„Kraftübertragung von Glasscheibe zu Glasscheibe" sicher-
stellten. Es sollten
a) Toleranzen aufgenommen werden können und
b) der Kraftfluß ohne allzu große Einbußen möglich sein.

Das Übereinanderschieben der Scheiben ist hier ein mög-
liches Versagenskriterium, welches – bedingt durch die
sehr dünne Schale – ein naheliegender Versagensfall wäre.
Um dies zu verhindern, wurde ein Edelstahlseilnetz in die
Fugen eingelegt, welches zur globalen Stabilisierung und
insbesondere zur Knotensteifigkeit beitragen sollte. Hierbei werden die vier Ecken eines Glasknotens derart in Position gehalten, daß ein Übereinanderschieben der Scheiben
verhindert wird. Somit hatte der Knotenteller die vier Glasecken als auch die Seilkreuzungen zu halten, die geometrisch nicht tatsächlich vollzogen werden konnten. In den
horizontalen Fugen war das Seil kontinuierlich verlaufend.

Vertikal hingegen mußte es umgelenkt werden. Dafür war
eine spezielle Klemmverbindung notwendig. Das Seilnetz
wurde in eine spezielle Silikondichtung geführt, die wiederum linienförmig Kontakt zwischen Seil und Glaskante

erlaubte. Global gesehen war dann noch eine kontinuier-
liche steile Randstabilisierung notwendig, um so der eingangs formulierten Aufgaben als Ganzes gerecht zu werden.

Der Ansatz war – in Anbetracht der Kürze der Zeit, die zur
Verfügung stand – sehr gelungen. Ein weiteres Forschen
und Entwickeln wäre wünschenswert und bedarf eines An-
triebes, der üblicherweise aus einem konkreten Projekt
entsteht, so wie das ausführende Team es aus vielen Bau-
vorhaben kennt. In diesem konkreten Fall ist jedoch nicht
nur die kommerzielle Reizschwelle eine gewisse Barriere,
sondern auch der eingangs erwähnte Aufwand des Geneh-
migungsverfahrens. Eine Variante der bisherigen Einzel-
kämpfermanie, die übrigens in allen Branchen bekannt und
üblich ist oder war, könnte Development Joint Venture
sein. Die Automobilindustrie hat dies vor nicht allzu langer
Zeit erkannt und umgesetzt, wo Wettbewerber gemeinsame
Typen entwickeln und getrennt oder gemeinsam fabrizie-
ren. Gute Vorbilder könnten wiederholt werden.

As every epoch in the past had its very own culture, scientific success and political system, it also defined itself through a characteristic architectural style. Building materials expressed the character of each specific architectural style as well. In this decade as well as in the millennium which is about to end, glass can be considered an influential component in modern architecture. It is used in buildings in myriad different ways. We are currently experiencing an "optimizing frenzy" which seeks to minimize the use of non-transparent components in glass construction. The trend is being expressed in part in filigree metal framework in the form of trussing, bracing or large-surface elements which support and carry themselves due to their structural thickness. Except for building laws and regulations, there are no restrictions to such developments and if a building project exceeds known limits, they have to be dealt with individually in order to obtain legal sanction.

However, as in every attempt to introduce new ideas, this also involves dangers and risks. In order to minimize these risks, thorough planning and testing is necessary. Specialized companies should be consulted since their extensive experience is likely to increase the chances of success. Bearing this in mind, Prof. Stefan Behling and Klaus Fischer – along with the organizational team of the glasstec 98 fair – came up with an exhibit in the form of a self-supporting, expressive glass dome. A section of a

spherical calotte, about a quarter of a sphere, was employed as the basic geometry. With a base diameter of 20 m, this sphere boasted considerable dimensions.

According to the structural concept, the glass panes were to be joined in a non-positive way in order to generate support for the shell. This shell was tasked to divert dead weight forces safely down to the edges of the construction, and to compensate geometrical imperfections to a certain degree. Also, it was supposed to be able to withstand, at least to some extent, assymetrical tension which, according to DIN, must be considered in every building being constructed today. Fe calculations were done to find the direction of forces, and besides the idealized flux of force, it was hoped that the special cases mentioned above would be demonstrated in order to get an idea of which KO and crash criteria might result.

The results of the Fe calculations showed that the shell can actually be economical when characterized by extremely low tension. This focused attention on a glass thickness of 2 x 6 mm (i.e. 12 mm laminated glass with an intermediate foil layer of approx. 1.5 mm) which has been optimized towards the bottom. This would correspond to one sixteenth of the thickness of an eggshell, if one compares the ratio egg size: eggshell thickness with the ratio diameter: glass thickness.

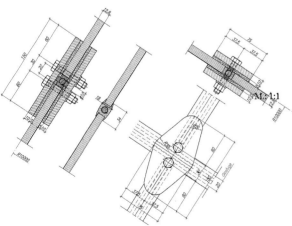

For the construction on the fairground it was not necessary to undergo the usual procedures involving statics and test statics, as would usually be the case when building tall structures. However, the fair's organizers insisted on the usual safety measurements referred to as the "four-eyes principles." Therefore, the engineering consultants were provided with the appropriate information in order to ensure public safety and obtain approval for building the structure. Apart from this, the development of the structure's detailed specifications needed to be worked out in a way that would ensure the functionality of the overall concept: load transmission from glass pane to glass panel. The idea was to
a) accommodate tolerances and
b) enable a flux of force without too many losses.

Sliding panes one on top of one other is likely to cause failures due to the very thin shell. To avoid this, the joints were fitted with a network of stainless steel cables which would help to stabilize the structure and improve the rigidity of the junctions. The four edges of the glass junctions are held in position so that one pane cannot slide on top of the other. Therefore, the junction plate had to hold the four glass edges as well as the cable crosses, an aspect which could not actually be carried out in geometrical terms.

The cable ran continuously through the horizontal joints, while the cable in the vertical joints had to be diverted. This had to be done by means of a special clamping joint. The cable network was embedded in a special silicone seal that allowed linear contact between the cable and the glass edge. Additionally, it was necessary to achieve a consistently steep stabilization of the edges in order to meet all the building requirements.

Considering the short period of time in which this was all done, the result was very satisfactory. Further research and development must be pursued which requires the impetus of a project such as this. In this case, however, the impetus is not only restricted by the limits of commercial stimulus, but also by the complex authorization procedure mentioned above. Development Joint Venture could be a variant of the so-called "solitary work mania" that plagues all fields of research and still is, or was, common in some of them. Not long ago, the automotive industry realized this and implemented DJV in certain situations so that competitors can develop models together, thereby saving costs, and manufacture them separately or together. Good examples like this should become the rule rather than the exception.

Selbsttragende Glaskugelkalotte
Self-supporting Glass Dome
Gerhard Seele

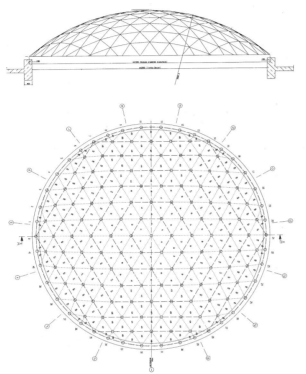

Ein „High-End"-Produkt der gegenwärtig baurechtlich zulässigen Ingenieurskunst stellte die im Durchmesser 12,5 m und mit Stichhöhe 2,5 m große Ganzglas-Schalenkonstruktion dar, welche mit der Firma Seele und ihren Projektpartnern, den Ingenieuren Ludwig & Weiler, und der Vegla/Saint Gobain Glass, zur glasstec 98 verwirklicht wurde. Die Besonderheit dieser aus 68 x 6 gleichen dreiecksförmigen VSG-Scheiben (2 x ESG) aufgebaute Konstruktion liegt darin, daß die Gläser die Hüll- und Tragfunktionen tatsächlich integriert erfüllen. Das bedeutet, daß die in der Kuppel vorherrschenden Druckkräfte ausschließlich über das Glas abgetragen werden.

Ein parallel zu den Glasfugen verlaufendes „Netz" aus filigranen Edelstahlseilen sorgt für die stabilisierende Vorspannung der Gesamtkonstruktion. Als Voraussetzung für die baurechtliche Zustimmung im Einzelfall wurde in Versuchen und Berechnungen nachgewiesen, daß bis zu sechs direkt benachbarte Tragelemente (Glasscheiben) ausfallen können, ohne die Systemreserven aufzuzehren. Die vom IBK2 für dieses Bauwerk entwickelte und von Stahlbau Queck, Düren, vorgefertigte Stahlskelettbasis prägt das Erscheinungsbild der Kuppel mit einem auf 6 Doppel-V-Stützen gelagerten Stahlrohrzugring als Basis. Diese leistet ihren Beitrag, um die hohe Präzision und Filigranität der Ganzglaskugelkalotte zur Geltung zu bringen.

The fully glazed shell structure with its diameter of 12.5 m and a 2.5 m pitch is a "high-end" product of civil engineering within the permissible scope of today's building regulations. This product was constructed by the Seele company and their project partners, engineers Ludwig & Weiler and the company of Vegla/Saint Gobain Glass, for glasstec 98. The distinctive feature of the structure, which was assembled with the help of 68 x 6 identical, triangular-shaped LSG panes (2 x SLG), is the fact that the glass panes fulfill enveloping and supporting functions in an integrated manner. That means that the compression forces prevailing in the dome are transferred exclusively by the glass.

A network of filigree stainless-steel cables provides stabilizing pre-tensioning to the overall structure. As a prerequisite to meet building regulations, experiments and computations were performed to prove that up to six adjacent supporting elements (glass panes) could fail without exhausting the support reserves inherent in the system. The steel frame base developed by IBK2 and built by Stahlbau Queck of Düren constitutes an important basic element for problem-free building and dismantling on a very tight schedule. The appearance of the dome is characterized by a steel-pipe tension ring resting on six double-V-supports that act as a foundation. This enhances the precision performance and filigreed appearance of the fully glazed spherical dome.

Die Idee

Die Konzentration auf die elementaren Materialeigenschaften – das konsequente Ausloten seiner physikalischen und mechanischen Merkmale – führte bei dieser Kuppel zur ultima ratio: zur Idee, eine selbsttragende Glaskugelkalotte zu entwickeln, ohne die Scheiben auf Stahlprofilen zu lagern.

The Idea

Attention was focused on the most elementary properties of the material – a logical exploration of its physical and technical characteristics – which led to the ultima ratio solution for this dome: a self-supporting spherical glass dome without the panes having to be mounted on steel profiles.

Die Konstruktion

Glas stellt ein vollwertiges Konstruktionselement des statischen Systems (Druckebene) dar. Die Vorspannung und Stabilisierung erfolgt durch netzartig vorgespannte Edelstahlseile mit einem Durchmesser von 8 mm.

The Construction

Glass represents a solid construction element for the static system (compression level). Pre-tensioning and stabilization are achieved by web-like pre-tensioned stainless-steel cables with a diameter of 8 mm each.

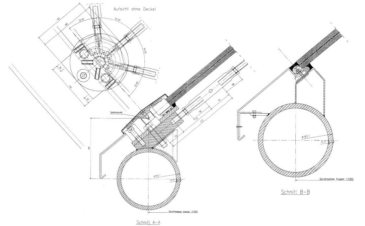

Die Montage

Die vorgeschriebene Form der Kuppel verlangt eine hohe Maßlagegenauigkeit der einzelnen Scheiben. Um die Präzision zu erreichen, erfolgt der Aufbau über ein eingemessenes Hilfsgerüst.

The Installation

The prescribed shape of the dome requires a high degree of dimensional and positioning accuracy in the individual panes. To achieve such precision, the installation is performed via calibrated shoring.

Technische Größen
der Glaskugelkalotte:
Durchmesser: 12,30 m
Stichhöhe: ca. 2,50 m
Kuppelradius: 9,00 m
Glasoberfläche: 137 m²

Technical Data of the
spherical glass dome:
Diameter: 12.30 m
Pitch: ca. 2.50 m
Dome radius: 9.00 m
Glass surface: 137.00 m²

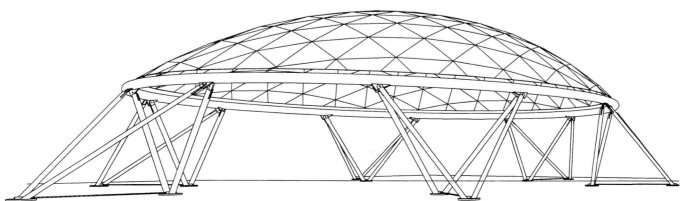

**Zum Reststandsicher-
heitsverhalten** wurden
Untersuchungen von
zwei Schadensszenarios
gefordert: zum einen
der Ausfall von acht
Scheiben um einen
Zentralknoten und zum
anderen der Ausfall von
zwei Seilen an einem
Zentralknoten.

Two damage scenarios
were investigated with
respect to residual sta-
bility performance:
on the one hand, the
failure of eight panes
around a central node;
on the other, the failure
of two ropes at a cen-
tral node.

**Glas als tragendes
Element**
Die Glaskuppel setzt
sich aus 282 dreiecks-
förmigen Einzelscheiben
zusammen, unterteilt in
27 verschiedene Größen
– Gruppen mit Kanten-
längen bis zu 1,10 m.
Der Glasaufbau besteht
aus 20 mm VSG mit 2 x
10 mm TVG. Die Lasten-
einleitung (Druckkräfte)
werden durch werkseitig
aufgebrachte Verbin-
dungsschuhe an den
Glasecken in den Zen-
tralknoten abgetragen.

**Glass as Load-bearing
Element**
The glass dome consists
of 282 triangular indi-
vidual panes, divided
into 27 different sizes:
panes with edge lengths
of up to 1.10 m. The
glass is constructed of
20 mm LSG with 2 x 10
TLG. The load insertion
(compression forces) is
transferred by factory-
installed connecting
shoes at the glass
corners in the central
nodes.

Die Zentralknoten
In die Zentralknoten
werden die Kräfte von
jeweils sechs Dreiecks-
scheiben eingeleitet.
Die Teller innen und
außen dienen der Lager-
sicherung und zur Auf-
nahme untergeordneter
Elemente. Das Seilnetz
ist in drei Ebenen un-
terhalb der Glasfuge
geführt, über Teller
am Zentralknoten ge-
klemmt.

The Central Junctions
Each central junction
has to withstand the
forces of six triangular
panes. The internal and
external panes serve to
secure the position and
accomodate secondary
elements. The cable
net runs through three
levels underneath the
glass joint and is fixed
to the central node by
means of plates.

Team Glaskugelkalotte
Construction:
Seele GmbH & Co. KG
Glass sponsoring:
VEGLA GmbH – Saint
Gobain Glass, Aachen
Glass processing:
GTD – Glas Technik
Design, Schwetzingen
Casting compound:
Hilti GmbH, Kaufering
Stays (tensioning cables):
Brugg Drahtseile AG
Steel construction:
Stahlbau Queck, Düren
Statics:
Ludwig Weiler
Ingenieurgesellschaft,
Augsburg
*Design consulting &
implementation:*
Universität Stuttgart,
Institut für Baukon-
struktion & Entwerfen,
Lehrstuhl 2
Prof. S. Behling,
J. Achenbach,
Prof. F. Wagner

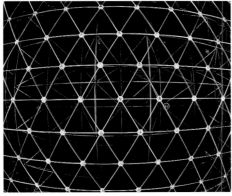

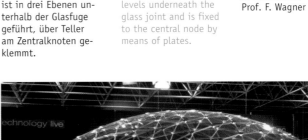

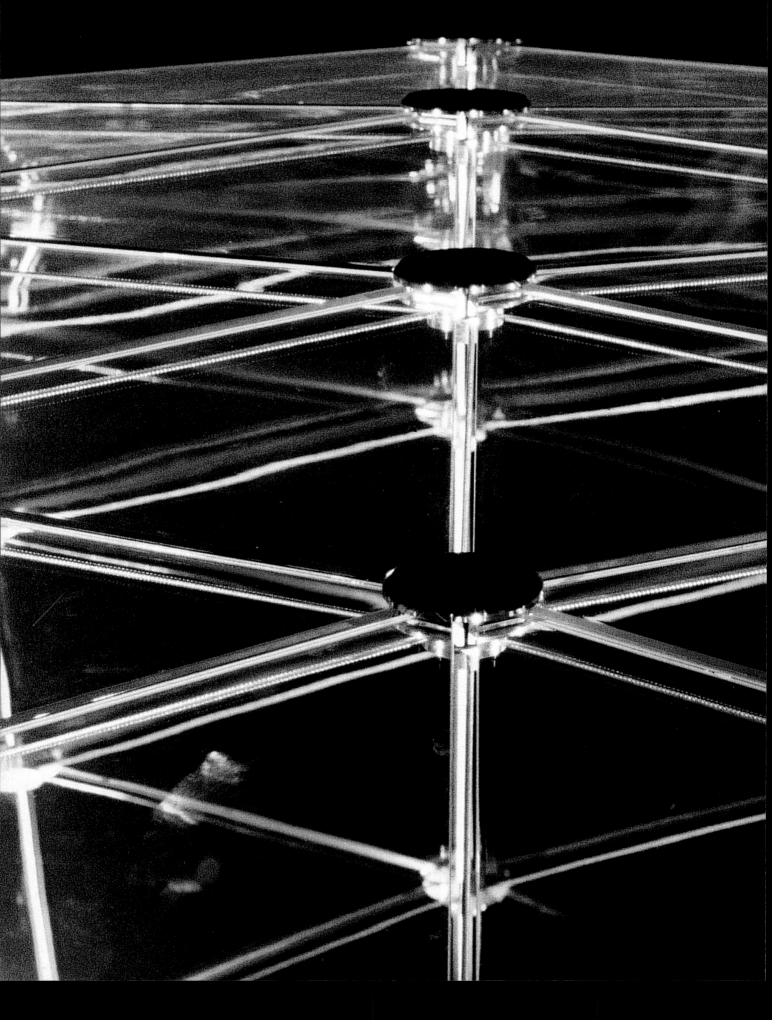

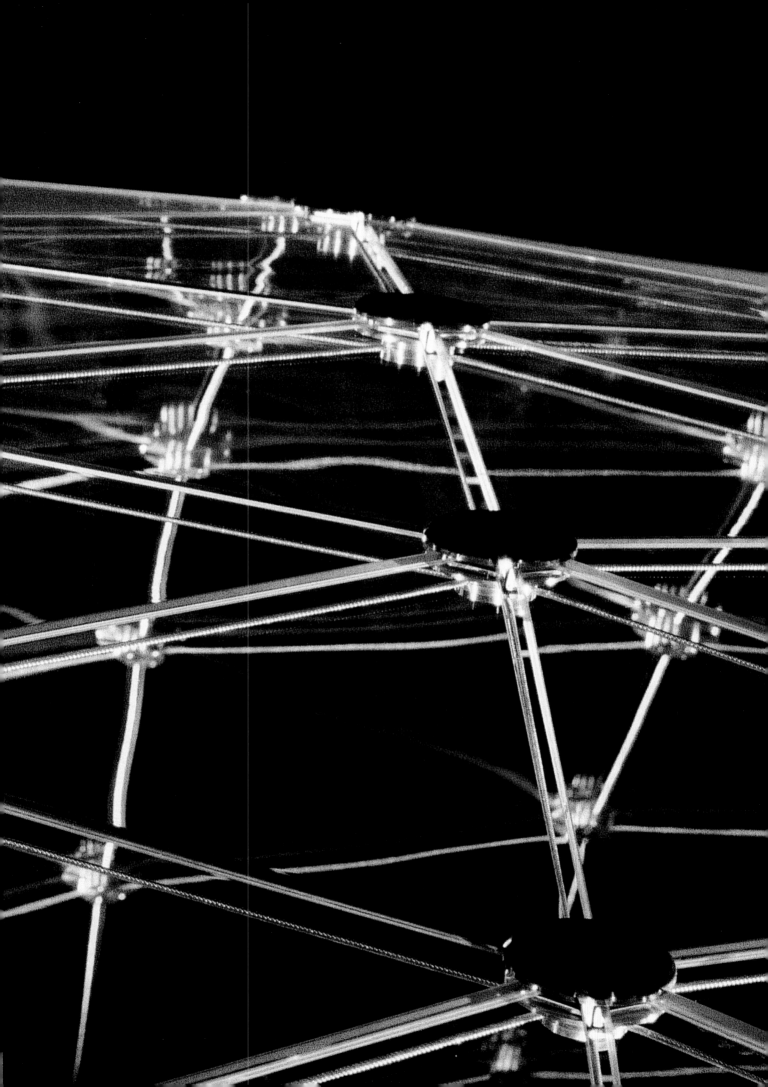

Ganzglasbogen II
Glass Arch II
Mathias Kutterer, Werner Sobek

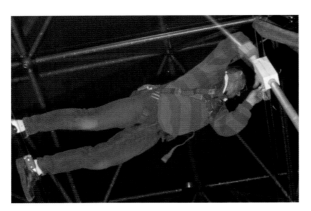

Der Forschungsbereich „Bauen mit Glas" am Institut für Leichte Flächentragwerke der Universität Stuttgart beschäftigt sich seit 1996 intensiv mit dem mechanischen Verhalten von Glasbauteilen und den energiemodulierenden Eigenschaften von adaptiven Glaselementen. Dem Glasbogenprojekt liegen Vorversuche zur Reststandsicherheit und zur Verwendung von Glas in druckbeanspruchten Konstruktionen zugrunde. Unter anderem wurden das Schubverhalten von Verbundgläsern im Langzeitbereich, das Knickverhalten von Druckstäben aus VSG und das Beulen flacher Glasschalen untersucht. Im April 1998 wurde auf der Glas-Kon 98 in München ein erster Versuchsbau erstellt: ein Gewölbe aus Glasplatten, frei gespannt über eine Länge von 10 m. Die Stabilisierung und Vorspannung erfolgt durch ein äußerst filigranes Fachwerk aus dünnen Edelstahlstäben.

Für die Sonderschau der glasstec 98 wurde der Bau eines zweiten größeren und technisch verbesserten Bogens in Angriff genommen. Der 20 m weit gespannte, 4 m breite und 5 m hohe Glasbogen II besteht aus 14 ebenen Glaselementen aus zweimal 10 mm TVG im Randbereich, verstärkt durch jeweils drei 160 mm breite Streifen aus 12 mm TVG. Die verstärkten Randbereiche sind mit Stahlwinkeln eingefaßt und über Keilplatten gestoßen. Die Endauflager ruhen auf einem geschlossenen Rahmen aus U-Profilen, der auf einem ebenen Untergrund verlegt und durch Stahlplatten ballastiert wird. Der Bogen wird stabilisiert durch vorgespannte radiale Speichen. Die ca. 350 kg schweren Glastafeln werden sukzessive, vom unteren Auflager beginnend, auf das bereits feste Auflager abgesetzt und auf Hilfstützen abgelassen und fixiert. Nach Absprache wurde beschlossen, diese Montagestützen erst zum Ende der Messe zu entfernen, weil generell über das Verhalten von Glaskonstruktionen dieser extremen Größenordnung bislang noch zu wenig bekannt ist.

Eine experimentelle Überprüfung der bislang nur näherungsweise bekannten Tragfähigkeit vorzunehmen, sollte Aufschluß geben über die tatsächliche Sicherheit, das Versagenverhalten und die Robustheit eines derartigen Glastragwerks. Durch die Entfernung der Montagestützen wurde zunächst die Tragwirkung eines speichenradähnlichen vorgespannten Bogens hergestellt. Beim Übergang vom gestützten zum ungestützten Zustand wachsen die Druckkräfte von ca. 1,4 t auf 5,4 t in der untersten Scheibe an und durch die Vorspannung von ca. 100 kg pro Speiche weiter auf ca. 7 t. Somit wirkten in den verstärkten Randbereichen der unteren Glaselemente zuletzt ca. 3,5 t (35 kN). Hiernach wurden an der untersten Scheibe gezielte zerstörende Angriffe vorgenommen. Über eine Kantenverletzung wurden beide TVG-Scheiben der VSG-Einheit beschädigt. Vier schwere Stoßbelastungen wurden anschließend frontal gegen die Scheibe mit einer ca. 15 kg schweren Metallstange aufgebracht. Hierdurch bildeten sich an der Aufprallstelle feinkrümelige Bruchnester mit weitverzweigten Rissen über die gesamte Scheibenfläche. Die Durchbiegungen nahmen bei jeden Stoß sichtbar zu und erreichten schließlich ca. 15 cm in der Feldmitte. Die verstärkten Randbereiche blieben unbeeinflußt.

Um die Randstreifen zu schwächen, wurden auf beiden Seiten die randnächsten Glasstreifen zerstört und gleichzeitig durch den Stoß eine Verbiegung bzw. ein Knick induziert. Nach ungefähr einer halben Stunde wurde die Knicksicherheit durch die Biegesteifigkeit von jeweils nur zwei schmalen Glasstreifen bzw. deren Zugfestigkeit im Verbund mit den bereits zerstörten oberen Scheiben aufrechterhalten. Zwei weitere Stoßbelastungen wurden frontal in Nähe der noch intakten Randstreifen aufgebracht. Beim zweiten Angriff wurde offensichtlich der innere der drei Streifen zerstört oder aus dem Verbund gelöst, so daß auf der rechten Seite nur noch ein Glasstreifen zur Verfügung stand. Einige Sekunden nach diesem Stoß knickte der betroffene Rand ein. Das sofort anschließende Versagen auf der Gegenseite und der Einsturz des Bogens konnten nur noch durch die Videoaufnahme in Zeitlupe beobachtet werden.

Since 1996 the research department "Bauen mit Glas" (Building with Glass) at the Institut für Leichte Flächentragwerke (Institute for Light Surface Structures) at the University of Stuttgart has been studying the mechanical behavior of glass components and the energy-modulating properties of adaptive glass components intensively. The glass arch project is based on pre-tests for residual stability and for the use of glass in structures that are subject to compression. Among the properties tested were: the long-term shearing behavior of laminated glass, the buckling behavior of compression bars made of laminated safety glass (LSG), and the buckling of flat glass shells. In April 1998, the department built its first experimental building at the GlasKon '98 fair in Munich: a vault-dome made of glass plates, freely spanned across 10 m. Stabilization and pre-tension were achieved using an extremely filigreed framework of thin stainless-steel bars.

The department constructed a larger and technically improved arch for a special exhibition at glasstec 98. Glass arch II, spanning 20 m with a width of 4 m and a height of 5 m, consists of 14 plane glass elements of twofold 10 mm triplex laminated glass (TLG), with each edge area reinforced by three 160 mm strips made of 12 mm TLG. The reinforced edge areas are bordered with angled steel and joined via wedge plates. The end bearing rests on a closed frame of U-profiles, positioned on a flat surface and loaded with steel plates. The arch is stabilized by pre-tensioned radial spokes. The glass plates – each

Team Glasbogen II
Design & Planning:
Institut für Leichte Flächentragwerke IL, Universität Stuttgart, Prof. Werner Sobek, Matthias Kutterer
Glass:
BGT Bischoff, Bretten
Stainless Steel Components:
KFG Klaus Fischer GmbH
Steel Construction and Installation:
T. Lausberger, Modellbauwerkstatt des IL, Zentrallabor des Konstruktiven Ingenieurbaus der Universität Stuttgart
Tension Bars & Fittings:
RODAN GmbH
Reinforcement, sealing:
HERO Glas GmbH
Consulting:
Müller-Altvater GmbH
FKG Fachverband Konstruktiver Glasbau
UPAT GmbH & Co,
Institut für Baukonstruktion und Entwerfen L2, Universität Stuttgart

weighing approximately 350 kg – were lowered succes-sively and fixed by means of auxiliary supports on the al-ready fixed footing starting at the lower footing. It was agreed to remove these mounting supports only at the end of the fair, since in general too little was known about the behavior of glass structures of these extreme dimensions.

Experimental testing of the structure's capacity which so far is only known in approximate terms was to provide in-formation on the actual safety, failure behavior, and the strength of the glass structure.

By removing the mounting supports, the load carrying capacity of a spoke-wheel-like, pre-stressed arch was es-tablished for the first time. At the point of transfer from supported to unsupported condition, the compressive forces increased from 1.4 to 5.4 t in the bottom pane and – due to the pre-tension of approximately 100 kg per spoke – further increased to approximately 7 t. Thus, in the end there was approximately 3.5 t (35 kN) in the reinforced edge areas of the lower glass elements.

Subsequently, specific aggressive failure-testing was car-ried out on the bottom pane. In damaging the edges, it was observed that both TGL panes of the LSG unit were themselves damaged. Four heavy impact shocks were then applied to the pane with a 15 kg metal bar. Breaks with large cracks that generated their own numerous cracks across the entire surface of the pane formed at the impact point. The deflections visibly increased with every impact and finally reached approximately 15 cm in the center of the field. The reinforced edge strips remained unaffected. In order to weaken the edge areas, the glass strips closest to the edge were destroyed on both sides. The impact brought on a bend, and then a buckle. After approxi-mately half an hour, the buckling was still being with-stood by the flexural stiffness of merely two narrow glass strips due to their tensive strength in conjunction with the already destroyed upper panes. Two further impact loads were applied near the undamaged edge strips. With the second impact, the innermost of these three strips was destroyed, or loosened from the lamination, so that there was only one strip left intact on the righthand side. A few seconds after this impact, the edge buckled. The failure that followed on the opposite side and the result-ing collapse of the arch could only be viewed effectively in slow-motion video recording.

Glasbogen I, der Vorgänger mit einer Spannweite von 10 m, erstmals erbaut anläßlich der Glas-Kon in München. Nun auf dem Gelände des IL Instituts in Stuttgart.

Glass arch I, the predecessor with a span of 10 m, first built on the occasion of the Glas-Kon fair at Munich. It is now located at the IL Institute in Stuttgart.

Technische Daten
Länge x Breite x Höhe: 20,0 x 4,0 x 5,0 m, kreisförmiger Bogen aus 14 Glastafeln, 4,0 x 1,64 m, Verbundglas aus 2 x 10 mm TVG im Randbereich, verstärkt durch Glasstreifen und Metallstäbe. Kraftübertragung über 50 cm breite Kontaktstöße, Stabilisierung durch radiale Abspannung zum ballastierenden Stahlunterbau.

Technical Data
Length x Width x Height 20.0 x 4.0 x 5.0 m. Circular arch made of 14 glass panels 4.0 x 1.64 m; laminated glass made of 2 x 10 mm TLG reinforced by glass strips and metal bars in the edge areas; force transmission via 50 cm wide contact joints; stabilization by radial guying towards the loading steel base.

Glas-Tensegrity-Skulptur
Glass Tensegrity Sculpture
Stefan Gose, Patrick Teuffel

Ziel des Entwurfsprojektes Glass-Cube war es, im Rahmen der glasstec 96 Visionen für Glasstrukturen und Glaskonstruktionen zu entwickeln. Es sollten innovative, heute noch nicht realisierte Glaskonstruktionen entworfen und konstruktiv durchgearbeitet werden. Der Entwurf und die Realisierung wurden in einem Gemeinschaftsprojekt der Architektur- und Bauingenieurfakultät der Universität Stuttgart durchgeführt.

Die Verwendung von Glas für primäre, tragende Elemente des Glass-Cube war das wesentliche Ziel, nach dem sich der Entwurfsprozeß richtete. Aufgrund der Materialeigenschaften von Glas mußte ein Konstruktionsprinzip gefunden werden, in dem Zug- und Druckelemente klar getrennt sind. Es wurde das Tensegrityprinzip verwendet, welches interessante räumliche Eindrücke vermittelt. Unter Tensegrity versteht man Tragwerke mit kontinuierlichen Zug- und diskontinuierlichen Druckelementen. Für die Druckelemente wurden SCHOTT-Glasrohre verwendet.

In einer Versuchsreihe an der Forschungs- und Materialprüfanstalt Baden-Württemberg in Stuttgart wurden verschiedene Eigenschaften der Stahl-Glas-Konstruktion überprüft. Für den Krafteinleitungsbereich war eine Stahlplatte mit 140 mm Durchmesser vorgesehen. Für die Verbindung von Stahl und Glas mußte ein Material gefunden werden, welches einerseits an den Übergangsflächen Unebenheiten ausgleichen kann, andererseits aber den hohen Druckkräften standhalten sollte. In der ersten Versuchsreihe wurden die Stahlplatten mit Polyurethan-Kleber auf die Rohrabschnitte geklebt. Der Versuchskörper wurde in die Testanlage eingespannt und dabei bis 60 kN belastet. Der Glasversuchskörper hielt der enormen Druckbelastung stand, wogegen sich die 5 mm dicke Polyurethanverklebung von der Stahlplatte löste. Daher wurden in einer weiteren Versuchsreihe Verklebungen mit 2-Komponenten-Epoxidharz untersucht. Dabei konnte im Vergleich zu den vorangegangenen Versuchen ein lineares Verformungsverhalten erzielt werden. Die Verklebung mit einer Stärke von 0,5 mm zeigte dabei keinerlei Schwächen und blieb vollständig erhalten.

Am Anfang des Entwurfes wurde versucht, ebene Glasscheiben als Druckelemente einzusetzen. Aus konstruktiven Erwägungen wurde dies ebenso verworfen wie die Möglichkeit, aus mehreren Scheiben verklebte Druckglieder herzustellen. Glasrohre schienen aus statischer wie konstruktiver Sicht am ehesten den Ansprüchen gerecht zu werden, die enorme Druckbeanspruchbarkeit von Glas zu demonstrieren. Aus dem Lieferprogramm der Firma SCHOTT Rohrglas wurden daraufhin die geeigneten Rohre in den benötigten Abmessungen entnommen. Positive Eigenschaften dieser aus Borosilicatglas gefertigten Röhren sind neben der hohen Druckfestigkeit ihre hohe Korrosionsbeständigkeit, Unempfindlichkeit bei schnellen Temperaturwechseln sowie ein sehr hoher Qualitätsstandard.

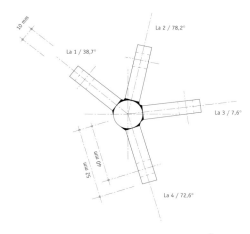

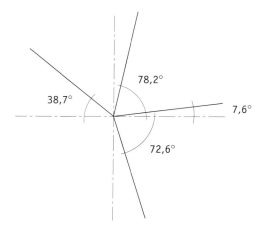

Die Rohre konnten als Sonderanfertigung mit Überlänge gezogen werden. Im einzelnen waren dies: 4 Röhren, Außendurchmesser 135 mm, Wandstärke 6,0 mm, Länge 3500 mm und 8 Röhren, Außendurchmesser 135 mm, Wandstärke 6,0 mm, Länge 2000 mm.

In einem ersten Schritt wurde mit dem Zusammenbau des eigentlichen Tensegrityrings begonnen. Zuerst wurde ein Tensegritygrundelement mit den nötigen Zugseilen verbunden. Danach wurden Schritt für Schritt alle weiteren horizontalen und vertikalen Röhren an das erste Grundelement angefügt. Der fertiggestellte Tensegrityring konnte nun auf den Knotenpunkten der vertikalen Röhren abgestellt werden.

Anschließend wurden die Glasrohrstützen auf der Grundplatte mit den vorbereiteten Gewindebolzen verschraubt und mit Zugseilen verbunden. Mit Hilfe von drei Hubeinrichtungen wurde der Ring auf die festgelegte Höhe von einem Meter angehoben. In einem letzten Schritt wurden sämtliche Abhängeseile mit Stützen und Ring verbunden und über Spannschlösser vorgespannt.

Nachdem die Hubeinrichtungen langsam abgelassen waren, konnte mit der endgültigen Ausrichtung der Geometrie begonnen werden. Dazu wurden die Spannschlösser derart vorgespannt, daß sich die berechneten Zugkräfte in den Seilen einstellten und sämtliche Seile gespannt waren.

The aim of the glass cube design project was to develop new visions for glass structures and glass construction in the context of glasstec 96. Innovative, not yet implementable glass constructions were to be designed and constructionally finished. Design and implementation were executed as a joint project of the Architektur- und Bauingenieurfakultät der Universität Stuttgart (Faculty of Architecture and Building Engineering at the University of Stuttgart).

The main objective of the design process was to study the use of glass in primary structural elements of the glass cube. Due to the material properties of glass, a construction principle had to be found where tension and compression elements were clearly separated. The Tensegrity Principle, with its interesting three-dimensional aspects, was used. Tensegrity refers to structures with continuous tension elements and discontinuous compression elements. SCHOTT glass tubes were used as the compression elements.

Different properties of steel and glass construction were studied in a series of tests at the Forschungs- und Materialprüfanstalt Baden-Württemberg (Research and Material Testing Institute) in Stuttgart. A steel plate with a 140 mm diameter was provided for the force insertion area. A material had to be found that would connect steel and glass, compensate for unevenness at the joining areas and also withstand high compressive forces.

In the first series of tests the steel plates were glued to the tube sections with polyurethane (PU) glue. This was then fixed in a testbed and loaded with up to 60 kN. The glass was able to withstand the enormous pressure load, whereas the 5 mm thick layer of PU glue came off the steel plate. Therefore, a second experiment was carried out to examine the use of 2-component epoxy resin. In contrast to the previous experiment, here a linear deformation behavior could be achieved; the 0.5 mm glue connection did not show any weakness and remained fully intact. At the design's outset, attempts were made to use plane glass panes as compression elements. The idea was discarded for structural reasons, as was the proposal to fabricate compression elements made of several panes glued together.

From a statical and structural viewpoint, glass tubes appeared to demonstrate best the enormous compressive load-bearing capabilities of glass. The appropriate tubes with the required dimensions were chosen from the product range of the SCHOTT Rohrglas company. Apart from high compressive strength, these tubes made of borosilicate glass feature high corrosion resistance, are insensitive to rapid temperature change, and guarantee a generally high standard of quality.

The tubes were custom-made to be extremely long. The individual items comprised: 4 tubes each with a 135 mm outside diameter, a wall thickness of 6.0 mm, and a length of 3.500 mm; and 8 tubes, each with a 135 mm outside diameter, a wall thickness of 6.0 mm, and a length of 2.000 mm.

First the actual tensegrity ring was assembled, and a tensegrity base element was connected using the required tensile cables. After that, all other horizontal and vertical tubes were added to the base element, step-by-step. Then the finished tensegrity ring was placed onto the nodal points of the vertical tubes.

Subsequently the glass tube supports were bolted to the base plate with threaded bolts and connected to tensile cables. The ring was lifted to the predetermined height of one meter by means of three hoisting devices. Finally, all suspension cables were connected to the supports and the ring and pre-tensioned with turnbuckles.

After carefully lowering the hoisting devices, the final adjustment of the geometry could be executed. For that purpose, the turnbuckles were pre-tensioned until the calculated forces were established in the cables, and all cables were tensioned.

Team Tensegrity Sculpture
Design & Planning:
Stefan Gose, Patrick Teuffel am Institut für Baukonstruktion und Entwerfen, L2 der Universität Stuttgart
Prof. S. Behling, Joachim Achenbach, Prof. F. Wagner mit dem Institut für Tragwerkentwurf und Konstruktion, Fakultät 2 für Bauingenieur- und Vermessungswesen der Universität Stuttgart
Prof. Jörg Schlaich
Glass:
SCHOTT Rohrglas GmbH
Stainless Steel Components:
Pfeiffer, Seil und Hebetechnik GmbH & Co.
Structural Steel Engineering & Installation of Special Components:
Haller Industriebau
Support:
Institut für angewandte Geodäsie im Bauwesen, Universität Stuttgart
Forschungs- und Materialprüfanstalt, Baden-Württemberg FMPA, Stuttgart

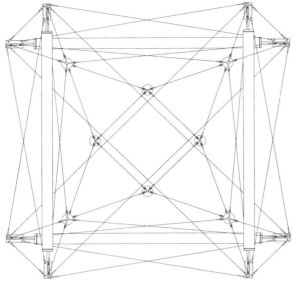

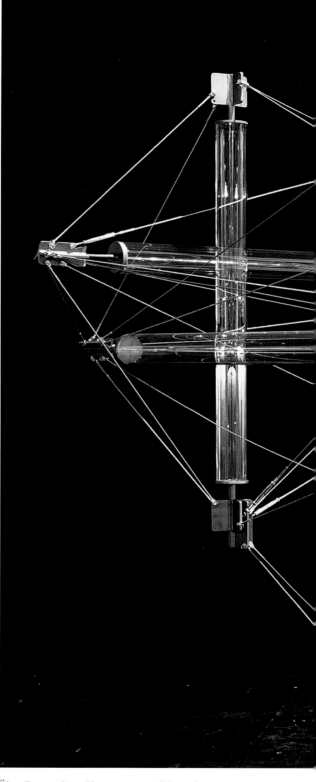

Als Tensegrity sind im Bauwesen „offene" Strukturen, wie z. B. entsprechend ausgebildete Seilbinder, als äußerst leistungsfähige, massearme und je nach Vorspannung auf steife Tragwerke für weitgespannte Dachkonstruktionen am ehesten bekannt. Dabei werden die Vorspannkräfte nicht wie bei „geschlossenen" Strukturen in sich selbst, sondern in den Baugrund abgeleitet (Tensegrity-Skulptur von K. Snelson US).

In structural engineering, open structures like specially designed cable binders are widely known as an effective way to lay out high-performance, low-mass tensegrities with the correct pre-tensioning, and mounted as rigid structures for wide-spanned roof constructions. In this type of construction, the pre-tensioning is transferred into the ground and not into the building itself, as is the case with "closed" structures. (Tensegrity sculpture by K. Snelson, USA)

R. Buckminster Fuller Experimente mit Tensegrity

R. Buckminster Fuller experiments with tensegrity

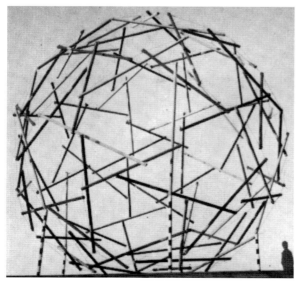

Über Tensegrity: „There are no solids – there are no things." R. Buckminster Fuller war davon überzeugt, daß – vergleichbar dem im Mikrokosmos herrschenden Kräftegleichgewicht zwischen den Elementarteilchen bzw. jenes im Makrokosmos zwischen den Planeten – die Form von hochentwickelten Strukturen vorrangig von Zug- und Druckkräften bestimmt werden.

Obwohl alle Elemente zueinander in Beziehung stehen, müssen diese Beziehungen nicht physischer Natur sein. Zusammenhalt wird auf der immateriellen Ebene durch untereinander wirkende Kräfte und einer eigengesetzlichen geometrischen Ordnung innerhalb einer Struktur bestimmt.

Fuller leitete die Tensegrity-Strukturen aus der Erkenntnis ab, daß die Entwicklungsprinzipien in der Natur grundsätzlich auf größtmögliche Effizienz ausgerichtet sind. Praktisch umgesetzt bedeutet dies nach Fuller, daß auch die in Bauwerken auftretenden Kräfte vorrangig mittels Zug- und

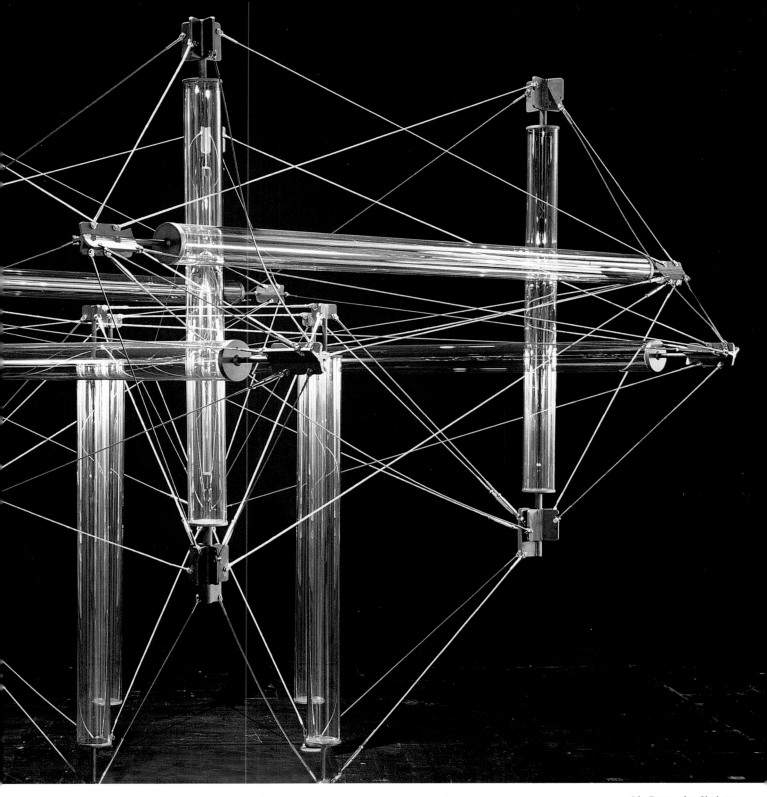

Druckkräften abgeleitet und Biegekräfte vermieden werden sollten. Ergebnis dieser Überlegungen waren vorgespannte Strukturen aus kontinuierlichen Zug- und diskontinuierlichen Druckelementen, welche so einen zumindest theoretischen Bezug zu Gesetzmäßigkeiten in der Natur herstellen. Die ersten Modell-Strukturen dieser Art nannte Fuller: „tensional integrity" (Tensegrity).

About tensegrity: "There are no solids – there are no things." R. Buckminster Fuller was convinced that – similar to the balance of forces between elements in a microcosm, which is similar to that between planets in macrocosm – the form of sophisticated structures is predominantly determined by tensile and compressive forces.

Although all elements are related to each other, these relationships are not necessarily all of a physical nature. Cohesion is determined on the immaterial level through interacting forces and the geometrical order within a structure.

Fuller developed his understanding of tensegrity structures by recognizing that nature's developmental principles are always aiming for maximum efficiency. Put into practice this means that – according to Fuller – even the forces occurring in buildings should be engineered predominantly by means of tensile and compressive forces, and that deflection forces should be avoided. The result of these ideas were pre-tensioned structures made of continuous tension elements and discontinuous compression elements, which conform (at least theoretically) to natural laws. Fuller named the first model structures of this kind "tensional integrity" (tensegrity).

Die Tensegrity-Skulptur der Studenten Stefan Gose und Patrick Teuffel wurde erstmals auf der glasstec 96 zur Sonderschau „glass technology live" in Düsseldorf erbaut.

The tensegrity sculpture by students Stefan Gose and Patrick Teuffel was first constructed at the special show "glass technology live" at glasstec 96 in Düsseldorf.

Glasrohre, Honeycomb
Glass Tubes, Honeycomb
Joachim Achenbach

Seit 1995 erforscht das Institut für Baukonstruktion und Entwerfen L2 der Universität Stuttgart den möglichen Einsatz von Glasröhren als konstruktives Element in der Architektur und im Design.

In zahlreichen Studienarbeiten wurden stabförmige Strukturen untersucht, mit dem Ergebnis, daß eine der frühen Tensegrity-Studien durch beispielhafte Kooperation zwischen Lehrstuhl, Industrie und Handwerk realisiert werden konnte (Tensegrity-Skulptur von Stefan Gose und Patrick Teuffel, glasstec 1996).

Vorüberlegungen zum Leistungspotential von Glasröhren als lastabtragendes Bauelement wurden durch Versuchsreihen an der Materialprüfungsanstalt Baden-Württemberg bei weitem übertroffen, was insbesondere Ingenieure anregen wird, Glasrohre als zukünftiges Konstruktionselement im Blickfeld zu behalten. Die ästhetische Faszination, die von den transparenten, sich lediglich durch Lichtreflexe abbildenden Stäben ausgeht, begeistert wohl jeden, der sich mit Gestaltungsfragen auseinandersetzt.

SCHOTT Rohrglas beauftragte das Institut für Baukonstruktion 1998, einzelne Themenfelder im Zusammenhang mit Rohr- und Profilgläsern im Rahmen einer Forschungsarbeit zu vertiefen. In diesem Zusammenhang werden Lösungswege für ein Sicherheits-Glasrohr aufgezeigt und ausgearbeitet. Konkrete Ergebnisse auf diesem Gebiet sind für Planer von besonderem Interesse, weil Leistungsmerkmale, wie sie z. B. VSG Flachgläser erfüllen (Splitterbindung, Reststanddauer etc.), Voraussetzung für zahlreiche mögliche Neuanwendungen sind.

Gleichzeitig können die aus der Herstellung von Verbundsicherheits-Flachglas bekannten und bewährten Herstellungstechniken aufgrund der Kreisgeometrie bei Rohren nicht ohne weiteres angewandt werden. Hier gilt es neue Wege zu beschreiten bei einem nur scheinbar einfachen Problem.

Die am Institut für Baukonstruktion und Entwerfen bisher erzielten Ergebnisse geben jedoch Anlaß zu berechtigtem Optimismus. Wenngleich es noch ein Stück Weg sein dürfte, ein in den anzunehmenden Belastungs- und Temperaturwechsel-Grenzen fehlerfrei reagierendes Glasrohr vorstellen zu können, werden wohl bereits in naher Zukunft anwendungsspezifische Systemlösungen für Bauteile aus Sicherheits-Glasrohren auf dem Markt zur Verfügung stehen.

Since 1995 the Institut für Baukonstruktion und Entwerfen L2 (Institute for Building Construction and Design L2) of the University of Stuttgart has been researching the possible use of glass tubes as structural elements in architecture and design.

Bar-shaped structures were examined by students in numerous research studies. The result of these studies was an exemplary collaborative project on tensegrity by the university, industry and the skilled trades (Tensegrity Sculpture by Stefan Gose and Patrick Teuffel, glasstec 96).

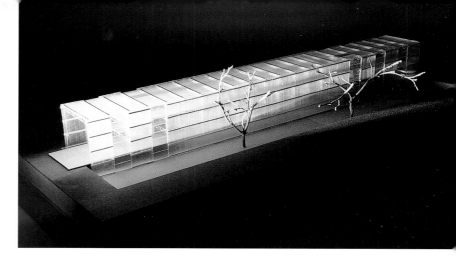

Initial assumptions regarding the potential use of glass tubes as load-bearing structural elements were superseded in a series of tests carried out at the material research facility in Baden-Württemberg. The results will likely inspire engineers to consider glass tubes as *the* constructional element of the future. The aesthetic appeal of the translucent tubes, which have the appearance of luminous reflections, will surely inspire most professionals who deal with questions of design.

In 1998 SCHOTT Rohrglas asked the Institut für Baukonstruktion to thoroughly investigate individual topics relating to tube and profiled glass as part of their research work. This led to the initiation and development of applications for safety glass tubes. The results of these studies are of particular interest to engineers, since performance features of LSG flat glass, for example, such as compound glass and its endurance, are a prerequisite for many possible new applications.

Unfortunately, the already approved techniques being used in the production of multilayer flat safety glass cannot be applied wholesale due to the circular geometry of the tubes. Here new production methods must be sought to solve a problem which seems so simple at first glance.

The results achieved up to now at the Institut für Baukonstruktion und Entwerfen give us reason to be optimistic. Even if we still have a lot of ground to cover before we can present a glass tube which reacts perfectly within the necessary load and thermal ranges, we can hope to see now system solutions for specific applications of prefabricated safety glass tubes on the market in the near future.

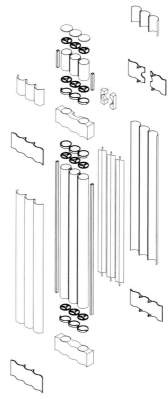

Die Diplomarbeit „Haus aus Glas" von Carolin Schaal zeigte den Gebrauch von Glasstützen auf, wobei in der mehrschichtigen Fassade Glasrohre jeweils von zwei Glashalbrohren umhüllt werden. Im Außenbereich wird dadurch quasi ein Isolierglasaufbau geschaffen. Der Zwischenraum der Glaselemente kann zusätzlich mit Gel aufgefüllt werden, wodurch eine Brandschutzglas-Sicherung zu erreichen wäre. Im Rohrinnneren befinden sich für den Sonnenschutz bewegliche Lamellen, die mit Photovoltaik-Dünnschichtzellen belegt sind. Alle sechs Meter schließt ein Fachwerkträger an, der über ein kugelförmiges Endstück gelenkig gelagert ist, so daß nur Vertikallasten eingeleitet werden. Die tragenden Glasröhren sind auf Kunststoffringen gelagert, die die Kräfte auf die Horizontallager übertragen. An den Rohrenden sind sternförmige Gußelemente aufgeklebt, die die Sonnenschutzlamellen halten und gleichzeitig den Luftdurchlaß über die ganze Fassade gewährleisten.

The thesis "Haus aus Glas" (House Made from Glass) by Carolin Schaal showed the use of glass supports where glass tubes are jacketed by two glass half pipes in a multilayer facade. The exterior area is utilized as an insulating glass structure, and the space between the glass elements can be filled with gel to achieve the protection of fire-resistant glass. The inside of the tubes contains movable sunlight protection slats which are covered with thin photovoltaic plate cells. Trussed beams held by a hinged spherical tail-piece are inserted every 6 m so that they only have to bear vertical loads. The load-bearing glass tubes rest upon plastic rings which divert the forces to the horizontal bearings. Star-shaped cast iron elements are glued to the tube ends. They hold the sunlight protection slats while at the same time allowing air passage along the entire facade.

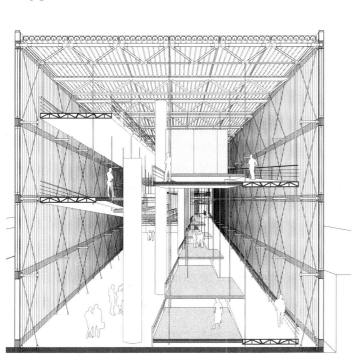

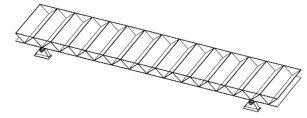

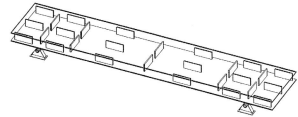

Die abgebildeten Varianten zeigen verschiedene Geometrien von punktuellen und linearen Glasabstandshaltern. Beim Bau der ersten Prototypen als Einfeldträger-Platte (LxBxH: 4,50 m x 1,00 m x 0,20 m bzw. 5,90 m x 1,50 m x 0,15 m) kamen versetzt angeordnete Glasstege bzw. Glasrohrabschnitte als Abstandshalter zum Einsatz. Die vorberechnete max. Belastung lag deutlich über 5,0 KN/qm. Beim Bruchlastversuch konnten in Feldmitte auf einem quadratmeter knapp 5,0 KN aufgelegt werden, um den Glasbruch herbeizuführen; der zu erwartende Wert ließ sich zunächst nicht nachweisen.

Zu erwähnen ist, daß diese Belastung trotz der genannten Imperfektion – es kamen bei den ersten Prototypen lediglich ca. 50 bis 75% der vorgesehenen Klebefugenabwicklung kraftschlüssig zustande – ein Wert ist, der besonders im Hinblick auf das Raumgewicht von ca. 425 bis 475 kg/cbm vielversprechend ist. Voraussetzung ist jedoch, daß es gelingt, die Ausführungstechniken und den Einsatz splitterbindender Gläser weiter zu verbessern.

With large-surface double or triple thermopane glazing, the improved light and thermal characteristics of such glazing are readily apparent. In regard to its load-bearing capacity, which helps in the optimization of building engineering, there is still an enormous, untapped potential to be explored. This is pointed out in detail in several technical publications by Friedrich B. Grimm. To advance in this field, a meshed bond of shearing-stiff and therefore load-bearing glass panels would have to be designed, preferably "translucent" and "thermal-bridge-free" distance elements. The construction study presented here deals with an aspect of these considerations, i.e. the question of how to bond two large-format, shearing-stiff glass panels in a simple and practical fashion that maintains the distance between them, and how to measure the resulting performance/weight ratio in contrast to "non-bonded solutions." The main focus should be on glass-to-glass bonds and the question of advantages and disadvantages of bonds that completely harden as opposed to bonds that retain a certain degree of ductility. Apart from the maximum strength of the bonded connection, the degree of flexibility during the fabrication of glass-sandwich construction is important in that the connection points are no longer accessible after the second coating has been applied. Another equally important aspect is the fact that the glue should have a relatively high "bridging quality" for compensating dimensional tolerances in the glass itself. If not, imperfections during the fabrication of the individual components will be very noticeable.

The examples depicted here show different shapes of point-focused and linear glass distance elements. For the construction of the first prototype as a single-field carrier-plate (L x W x H: 4.50 m x 1.00 m x 0.20 m or 5.90 m x 1.50 m x 0.15 m) staggered glass links or glass tube pieces were used as distance elements. The pre-calculated maximum load was significantly higher than 5.0 kN/m². In the breaking load test, close to 5.0 kN could be applied to

Team Glass Honeycomb
Planning and Design
Universität Stuttgart, Institut für Baukonstruktion und Entwerfen L2, Prof. S. Behling, Dipl.-Ing J. Achenbach, Prof. F. Wagner, and Tobias Lemberg
Consulting:
Institut für Tragkonstruktionen und Konstruktives Entwerfen, Universität Stuttgart
Sponsors:
SCHOTT Rohrglas GmbH; Böhm GmbH; BGT Bischoff Glastechnik; Ego Dichtstoffwerke; Pilkington Flachglas AG; Syma-System AG.

Betrachtet man großflächige Zwei- oder Mehrscheiben-Isolierverglasungen, so fallen die stets verbesserten licht- und wärmetechnischen Werte solcher Verglasungen auf. In Bezug auf deren Tragverhalten bleiben allerdings zugunsten der bauphysikalischen Optimierung enorme Potentiale ungenutzt. Auf diesen Umstand hat bereits Friedrich B. Grimm in verschiedenen Fachpublikationen ausführlich hingewiesen. Um hier wegweisende Verbesserungen zu erzielen, müßte mittels vorzugsweise „durchsichtiger" und „wärmebrückenfreier" Abstandshalter ein schubsteifer und damit tragfähiger Verbund der Glasscheiben untereinander hergestellt werden.

Die hier gezeigte Konstruktionsstudie befaßt sich schwerpunktmäßig mit einem Teilaspekt dieser Überlegungen, nämlich mit der Frage, wie zwei großformatige Glastafeln auf einfache und praktikable Weise auf Abstand gehalten und schubsteif miteinander verklebt werden können und welches Leistungsgewicht sich im Gegensatz zu „Nichtverbundlösungen" ergibt. Hauptaugenmerk soll also auf Glas-Glas-Verklebungen liegen. Und dabei wiederum auf der Abwägung der Vor- und Nachteile von Verklebungen, die vollständig aushärten und anderen, welche ein gewisses Maß an Duktilität beibehalten. Neben der erreichbaren Festigkeit der Klebeverbindung kommt der Verarbeitbarkeit bei der Herstellung von Glas-Sandwichkonstruktionen große Bedeutung zu, denn nach dem Aufbringen der zweiten Deckschicht sind die Verbindungsstellen nicht mehr ohne weiteres zugänglich. Ein ebenso wichtiger Aspekt ist es, daß das Klebemittel eine relativ hohe „Überbrückungsqualität" zur Aufnahme der Maß-Toleranzen im Glas selbst aufweisen sollte. Andernfalls machen sich Imperfektionen bei der Herstellung der Einzelteile besonders gravierend bemerkbar.

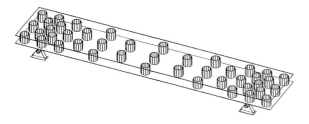

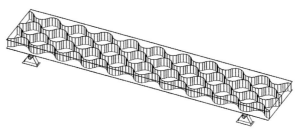

Beim Bau der ersten Prototypen zur glasstec 96 und 98 (LxBxH: 4,50 m x 1,00 m x 0,20 m bzw. 5,90 m x 1,50 m x 0,15 m) kamen versetzt angeordnete Glasstege bzw. Glasrohrabschnitte als Abstandshalter zum Einsatz.

For the construction of the first prototype for glasstec 96 and 98 (Lx WxH: 4.50m m x 1.00 m x 0.20 m or 5.90 m x 1.50 m x 0.15 m) staggered glass stud links or glass tube segments were used as spacers.

Die Sandwichtechnik ermöglicht die Ausnutzung einer statisch wirksamen Höhe, die bei unterschiedlichen Produkten von 30 bis 200 mm betragen kann. Sandwichkonstruktionen werden bei vergleichbaren Materialien mit Erfolg angewandt (z.B. Holzwerkstoffe, Kunststoffe, Aluminium oder Stahl). Glasdächer und Oberlichtkonstruktionen könnten aus großformatigen Sandwichelementen zusammengesetzt werden. Dabei ist vor allem die Gewichtsersparnis von Bedeutung, weil die gläsernen Deckschichten nicht dicker als 6 mm sein müssen.

The sandwich technology enables the utilization of a statically effective height which can range from 30 to 200 mm for different products. Sandwich constructions are successfully applied to comparable materials (e.g. wood, plastics, aluminum or steel). Glass roofs and skylight constructions could be put together using large-format sandwich elements. In this case, weight reduction is of special importance because the glass covering layers do not need to be thicker than 6 mm.

an area of almost one square meter in the center of the field before breakage occurred; the exact expected value could not be proven.

It should be noted, despite the flaw mentioned here (in the first prototype only 50 to 75% of the prescribed bonding gaps could be made with correct grip), that this is a promising value, especially with regard to the specific height of 425-475 kg/m^3. However, it is still necessary to further improve execution techniques and the use of shatterproof glass.

Glaspavillon Sommerakademie
Glass Pavilion Rheinbach
Jörg Hieber, Jürgen Marquardt

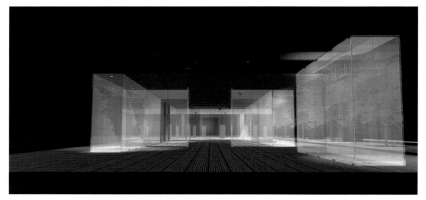

Die Stadt Rheinbach hat zusammen mit Vertretern aus der Glasbranche die Sommerakademie Glaspavillon Rheinbach ins Leben gerufen. Die Architekten Jörg Hieber und Jürgen Marquardt entwarfen hier in Kollaboration mit dem Institut für Baukonstruktion und Entwerfen L2, Professor Stefan Behling, der Universität Stuttgart ein in dieser Art einzigartiges Ganz-Glas-Gebäude, bei dem die Tragkonstruktion völlig aus Glas besteht. Der Glaserinnungsverband unter Vorsitz von Herrn Nagel konnte für die Montage ca. 20 Fachbetriebe aus der Region gewinnen, die kostenfrei mithalfen und die Fassade des Glaspavillons fast als Selbsthilfe erstellten.

Bevor die Glasstützen dieses innovativen Experimentalbaus aufgestellt werden können, bedarf es einer Zustimmung im Einzelfall durch die oberste Bauaufsichtsinstanz des Landes Nordrhein-Westfalen (Ministerium für Bauen, Wohnen und Verkehr). Ein Gutachten der RWTH Aachen (Institut für Stahlbau, Professor F. Sedlacek) wird erstellt, bei dem mit einer Anzahl von gläsernen Teststützen in Form von Bruchversuchen der Ernstfall erprobt wird. Die Bruchversuche werden unter Aufsicht der verantwortlichen Tragwerksplaner, dem Augsburger Ingenieurbüro Ludwig und Weiler, durchgeführt. Wesentlicher Bestandteil des Rheinbacher Glaspavillons sind die „Glass-Cubes", acht rechteckige Glaswürfel aus großformatigen Glasscheiben. Diese multifunktionalen Glass Cubes sind zugleich Ausstellungsvitrinen und Fassade, führen Licht überdach in den Raum und – was das einmalige an diesem Entwurf ausmacht – sie tragen das fast 500 m² große Dach.

Die Fassadenelemente zwischen den Cubes bestehen völlig aus Glas und garantieren fließende Übergänge vom Gebäudeinneren zu dem angrenzenden Skulpturenpark und zur Wiesenlandschaft. Zudem sind die Glasschiebeflügel komplett öffenbar und können in den Cubes verstaut werden, – der Glaspavillon wird zum „Cabrio-Haus". Das Nutzbarmachen der Materialeigenschaften durch ein Verstehen ihrer physikalischen und mathematischen Merkmale ist ein wesentlicher Ausgangspunkt bei der Findung neuer Konstruktionsformen. Die prinzipielle Eigenschaft des Glases, Druckkräfte besser als Zugkräfte übertragen zu können, ist ein Grundgedanke der Glasstütze. Die Idee der Glasstützenkonstruktion, bestehend aus handelsüblichen Flachgläsern, welche paarweise in Form von Winkelelementen angeordnet werden, entstand aus dem Gedanken heraus, ein möglichst kostengünstiges und effektives Tragwerksystem zu entwickeln.

Das 32,5 x 15 m große Trägerrostdach (IPE 3600) wird auf ca. 3,80 m hohe Glasstützen gestellt, welche eine Breite von ca. 1,25 m aufweisen und jeweils in Winkelform eingebaut werden. Aufgrund sicherheitstechnischer Gesichtspunkte wurde ein Glasaufbau von 10 mm TVG/1,52 mm PVB-Folie/19 mm ESG/1,52 mm PVB-Folie/10mm TVG gewählt. In Verbindung mit einer geschützten Kantenausbildung wird die Standsicherheit der Konstruktion auch für mögliche Unfallszenarien gegeben sein. Die Idee der Stützenkonstruktion steht und fällt mit dem Detail der

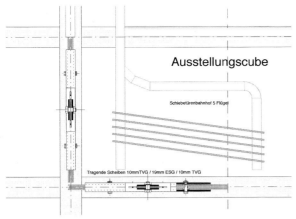

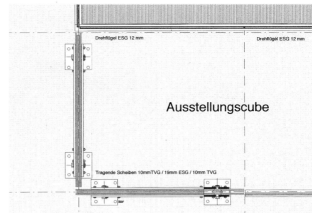

Ausstellungscube

Ausstellungscube

Krafteinleitungspunktes. Um die Problematik der Montage-sicherheit in Verbindung mit den auftretenden Toleranzen in Griff zu bekommen, wird die Krafteinleitung in die Glas-scheibe über einen vorgefertigten, werkseitig aufgebrach-ten Verbindungsschuh vorgenommen. Dieses als Guß- oder Frästeil vorgesehene Element stellt in Verbindung mit einem Verguß den optimalen Krafteinleitungspunkt dar. Das Abführen der Kräfte an den Anschlußknoten über die Verbindungsschuhe wurde durch den Einsatz von Bolzen-verbindungen und Gelenkkonsolen realisiert.

Together with representatives of the glass industry, the city of Rheinbach founded the summer academy Glass Pavilion Rheinbach. In collaboration with Stefan Behling, professor at the Institut für Baukonstruktion und Entwer-fen L2 at the University of Stuttgart, the architects Jörg Hieber and Jürgen Marquardt designed a one-of-a-kind building made entirely of glass, right down to the support structure. Mr. Nagel, director of the Glazier Craftsman Association, was able to win the support of approx. twenty regional craftsman companies which were willing to help with the assembly free of charge and managed to erect the facade of the glass pavilion almost entirely on their own.

Before the glass supports of this innovative and experimen-tal building can be erected, a special approval of the highest building supervision agency in Northrhine-West-phalia (Ministry for Real Estate and Transportation) must be obtained. Professor Sedlacek of the RWTH Aachen (In-stitute for Steel Construction) is currently working on an evaluation, using glass supports in worst case rupture tests. These rupture tests are carried out under supervision of Ludwig und Weiler, an Augsburg-based engineering consultant firm responsible for the production of the sup-porting framework. One of the essential components of the Glass Pavilion Rheinbach are eight rectangular glass cubes made of large sized glass panes. These multifunctional glass cubes are showcase and facade in one, allowing overhead light to flood the room, while making this design unique by supporting a roof of nearly 500 square meters.

The cladding panels between the cubes are made entirely of glass and guarantee flowing crossovers between interior building and the adjacent sculpture park with its meadow landscape. In addition, sliding sashes made of glass can be completely opened and stored in the cubes, making the glass pavilion a „convertible". Making use of the material's properties by understanding its physical and mathematical features is an essential point of reference while exploring new structural designs. The principal property of glass, namely the ability to withstand compressive forces better than tensile forces is the basic idea behind the glass support. The idea of using commercially available flat glass in pairs as angular elements was developed to supply a cost-efficient and effective glass support structure.

The grid roof, with a size of 32.5 x 15.0 m (IPE 3600 beams), rests on glass supports of approx. 3.80 m in height and approx. 1.25 m in width which are each fitted as

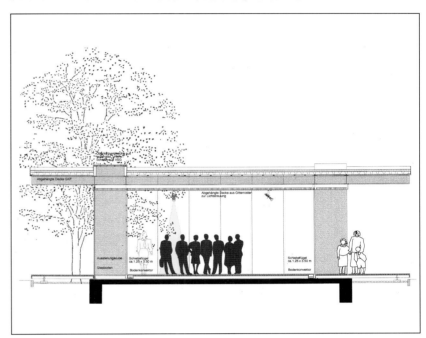

angular elements. A glass structure of 10 mm PPG/1.52 mm PVB foil/19 mm SLG/1.52 mm PVB foil/10 mm PPG was selected for security reasons. In connection with a protec-tive edge formation, the stability of the construction is also ensured for possible accident scenarios. The idea of glass support structures is validated through the detail of the force introduction point. To deal with the problematic nature of mounting safety in connection with existing to-lerances, the force is inserted into the glass pane through a prefabricated, supplier-mounted connecting shoe. In connection with precision-casting, this milled or cast con-necting shoe is an optimal force insertion point. The force divergence at the connection gussets via connecting shoes was brought about by using pin joints and bracket joints.

Team Glaspavillon
Architects
Jürgen Marquardt
Jörg Hieber
Beratung
Prof. Stefan Behling
Structural Engineering
Ingenieurbüro Ludwig
und Weiler, Augsburg
*Glass and Steel
Construction*
VEGLA Aachen
Glas- und Stahlbau
RÜTER, Dortmund
Skylight Glass
BGT Bretten
Movable Facade
DORMA Glas
Flachglas Wernberg
Glasid GmbH, Essen
Hero-Glas, Dersum
Scholl Glastechnik GmbH
sitec.glas GmbH
Computer Graphics
Markus Schmitz,
Hamburg

Glasbruchversuche an der RWTH Aachen mit Herrn Prof. F. Sedlacek im September 1999.

Glass rupture tests at the RWTH Aachen with Prof. F. Sedlacek in September 1999.

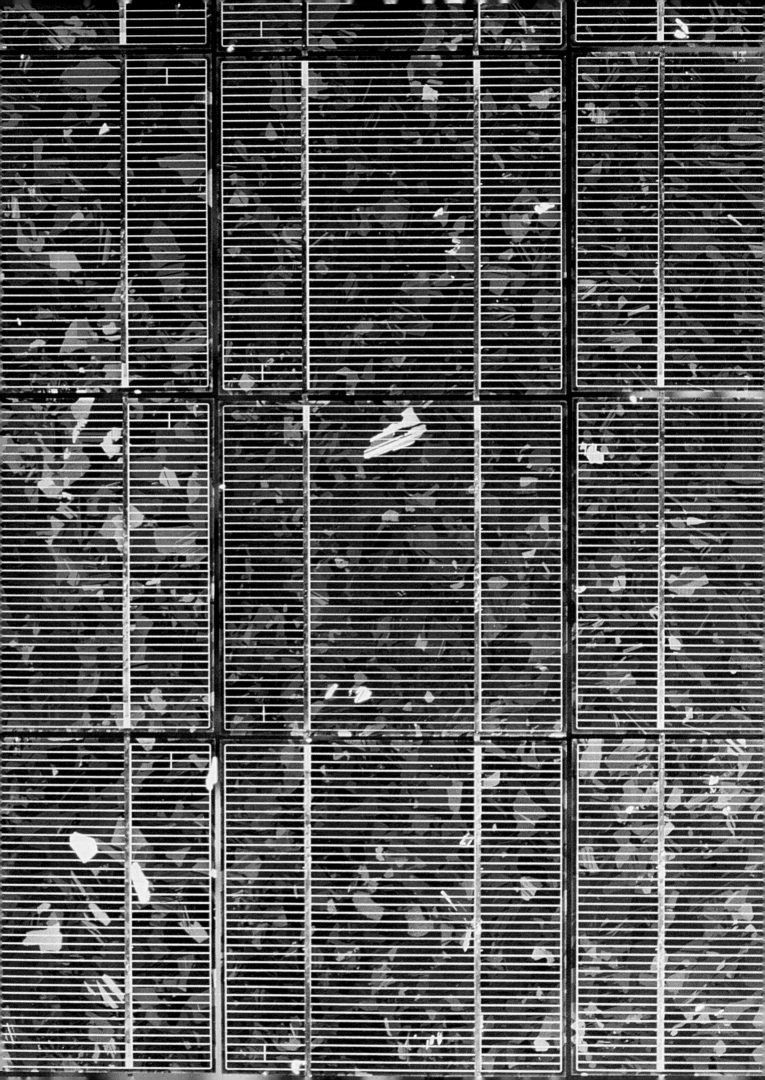

Materialien und Systeme
Materials and Systems

Die Anwendung von Glas in der Architektur geht heute weit über die Erstellung transparenter Gebäudehüllen hinaus. Das Spektrum neuer innovativer Materialien reicht von hochdämmenden Isoliergläsern über Tageslichtsysteme, Hologrammgläsern bis hin zu Photovoltaikmodulen und Glaskollektoren. Die Verwendung des High-Tech-Werkstoffes Glas für Gebäudefassaden hat insbesondere in den letzten zwanzig Jahren einen wichtigen Entwicklungsschub erfahren, und es scheint, materialspezifische Herstellungsgrößen und Technologien seien die einzige Einschränkung. Beschichtungen, Verbundverglasungen, veränderte chemische Zusammensetzungen und Befestigungsarten werden noch entwickelt, so daß das volle ästhetische Potential der Verwendung von Glas im Erscheinungsbild gegenwärtiger Architektur noch nicht voll zur Entfaltung gekommen ist.

Vielleicht werden die Häuserfassaden der Zukunft in höchstem Maße anpassungsfähig wie ein „Pelz" sein, der sich klimatischen Bedingungen anpaßt. Glasverbundstoffe könnten so hergestellt werden, daß sie Wind und Regen abweisen, aber dennoch atmungsaktiv wie High-Tech-Fasern (z. B. Goretex) sind. Vielleicht werden Gebäude in der Zukunft ebenso wie Pflanzen die Sonnenenergie ausnutzen können, oder die Verglasungen funktionieren wie die Atmosphäre, die die Erde schützt und verschiedene Klimazonen schafft.

The use of glass in architecture today goes far beyond the design of transparent building skins. The spectrum of newly developed materials ranges from insulating glass to daylight systems, holographic systems, photovoltaic modules and solar collectors. Glass has undoubtedly become a contemporary high-tech material. The use of glass in facades has undergone major developmental advances within the last 20 years, and only the manufactured size of certain materials and the limitations of current technology seem to constrain its use today. Coatings, laminated glazing, changed chemical compounds and modes of fixing have emerged so recently that their full aesthetic potential is not yet reflected in today's building design.

Perhaps the building facades of the future will be highly adaptable, like fur, which changes its properties depending on the climate to which it is being exposed. In the future, glass fibers could be laminated so as to keep out wind and rain, yet still breathe like high-tech fabrics such as Goretex. Maybe buildings will be like plants, harvesting the sun's energy; or the ideal glazing system could function like the atmosphere, protecting the earth and creating different climate zones.

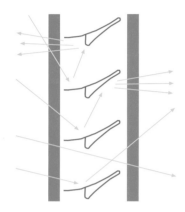

FISCH Daylight Deflection System

The FISCH DLS system by Okalux is installed into an insulating glass element in which a horizontal louver system directs incident daylight from the sky upward and into the depth of the room. Particularly with deep rooms, this system achieves a uniform daylight distribution.

These plastic louvers - integrated into the system and made of precision castings - are pre-manufactured as a build-in element. This element is inserted in the cavity of the insulating glass in such a way that it cannot move.

Located between two sheets of Sekurit tempered safety glass is the build-in element. It is vapor plated with high-grade aluminum.

The louvers are manufactured using a high-precision plastic casting technology and are coated with pure aluminum and silicone oxide to protect them from oxidation.

Optisch geregelter Lichtschutz

Okasolar ist ein Isolierglas der Firma Okalux mit fest angeordneten Spiegelprofilen im Scheiben-zwischenraum. Das Produkt hat einen k-Wert zwischen 2,5 und 1,4 W/m²K. Der Gesamtenergie-transmissionsgrad ist abhängig von Einfallswinkel und Okasolar-Typ und variiert zwischen 15 und 60 %.

Okasolar reflektiert das einfallen-de Licht teilweise nach außen, teilweise diffus an die Decke des Raumes. Hierdurch wird dem fen-sternahen Bereich Licht entzogen und in die Tiefe des Raumes trans-portiert. Die Lichtdurchlässigkeit beträgt je nach Einfallswinkel 5 bis 60 % für gerichtetes Licht und bis 35 % für diffuses Licht. Durch die Wahl der Profilanordnung wird festgelegt, zu welcher Stunde jeden Tages im Jahr sich Okasolar zu schließen beginnt bzw. sich öffnet. Im Winter wird die Son-nenstrahlung in den Innenraum gelassen zur passiven Solarnut-zung.

Optically Controlled Light Screen

Okasolar is an insulating glass by Okalux with a fixed arrangement of reflector profiles in the pane spacing. The product's u value is between 2.5 and 1.4 W/m²K. The total degree of light transmission depends on the angle of incidence and Okasolar type and varies between 15 and 60%.

Okasolar reflects the incoming light partly to the outside, and partly to the ceiling of the room. Due to this property, light is taken from the area near the windows and led into the depths of the room. For directed light, the transparency is 5 to 60%, depending on the angle of inci-dence, and 35% for diffuse light. The choice of profile arrangement determines the season-specific, daily time for closing or opening the Okasolar. In winter the sun's radiation is led into the room for the purpose of passive solar utilization.

Ecology Sonnensystem ECOSS D, W und T

Das ECOSS-D-System der Firma Figla verwendet Acrylstäbe im Luftraum, um Sonnen- und Himmelslicht einzufangen und dann in das Gebäudeinnere zu lenken. Eine typische „D"-Anwen-dung wäre beispielsweise das Oberlicht in einem Fabrikgebäude, wo das Tageslicht nach unten zum Fabrikfußboden hin gelenkt wer-den soll. Von innen betrachtet, weist das „D"-Paneel eine starke, horizontale, strahlende Ober-flächenhelligkeit auf, komplexe Transparenz mit überraschender Sichttiefe und ein wenig von der Feinheit einer Shoji-Wand.

Das Ecology Sun System kann zu dekorativen Zwecken eingesetzt werden. Wenn die Oberfläche Nr. 3 klar anstatt diffundierend ist, pro-jizieren die Stäbe ein lebendiges Regenbogenmuster in den Raum. Die Stäbe können auch eingefärbt werden, um die Farbbalance des Raumes ähnlich wie Buntglas zu verändern.

Die Prismen, die mit „Steuerun-gen" bezeichnet werden, sind ho-rizontal übereinander angeordnet und werden von vertikalen Acryl-haltern in Position gehalten mit einem typischen Mittenabstand von 350 bis 450 mm.

ECOSS „W" verwendet trapezförmige Acrylprismen im Luftraum, um das Licht abzulenken. Eine typische „W"-Anwendung wäre beispiels-weise ein Oberlicht, welches das Sonnen- und Himmelslicht nach oben an eine Decke lenkt, um die Tageslichtwirkung zu verstärken.

ECOSS „T" verwendet dreieckige Acrylprismen im Luftraum, um un-erwünschtes Sonnen- und Himmels-licht einzufangen und zur Gebäu-deaußenseite abzulenken. Typi-sche Anwendungen sind beispiels-weise nach Westen geneigte Glas-flächen, die intensiver Einstrah-lung der untergehenden Sommer-sonne ausgesetzt sind.

Ecology Sun System ECOSS D, W and T

The ECOSS-D System by Figla uses acrylic rods in the airspace to capture sun and sky light and then diffuse it to the inside of the building. A typical "D" appli-cation might be a high transom light in a factory building where the objective is to diffuse daylight down towards the factory floor. Viewed from the inside, a "D" panel has a strong horizontal, vivid surface brightness, a com-plex translucence, surprising visual depth and the delicacy of the Shoji screen.

The Ecology Sun System might also be used for decorative purposes. If the number 3 surface is clear instead of diffuse, the rods will project a vivid rainbow pattern into the space. The rods might also be colored to alter the color balance of a room.

The prisms, called controllers, are stacked horizontally and held in place by vertical acrylic holders, typically spaced between 350 and 450 mm on center.

ECOSS "W" uses trapezoidal, acry-lic prisms in the airspace to redi-rect light. A typical "W" applica-tion might be a transom light designed to redirect sun and sky light up onto a ceiling for in-creased daylighting efficiency.

ECOSS "T" uses triangular acrylic prisms in the airspace to capture unwanted sun and sky light and redirect it outside of the building. A typical application might be a west-facing sloped glass surface subject to intense solar gains from the setting summer sun.

Ecology Sun System
ECOSS Louver und Honeycomb

Das ECOSS Lamellen-Tageslichtsystem der Firma Figla ist ein sonnenlichtmodulierendes Produkt der Firma Figla Ltd., Japan, und wird hauptsächlich zur Verschattung von Innenräumen eingesetzt. „ECOSS Louver" ist ein Paneel, das in den Luftraum der Glaseinheit eingesetzt wird und aus horizontalen, 12 mm tiefen Metallamellen besteht, die durch vertikale Metallteiler mit einem typischen Mittenabstand von 72 mm getragen werden. „ECOSS Honeycomb" ist ein Paneel miteinander verbundener, 12 mm tiefer Metall-Fünfecke, das in den Luftraum der Glaseinheit eingesetzt wird (siehe Foto rechts).

Eine typische Anwendung für das „Honeycomb"-System wäre die Verschattung eines Gebäudeoberlichts, das starker, unerwünschter Sommersonneneinstrahlung unterliegt. Von innen betrachtet sind die Wabenelemente bei bestimmten Einstrahlwinkeln vollständig lichtdurchlässig, wodurch der Betrachter den Himmel oder die Landschaft sehen kann.

Ecology Sun System
ECOSS Louver and Honeycomb

The ECOSS Louver Sun System by Figla is a sunlight modulating product developed by Figla Ltd. of Japan, and is primarily used for shading interior spaces. The "ECOSS Louver" is a panel inserted into the glass unit's airspace and made up of horizontal 12 mm deep metal louvers which are supported by vertical metal dividers, typically spaced 72 mm on center. The ECOSS "Honeycomb" is a panel of interconnected 12 mm deep metal pentagons which is inserted into the glass unit's airspace (see photograph, right).

A typical "ECOSS Honeycomb" application might be to provide shading for a building's skylight that is subject to significant unwanted solar gains from the summer sun. Viewed from the inside, the Honeycomb is fully transparent at certain viewing angles, allowing the occupant to still see the sky or landscape.

Lichtumlenkungssystem Isolette

Das Produkt Isolette von Glas Schuler ist ein regelbarer Sonnenschutz in Kombination mit der Tageslichtlenkung INGLAS-Y. In eine Isolierglasscheibe ist eine Isolette-Lamellenjalousie integriert, mit der Sonnenschutz und Lichteinfall beliebig gesteuert werden kann. Im oberen Bereich des Isolierglases, im Überkopfbereich, ist ein tageslichtlenkendes Element INGLAS-Y integriert. Dadurch kann auch bei geschlossenem Sonnenschutz eine natürliche Raumausleuchtung mit Tageslicht erhalten bleiben.

Die lichtlenkenden Eigenschaften von INGLAS-Y beruhen auf der Totalreflexion des Lichts an lamellenförmigen Grenzflächen im Inneren einer Plexiglas-Daylightplatte. Das Licht der hochstehenden Sonne wird an der Decke umgelenkt und so in die Tiefe des Raumes geleitet. Wegen der hohen Transparenz des eingesetzten Materials bleibt der Außenbezug voll erhalten. Die Integration beider Elemente in nur ein Isolierglas minimiert den Verglasungsaufwand, reduziert so Montagezeiten und damit Kosten.

Light Guiding System Isolette

Isolette by Glass Schuler combines a controllable solar shading system with the INGLAS-Y light redirection system. An Isolette louver blind is integrated into a thermopane glazing unit in order to control the solar radiation and incidence of light. An INGLAS-Y daylight diffusing element is integrated into the upper area of the insulating glass, thereby making it possible to achieve a natural room illumination with daylight, even if the solar shading unit is shut.

The directional diffusion properties of INGLAS-Y are based on the complete reflection of the light at the louver-shaped boundary areas on the inside of a plexiglass daylight screen. The light of the noonday sun is deflected at the ceiling and diffused into the depth of the room.

Due to the high translucency of the materials involved, the view to the outside is preserved. Integration of both elements in only one pane of insulating glass minimizes the glazing effort, reduces mounting time and hence costs.

Steuerbarer Sonnenschutz

ZEBRA ist ein regelbarer Sicht- und Sonnenschutz der Firma Glas Schuler. In einer Isolierglasscheibe mit nur 20 mm Scheibenzwischenraum ist eine bewegliche Glasscheibe integriert. Individueller Sicht- und Sonnenschutz wird durch Verschieben von siebbedruckten Mustern (z.B. weiße Streifen) auf einer der äußeren und auf der beweglichen inneren Glasscheibe erreicht.

Die Sonnenschutzwirkung beruht auf der gezielten Ausblendung des direkt einfallenden Sonnenlichts. Das diffuse Himmelslicht wird kaum beeinflußt. Zwei Scheiben mit Siebdruckstreifen werden für eine maximale Verschattung so gegeneinander verschoben, daß sie für das einfallende Sonnenlicht eine geschlossene Fläche darstellen und es zurückreflektieren.

Maximaler Lichteintrag wird erreicht, wenn die Muster bei senkrecht zur Oberfläche stehender Sonne deckungsgleich sind. Bei schrägstehender Sonne ist durch einen Versatz der Muster eine vollständige Ausblendung des direkten Sonnenlichts bei gleichzeitigem gutem visuellen Bezug nach außen möglich.

Controllabe Sun Protection

ZEBRA is a controllable view and sun protection system by Glas Schuler. A movable glass pane is integrated into thermopane glazing with an air cavity of only 20 mm. The individual sun and view protection is achieved by sliding silkscreened patterns (e.g. white stripes) over the outer and the movable inner glass panes.

Sun protection is achieved by the specific elimination of direct diffuse sunlight. Diffuse sky light is hardly affected. In order to achieve maximum shading, the two panes with silkscreened stripes are moved in such a way as to provide a closed area for the diffuse sunlight, and thus deflect the light. A maximum light diffusion is achieved if the patterns are equivalent should the sun be in a vertical position in relation to the surface. If the sun shines in from the side, a complete shading of the direct sunlight is achieved by misaligning the patterns. On the other hand, views to the outside are not obstructed.

Holografisch optische Fassadenelemente

Durch den physikalischen Effekt der Beugung ermöglichen die HOE unterschiedliche Formen der Lichtlenkung, ohne die Strahlungstransmission nennenswert zu vermindern. Entwurf der HOE sowie die Herstellung durch Belichtung und anschließende chemische Entwicklung werden von der Gesellschaft für Licht- und Bautechnik (GLB) durchgeführt. Die Filmeinbettung in Verbundsicherheitsglas (VSG) wird von der Glasindustrie übernommen. Die Elemente sind ausgelegt für die Anwendung als Verschattungssystem, das für ein diffuses Himmelslicht durchlässig ist. Durch die von GLB entwickelten optischen Elemente wird weißes Licht durch Hologramme in seine Spektralfarben zerlegt. Man macht sich dieses zunutze und erhält ein Gestaltungsmittel für Fassaden mit einer besonderen

Farbeinheit und einer Farbveränderung durch die Veränderung des
Standpunktes.

Holographic Optical Facade Elements

Due to the physical effect of
diffraction, holographic optical
facade elements allow there to
be different ways of directing
light without decreasing the
radiation transmission to any
great extent. The application-
specific design of holographic
optical facade elements, as well
as their production and subsequent chemical development
are performed at GLB (Gesellschaft für Licht- und Bautechnik).
The glass industry embeds the
film into laminated safety glass.
The elements are designed for
application as a shading system
which is transparent and admits
diffuse sky light. By means of the
optical elements developed by
GLB, white light is divided into
its spectral colors.

Such elements can be utilized to
provide a design element for
facades with a special unity of
color and a change of color as the
viewing point changes.

Tageslichttechnik mit Sonnenschutz

Gemeinsam mit dem Lichtlabor
Bartenbach und der Firma Siemens
AG hat Hüppe Form ein innen-
liegendes High-Tech-System entwickelt mit Prismenlamellen, die
das direkt einstrahlende Licht fast
vollständig reflektieren und das
diffuse Zenithlicht durchlassen.

Die nachgeschalteten konkaven
Spiegellamellen lenken das dif-
fuse Tageslicht regelmäßig an die
Raumdecke bis tief ins Innere.
Reflektionsbleche über den Fen-
stern verstärken die Wirkung.

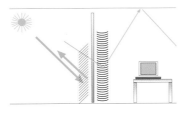

Daylight Technology with Sun Protection

In cooperation with the light
laboratory Bartenbach and Siemens AG, Hüppe Form has developed an integrated high-tech
prism louver system which almost
completely reflects direct incident light, but admits diffuse
zenith light.

The premounted concave reflection louvers direct the sunlight to
the ceiling deep inside the room.
This effect is improved by reflection plates above the windows.

Isolierglas mit Lichtlenksystem

Das Lumitop System ist ein Isolierglas mit Acrylprofilen zur Lichtlenkung im Scheibenzwischenraum. Durch den Einsatz von
Lumitop im Oberlichtbereich können Innenräume bei Sonneneinstrahlung mit Tageslicht ausgeleuchtet werden, auch wenn der
Sonnenschutz des darunterliegen-
den Fensters geschlossen ist.

Die Ausleuchtung ist blendfrei, da
alles Licht an die Raumdecke umgelenkt wird, schräg einfallendes
Licht wird durch ein spezielles
Gußglas in die Raumtiefe reflektiert.

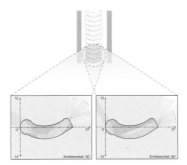

Thermopane Glass with Light-guiding System

The Lumitop system is thermopane
glazing with an acrylic profile for
directing the light into the airspace. By applying Lumitop in the
fanlight, interior rooms can be
illuminated with daylight if the
sun is shining, even if the sun
protection for the windows underneath is shut. The illumination is
glare-free since all light is directed to the ceiling of the room.

Incident light striking the room
at an angle is reflected into the
depth of the room by means of a
special cast glass.

Solares Licht-Lenksystem

Mit Hilfe des Glases Prismasolar
kann eine sonnenstandabhängige,
saisonale Verschattung realisiert
werden. Das Glas eignet sich für
nach Süden weisende Fenster-
oder Fassadenelemente.

Die auf die Südfassade treffende
Direktstrahlung wird durch die
Prismenscheiben an klaren Win-
tertagen auf etwa 90 %, an klaren
Sommertagen dagegen auf ca. 10 %
reduziert. Die diffuse Strahlung
wird zu ca. 70 % durchgelassen.

Solar Light-guiding System

Solar altitude dependent, season-
specific shading can be realized
through the use of Prismasolar
glass. The glass is suited for
south-facing windows or facade
elements.

On clear winter days, the direct
radiation on the south facade is
reduced approximately 90%. On
clear summer days it is reduced
to approximately 10%. Up to
approximately 70% of the diffuse
radiation is admitted.

Isolierglas mit Metallgewebe-einlage

Das Mehrscheibenisolierglas OKA-
TECH von Okalux ist ein Glas, bei
dem unterschiedliche Gestaltun-
gen von Metalldrahtgeflechten als
Designelemente mit variablen Funktionen integriert werden können.
Der Einsatz von Drahtgeflechten
stellt hier neben funktionellen
auch ästhetische Aspekte in den
Vordergrund: In der Fassadenver-
kleidung können dicht gewebte
Muster die Blendung durch die in-
tensive, hochstehende Sommer-
sonne ausschließen. Künstliches
oder natürliches Licht, das sich in
den Gewebemustern bricht, führt
stets zu neuen Reflektionen. Dieses Schattenmuster reduziert die
direkte solare Transmission. Der
Gesamtenergiedurchlaßgrad wird
hier im wesentlichen von der Absorption der integrierten Metall-
drähte bestimmt und kann weniger als 30 % betragen (siehe Foto
Seite 137).

Thermopane Glazing with Metal Mesh Inlet

OKA-TECH multilayer insulating
glazing is a type of glass in which
different designs of metal mesh
can be integrated as design
elements serving variable functions. The application of wire
mesh serves aesthetic aspects as
well as functional aspects: in
facade panels, tightly meshed
patterns can prevent glare from
the intense summer sun. Artificial
or natural light striking the mesh
patterns causes light reflection.
This pattern of shade reduces the
direct solar transmission. The
total amount of energy passing
through the glass is mainly determined by its absorption by the
integrated metal wires, and may
be less than 30% (see photograph, page 137).

Designgläser
Design Glass

Wärmeschutzgläser
Heat Protection Glass

Contrasplit-Design
Die Gläser der Contrasplit-Design-serie sind Verbundsicherheitsglä-ser der Firma Vegla, die auf der von Cesar Color Inc. entwickelten Technik bedruckter Folien im Verbundinneren basieren.

Im Standardprogramm werden acht Druck- und vier transparente Hologrammvorlagen angeboten. Nach Wunsch können individuelle Bild- oder Mustermotive erstellt werden. Bei dieser Folientechnik besteht der Vorteil der beidseiti-gen Ansicht des Dekors: Es ent-steht nicht der Effekt der Hinter-glasmalerei.

Darüber hinaus ist es möglich, beide Folienseiten unterschied-lich zu bedrucken, z.B. auf der einen Seite mit einem geometri-schen Muster und auf der anderen Seite mit einem Bildmotiv. Beide Muster werden exakt überlagert, so daß die Wirkung zweier Ansich-ten entsteht, während eine gewis-se Transparenz erhalten bleibt.

Contrasplit Design
The glass elements of the Contra-split Design series by Vegla are multilayered glazing types based on the technology of printed foils on the inside of the component. This technology was developed by Cesar Color Inc.

Eight print and four translucent hologram models are offered in the standard range of products. Individual pictures or patterns are available on request. The advantage of this foil technology is the ability to view the design from both sides: there is no effect which occurs in case of verre eglomise.

In addition, it is possible to print both foil sides differently, e.g. a geometric pattern on one side and a picture on the other side. Both patterns are exactly super-positioned, so one gets the effect of two views while a certain translucency is maintained.

Masterglass
Masterglass der Firma Vegla ist ein ornamentiertes Gußglas. Die Formgebung (Struktur, Dicke, Breite) des flüssigen Glases er-folgt zwischen einem Walzenpaar. Je nach Oberflächenbeschaffen-heit der Walzen und des Tisches kann Gußglas mit zwei glatten Oberflächen, einer glatten und einer ornamentierten oder auch zwei ornamentierten Oberflächen hergestellt werden.

Masterglass bietet dezenten Sichtschutz mit steuerbarer Licht-streuung. Das Produkt ist auch als Isolierglas, Einscheiben- oder Verbundsicherheitsglas erhältlich. Mit Masterpoint (Gußglas mit Punkten), Mastercarre (Gußglas mit Quadraten) und Masterligne (Gußglas mit Linien) bietet die Vegla drei Standardmuster an.

Masterglass
Masterglass by Vegla is an ornamented cast glass. Shaping, which determines the structure, thickness, and width of the liquid glass, is performed by a pair of rollers. The cast glass can be pro-duced with two smooth surfaces, with one smooth and one orna-mented surface, or with two ornamented surfaces, depending on the surface structure of the rollers and the table.

Masterglass offers discreet view protection with controllable light scattering. The product is also available as insulating glass and single or multilayer safety glass. Vegla offers three standard types: Masterpoint (cast glass with dots), Mastercarre (Cast glass with squares) and Masterligne (cast glass with lines).

Okatherm Isolierglas
Das Okatherm Isolierglas von Oka-lux ist in allen handelsüblichen Glasarten, also vom Standard bis zum Funktionsglas, lieferbar und wird auch für die unterschiedlich-sten Halterungssysteme gefertigt.

Durch Beschichtungen und Gasfül-lungen können die Eigenschaften des Isolierglases in weiten Berei-chen den konkreten Anforderun-gen angepaßt werden. Die einge-setzten Schichten beeinflussen vor allen Dingen Licht- und Strah-lungstransmission sowie den Wär-medurchgang.

Moderne Sonnenschutzbeschich-tungen lassen das sichtbare Licht zwischen 380 und 780 nm nahezu ungehindert durch, während die Wärmestrahlung der Sonne prak-tisch komplett abgehalten wird. Dadurch ist es möglich, viel Licht in einen Raum zu lassen, ohne diesen übermäßig zu erwärmen.

Viele gängige Sonnenschutz-schichten wirken gleichzeitig als Wärmeschutzschicht und verbes-sern den k-Wert der Verglasung. Je nach Scheibenaufbau können k-Werte bis zu 0,7 W/m^{2}K reali-siert werden.

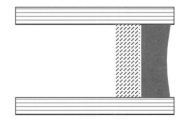

Okatherm Insulating Glass
Okatherm insulating glazing by Okalux is available in all com-mercial types of glass from standard to functional glazing, and is also produced for different mounting systems.

There are many ways the properties of the insulating glass can be adapted to specific requirements by means of coatings and gas fillings. The applied coatings affect light and radiation transmission as well as heat transfer.

Modern sun protection coatings admit visible light up to 380 and 780 nm, while completely blocking the heat radiation of the sun. Thereby it is possible to let a lot of light enter a room without heating the room excessively.

Many of the common sun protec-tion coatings do act simulta-neously as a heat protection coating and improve the u value of the glazing. According to the pane structure, u values of up to 0.7 W/m^{2}K can be realized.

Heat Mirror-Isolierglas
Heat Mirror ist das erste klare, farblose Isolierglasprodukt, das natürliches Tageslicht hindurch-läßt, während die Wärme zur Wär-mequelle zurückreflektiert wird: im Winter nach innen und im Sommer nach außen. Die Isolier-verglasung ist in klarer Ausführung und in vielen Farben erhältlich.

Die Verglasung ist in neun ver-schiedenen Leistungskategorien erhältlich. Alle bieten jedoch die hervorragenden Vorteile von Iso-lierglas und schirmen 99,5 % der UV-Strahlung ab. Für jede Anwen-dung steht je nach Klimabedin-gungen und Ausrichtung ein Heat Mirror-Produkt mit gezielten Leistungseigenschaften zur Ver-fügung.

Heat Mirror-Produkte steuern die Wärmezufuhr durch die Sonne und reduzieren die Kosten für die Kli-matisierung. Heat Mirror ist als geglühtes, wärmeverstärktes, wär-mebehandeltes Sicherheitsglas und als Verbundglas erhältlich. Die Innenscheibe ist klar und kann mit klarem, mattem, getön-tem, gemustertem und mit Spie-gelglas für die Außenscheibe kom-biniert werden.

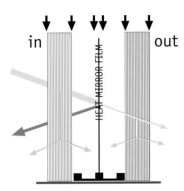

in out

Heat Mirror Insulating Glass
Heat Mirror is the first clear, colorless, insulating glass product to let in natural daylight while reflecting heat back to its source: to the interior in winter, and to the exterior in summer. The finished insulating glazing is available clear, or in a wide variety of colors.

It is also available in nine different performance categories. All provide superior insulating glass benefits, as well as blocking 99.5% of the ultraviolet radiation. There is a Heat Mirror product with specific performance characteristics for every application, climate and site orientation.

Heat Mirror products control solar heat gain and reduce cooling costs. Heat Mirror is available in annealed, heat-strengthened, tempered and laminated glass. The inboard lite is clear and can be combined with clear, obscure, tinted, patterned and reflective glass for the outboard lite.

Thermoplus Energy Hochelastische Verglasung
Thermoplus Energy der Firma Glaverbel ist eine Ganzjahres-Doppelisolierverglasung. Sie sieht wie eine gewöhnliche Verglasung aus, aber sie bietet eine hohe thermische Isolierung sowohl gegen Kälte als auch gegen starke Wärme. Thermoplus reduziert die Energieübertragungskoeffiziente deutlich und unterbindet den Wärmeverlust sowie kalte Stellen im Fensterbereich. Der k-Wert erreicht den Minimalwert von 1,1 W/m². Der Solarfaktor von 39 % stellt einen hervorragenden Sonnenschutz sicher.

Diese Verglasung ist besonders für die Anwendung in Konstruktionen mit großen, südlich, südöstlich oder südwestlich gerichteten Glasflächen und für Glasdächer, Konservatorien, Atriumbauten usw. geeignet. Es ist in den üblichen Stärken und in Kombination mit gehärtetem, feuerbeständigem Glas oder Verbundglas erhältlich.

Thermoplus Energy High-Yield Glass
Thermoplus Energy by Glaverbel is all-season insulating double glazing. It looks like ordinary glazing, but offers highly efficient thermal insulation against both cold and excessive heat.

Thermoplus greatly reduces the energy transmission coefficient and eliminates heat loss and cold spots near windows. Its u value has achieved a low of 1.1 W/m². Its 39% solar factor guarantees outstanding protection.

This glazing is especially well suited for construction with large glazed areas facing south, southeast or southwest, and for glass roofs, conservatories, atriums, etc. It is available in standard thicknesses and also in combination with toughened, fire resistant and laminated glass.

Lichtstreuendes Isolierglas
Okalux ist ein Isolierglas mit einer Einlage aus Kapillaren und Glasvliesen im Scheibenzwischenraum. Durch Reflektionen an den Wänden der Kapillare wird einfallendes Licht vielfach umgelenkt und dadurch regelmäßig gestreut. Die Streuung wird durch eingelegte Glasvliese zusätzlich verbessert, so daß eine nahezu ideale Lichtstreuung gewährleistet ist.

Das Glas eignet sich zur Anwendung als Dach- und Fassadenverglasung in allen Gebäudetypen. Okalux Lichtstreuendes Isolierglas kann nach den allgemeinen Regeln für Isolierglas in Konstruktionen jeder Art verlegt werden. Möglich ist etwa die Verlegung im Zwei-Sprossen-System ebenso wie im Structural Glazing und in punktgehaltenen Konstruktionen.

Das Glas erscheint im Standardaufbau mit klarem Glas von Innen und Außen weiß. Die feine Struktur der Glasvliese, die beidseitig die Kapillarstruktur bedeckt, führt zu einer angenehm lebendigen Oberfläche, die matt wirkt. Eine farbige Ansicht wird möglich durch die Kombination mit einer äußeren Schale aus getöntem oder beschichtetem Glas. Dies jedoch hat Einfluß auf das in den Raum fallende Licht.

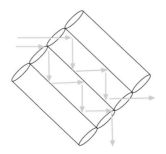

Light-guiding Insulating Glass
Okalux is an insulating glazing with an inlet of capillaries and glass tiles in its cavity. Reflections at the capillary walls cause the incident light to be deflected many times, and therefore also regularly scattered. This

can be improved to a greater degree by inserting glass tiles so that a nearly perfect light scattering is achieved.

This glass is suited as glazing for roofs and facades on all types of buildings. Okalux light-scattering, insulating glass can be used in any type of construction according to general rules for insulating glazing. Mounting in double bar systems as well as in structural glazing and point-supported constructions is possible.

In the standard structure with clear glass, the glazing appears white on the inside and the outside. The fine structure of the glass tile, covering the capillary structure on both sides, has the attractive look of a vivid surface which is flat in appearance. This effect is aided by an outer shell of tinted glass. However, this does not affect the incident light entering the room.

TWD zur passiven Solarenergienutzung
KAPILUX-H der Firma Okalux ist ein Glaspaneel, bestehend aus beidseitig Einscheibensicherheitsglas (ESG) als Wetterschutz und KAPIPANE aus PMMA im Luftzwischenraum. Der Randverbund ist hermetisch versiegelt und das Element mit Edelgas gefüllt. Die Elementeigenschaften sind für die Solarenergienutzung optimiert. Einzigartig ist hierbei die hohe Durchlässigkeit (g = 80 %) und die sehr gute Wärmedämmung (k = 0,8 W/m² K).

Bei der klassischen Anwendung der transparenten Wärmedämmung vor einer Absorbtionswand kann die Solarenergie durch die Pufferwirkung der Wand optimal zur Raumerwärmung genutzt werden. Erhöhte Wandtemperaturen führen wie bei einem Kachelofen zu größerer Behaglichkeit.

Dämmung
Insulation

Durch die Lichtlenkung der Kapillaren und die hohe Lufttransmission verbessern KAPILUX Paneele die Raumausleuchtung besonders effektiv. Den klimatischen Erfordernissen entsprechend kann der g-Wert von 80 % auf ca. 30 % verringert werden, ohne die Lichttransmission wesentlich zu verändern. In Structural Glazing-Fassaden können ohne Gasfüllung k-Werte bis 1,0 erreicht werden. Dadurch ist der Einsatz von Silikon als Dichtstoff ohne Schwierigkeiten möglich.

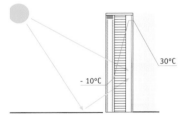

TWD for Passive Utilization of Solar Energy
KAPILUX-H by Okalux is a glass panel consisting of tempered safety glass on both sides (acting as weather protection), and KAPIPANE made of PMMA in the air spacing. The interface at the edges is hermetically sealed and the element is filled with a noble gas. The properties of the element have been optimized for the utilization of solar energy. Its ability to let the energy pass (g = 80%) and its extraordinary heat insulation (u = 0.8 W/m²K) are unique.

In the classic application of translucent heat insulation in front of an absorbing wall, solar energy can be optimally utilized to heat up the room by means of the buffer effect of the wall. Increased wall temperatures increase comfort just like a tile stove.

KAPILUX panels effectively improve the illumination of a room by directing the light by means of capillaries and high air transmission. According to the climatic requirements, the g value can be reduced from 80% to approximately

30% without reducing the light transmission to a great extent. In structural glazing facades without gas filling, u values of 1.0 can be achieved. Therefore silicone can be used as sealing without a problem.

Glasfabrik LINIT-TWD Module
Das neuartige LINIT-TWD Glassystem von Lamberts kann flexibel gestaltet werden. Durch Variation der einzelnen Module lassen sich Sonnenenergiegewinne und Wärmedämmeigenschaften ideal aufeinander abstimmen.

Durch den Einsatz von Kapillar-Isolierplatten zwischen den LINIT-Profilgläsern wird zudem ein großer Beitrag zur Ausleuchtung der Innenräume mit Hilfe von Tageslicht geleistet. Aufgrund der hohen statischen Belastbarkeit und der damit verbundenen maximalen Einbaulängen des Profilbauglases (von bis zu 7 m Höhe) sowie des geringen Aluminiumrahmenanteils stellt es eine preiswerte Alternative zu bekannten TWD Systemen dar.

Bei gleichzeitig hohem Gesamtenergiedurchlaßgrad sind g-Werte in der Bandweite von 49 % bis 61 % variierbar.

Glass Manufacture LINIT-TWD Modules
The new Lamberts LINIT-TWD glazing system can be designed in a flexible manner. By varying the individual modules, the gains in solar energy and heat insulation properties can be perfectly adjusted to one another.

In addition, the application of capillary insulating plates between LINIT profile glass sections has a great effect on the illumination of interior rooms with daylight. Due to the high static stability and the maximum mounting lengths of the profile glass (in heights of up to 7 m) as well as the lower share of aluminum frame, it provides a cost-advantageous alternative to other known TWD systems.

The bandwidth of g values can vary from 49% to 61%, while the degree of energy transmission is kept high.

Helioran TWD
TWD-Tageslichtelemente der Glaswerke Arnold mit Röhrchen- oder Wabenstruktur weisen neben der sehr guten Wärmedämmung auch lichtlenkende bzw. lichtstreuende Eigenschaften auf. Dadurch wird eine gleichmäßige Ausleuchtung des hinter dem Element liegenden Raumes bis in eine Raumtiefe von einigen Metern erreicht. Der Einsatz von Kunstlicht kann reduziert werden, so daß im Sommer auch die abzuführenden Kühllasten geringer sind. Aufgrund der ästhetisch ansprechenden Struktur insbesondere von Glasröhrchenfüllungen lassen sich anspruchsvolle Fassaden und großflächige Lichtwände gestalten.

TWD-Tageslichtelemente mit Röhrchen- oder Wabenstruktur sind aufgrund ihres Aufbaus nur bei nahezu senkrechtem Betrachtungswinkel durchsichtig, d.h. sie bieten Sichtschutz, ermöglichen aber trotzdem einen optischen Kontakt nach außen. Die bei den üblichen Fensterverglasungen oft als störend empfundenen starken Helligkeitsunterschiede zwischen besonnten und nichtbesonnten Raumbereichen treten nicht auf. TWD-Tageslichtelemente sind auch zum Einsatz als Raumteiler sehr gut geeignet.

Helioran TWD
TWD daylight elements with tube or honeycomb structures manufactured by Glaswerke Arnold have directional diffusion and light-scattering properties as well as good heat insulation properties. Therefore, constant illumination of the room located behind the element is achievable up to a

depth of several meters. The application of artificial light can be reduced so that the amount of heat to be dissipated in summer is also lower. Due to their aesthetic attractiveness, especially that of the glass tube fillings, exquisite facades and wide area lightwalls can be designed from the element.

Because of the structure of TWD daylight elements (tube or honeycomb), they are translucent at a nearly perpendicular angle of view; however, they still allow a view to the outside. The disturbing differences in brightness between areas exposed or not exposed to direct sunlight, which occurs in the case of usual window glazing, does not occur. TWD daylight elements are also suited for application as room dividers.

Transparente Wärmedämmung
L.E.S.-Module können in Pfosten-Riegel-Konstruktionen vor Energiefassaden sowie als lichtstreuendes und lichtlenkendes Element eingesetzt werden.

In eine Isolierglasscheibe werden L.E.S.-Kapillarplatten integriert. Durch das in den Modulen eingebrachte Trocknungsmittel kann Kondensatbildung innerhalb der Scheiben ausgeschlossen werden. Die Module sind alterungsbeständig gegen UV-Strahlung und fallen unter die Brandschutzklasse B 1. Dem Material „transparente Wärmedämmung" und dessen Verbundsystem wird durch die neuartige Modulfertigung auch energetisch und lichttechnisch sinnvoll Rechnung getragen. Zum einen ermöglicht die L.E.S.-Kapillarplatte eine bessere Raumausleuchtung mit diffusem Licht, zum anderen beim Einsatz vor Speicherwänden in entsprechenden Dicken durch niedrigen k-Wert bei hohem g-Wert-Anteil eine höchstmögliche Energieeffizienz.

Veränderbare Gläser
Variable Glass

Translucent Heat Insulation
In post/lock constructions, L.E.S. modules can be applied in front of energy saving facades or as light-scattering and light-directing elements.

Mounting is performed as with thermopane glazing. By using a drying agent in the modules, the formation of condensation between the panes can be prevented. The modules are resistant to aging caused by UV radiation and comply with fire protection class B 1. Due to modular production, the "translucent heat insulation" material and its compound system are sound, even in regard to energy saving and light technology.

The L.E.S. capillary plate ensures improved illumination of the room with diffuse light; it also provides the highest possible energy efficiency due to the low u value at high g value share if storage walls are applied in appropriate thicknesses.

**Isolierglas iplus 3C
Dreifachhautbau**
Die 3. Wärmeschutzverordnung fordert im Neubaubereich Energieverbräuche von 54 bis 100 kWh/m². Warmglas wie iplus neutral R der Firma Interpane erfüllt nicht nur diese Anforderungen, es übertrifft sie mit seinem k-Wert von 1,1W/m² sogar deutlich.

Für Niedrigenergiehäuser bis hin zum sogenannten Nullenergiehaus sind neue Lösungsansätze erforderlich. Diese energetischen Randbedingungen werden zum einen durch die Verwendung des bewährten Basisglases iplus neutral R erreicht, zum anderen werden die Gase Xenon bzw. Krypton eingesetzt.

Das Dreischeibenisolierglas 3X mit zwei Wärmefunktionsschichten paßt praktisch in alle modernen Fensterrahmen und erfordert keine Sonderkonstruktionen.

Das Glas iplus 3C der Firma Interpane ist im Dreifachaufbau mit Krypton gefüllt und bildet mit einem k-Wert von bis zu 0,5 den idealen ökologisch-ökonomischen Kompromiß.

**iplus 3C Insulating Glass
Triple Layer Structure**
The Third Ordinance on Thermal Insulation requires an energy consumption of 54 to 100 kWh/m² for new buildings. Heat insulating glass like iplus neutral R by Interpane not only meets these requirements, but surpasses them with its u value of 1.1W/m². New strategies are necessary for energy-saving houses with low energy demands and energy consumption-free houses. These energy conditions can be achieved using iplus neutral R, or xenon or krypton gases.

The triplex glass 3X with two functional heat lights fits practically all modern window frames and does not require any special construction.

In the triplex design, the iplus 3C glass by Interpane is filled with krypton gas and provides an ideal ecological and economical compromise due to its u value of 0.5.

Anpassungsfähige gasochrome Beschichtungen – Interpane
Durch eine Wolframoxid-Beschichtung in Kombination mit einem Katalysator besitzt das Glas die Fähigkeit, sich auf verschiedene Transparenzgrade einzustellen. Durch den Einfluß von Wasserstoff und Sauerstoff sind hohe und niedrige Transparenzgrade möglich, die der Benutzer des Gebäudes wählen kann. Eine umkehrbare Oxidation/Reduktion bewirkt starke Änderungen der Aufnahme der Sonnenstrahlung und wirkt sich wie das Tragen und Ablegen einer starken Sonnenbrille aus.

Bei sonnigem Wetter reduziert die niedrige Sonnenenergiekoeffiziente des gewählten Status den Klimatisierungsbedarf. Im Winter

oder bei bedecktem Wetter im Sommer wird die hohe Sonnenenergiekoeffiziente wirksam. Die in Beschichtungswerken der Firma Interpane aufgebrachten Beschichtungen stehen für Scheiben von Größen bis 1,0 x 0,6 m² zur Verfügung. Eine Erhöhung auf 6,0 x 3,21 m² ist ökonomisch durchführbar. Es gibt Prototypen für Elektrolyseeinrichtungen für die dezentralisierte Herstellung von Wasserstoff und Sauerstoff. Für die Einheit selbst muß kein Gasverteilungssystem installiert werden. Die Elektrolyseeinrichtung kann in das Fenster oder in die Fassadenrahmen integriert werden.

Adaptable Gasochromic Coatings - Interpane
A tungston oxide coating in combination with a catalyst can cause glass to change states of translucency. Caused by the influence of hydrogen and oxygen, high and low transmissive states can be chosen as desired by the building occupant. A reversible oxidation/reduction process of the tungston oxide results in major changes in solar absorption, and has the effect of putting on and taking off "strong sunglasses" for a building.

For sunny outdoor conditions, the low solar heat gain coefficient of the switched state reduces the need for air-conditioning. In winter, or when there is no sunshine in summer, the bleached state with a high solar heat gain coefficient performs best.

Coatings are available from coating plants on panes with areas of up to 1.0 x 0.6 m². An upscaling to 6.0 x 3.21 m² is financially viable. There are prototypes of electrolyzers for decentralized production of hydrogen and oxygen. No gas distribution has to be installed for the unit itself. The electrolyzer can be integrated into the window or facade frames.

Elektrochrome Architekturgläser – FLABEG
Bei elektrochromem Glas ist die Färbung und somit der Licht- und Solarenergieeinfall nach Bedarf steuerbar. Der FLABEG GmbH in Fürth ist es gelungen, ein elektrochromes Isolierglas für den Baubereich zu entwickeln und seriell zu fertigen. Die variable Transmission elektrochromer Gläser wird durch geringe elektrische Spannungsimpulse angeregt.

Bei Ansteigen der Sonneneinstrahlung während des Tagesverlaufes läßt sich durch die Einfärbung der Gläser die energetische Kühllast reduzieren. Ein weiteres Sonnenschutzsystem ist nicht erforderlich.

Elektrochrome Gläser benötigen eine elektrische Zuleitung zu jeder Scheibe, die dann jeweils individuell von einem separaten Steuergerät geregelt werden kann.

Electrochrome Architectural Glazing
In electrochrome glazing, the color and hence the incidence of light and solar energy can be controlled at ease. FLABEG GmbH in Fürth, Germany, has managed to develop electrochrome glazing for the construction industry and to produce it in series. The variable transmission of electrochrome glazing is activated by low voltage impulses.

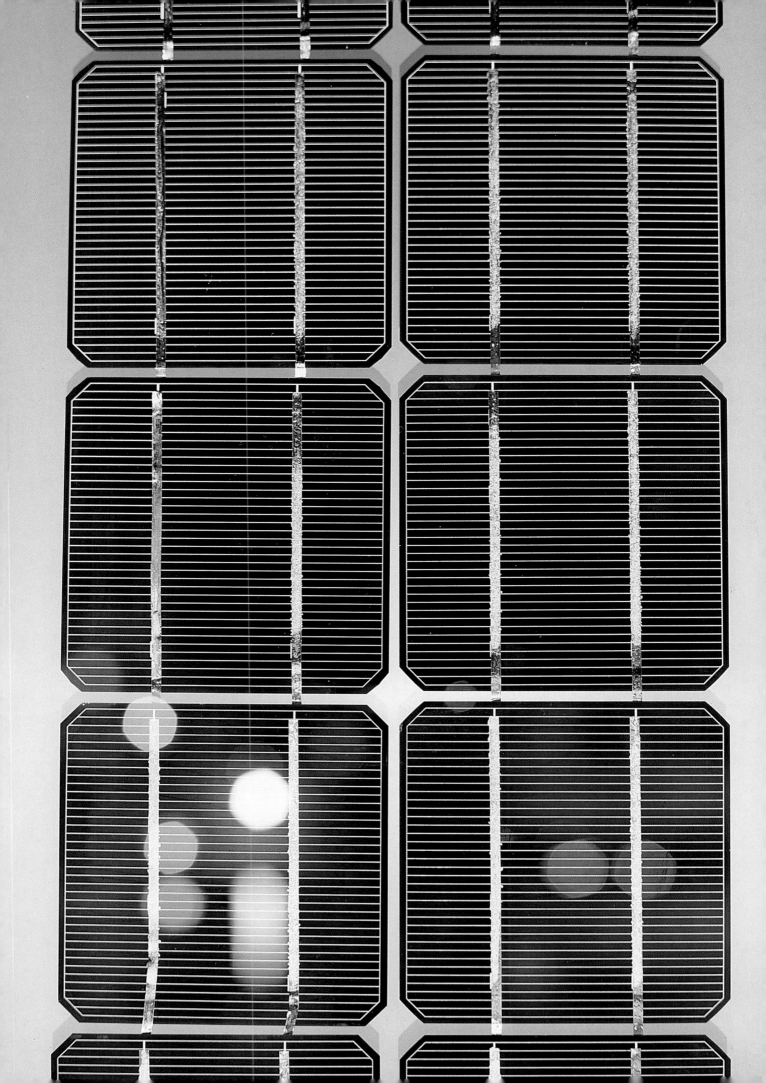

Aktive Solarsysteme
Active Solar Systems

Transmissionspektrum

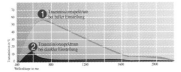

In the case of increasing sun radiation during the day, the energetic cooling load can be reduced by colorization of the glazing. No further sun protection system is required.

Electrochrome glazing requires an electric power supply for each pane, which is then individually controlled by means of a separate controlling device.

PRIVA-LITE
PRIVA-LITE ist eine Spezialverglasung der Firma Vegla, die auf Knopfdruck undurchsichtig und auf einen weiteren Knopfdruck wieder transparent wird. Dadurch wird der rasche Wechsel zwischen Diskretion und Offenheit auf faszinierend neue Weise ermöglicht: schnell, unproblematisch und ohne Abnutzung.

PRIVA-LITE ist ein Verbundsicherheitsglas mit einem integrierten LC-Film. In diesen Film sind Flüssigkristalle eingebettet, die im Normalzustand ungeordnet sind, so daß die PRIVA-LITE-Scheibe zwar lichtdurchlässig, aber milchig weiß und völlig undurchsichtig ist. Beim Anlegen einer elektrischen Spannung richten sich die Kristalle so aus, daß der Film so transparent wird wie das Glas.

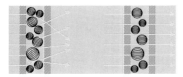

PRIVA-LITE
PRIVA-LITE is a special glazing by Vegla which loses its translucency at the press of a button. If that button is pressed again, the glazing returns to its translucent state. This allows for variety in a fascinating, new manner: quick, easy and without wear.

PRIVA-LITE is a compound safety glass with an integrated LC film. Liquid crystals are embedded in this film which are not usually equally arranged, so that the PRIVA-LITE pane is translucent, but milky white, and not transparent at all. If an electric voltage is applied, the crystals are arranged so that the film becomes translucent like the glass itself.

PROSOL Solarelemente
Der Markenname PROSOL von Saint Gobain – Glass Solar steht für kundenspezifische Solarelemente zur Gebäudeintegration. Die stromproduzierenden Solarzellen werden mittels eines optisch angepaßten Spezialharzes zwischen einer PLANIDUR-DIAMANT-Frontscheibe und einer PLANIDUR-Rückglasscheibe dauerhaft geschützt.

Das PROSOL-Solarelement kann mit nahezu allen Funktionsgläsern kombiniert werden. Den Architekten und Planern steht eine dementsprechend große Anzahl von multifunktionalen Bauelementen zur Verfügung. Eine Kombination der Sonnenenergienutzung mit gleichzeitigem Wärme-, Sonnen- und/oder Schallschutz ist möglich.

Die Solarzellen sind in verschiedenen Farben, Formen und Wirkungsgraden verfügbar. Auch Überkopf-Verglasungen gemäß DIBt-Richtlinie sind durch Verwendung eines Mehrscheibenaufbaus problemlos möglich.

PROSOL Solar Elements
The brand PROSOL by Saint Gobain-Glass Solar stands for customer-specific solar elements for integration in buildings. The power generating solar cells are durably protected between the PLANIDUR-DIAMANT front glass and a PLANIDUR inner pane by means of an optically adapted special resin.

The solar element PROSOL can be used in combination with practically all types of functional glass. A corresponding number of multifunctional components is therefore available for architects and planners. A combination of the utilization of solar energy and heat insulation, sun protection and/or acoustic insulation is possible at the same time.

The solar cells are available in different colors, shapes and efficiencies. Overhead glazings

according to the DIBt regulation are also possible without any problems by the use of a multilayer glass structure.

OPTISOL PV Module
Die OPTISOL-Photovoltaikelemente werden von Pilkington Solar International in einer speziellen Fertigungstätte in Gelsenkirchen hergestellt. Sie bestehen aus zwei Glasscheiben, zwischen die Solarzellen mittels eines besonderen Gießharzes eingebettet werden.

Die Anforderungen des Innenraumes nach natürlichem Lichteinfall einerseits und Verschattung auf der anderen Seite können berücksichtigt werden. Die Art und Anzahl der in einem Photovoltaikelement eingesetzten opaken Solarzellen bestimmen die Lichtdurchlässigkeit. Mit einer Fläche von 2,5 bis 3,2 m² und einer Leistung von 192 bis 416 Wp pro Photovoltaikelement sind diese Module weitaus leistungsfähiger als konventionelle Solarmodule.

Bei dem Projekt Energiepark Mont-Cenis in Herne wird die von den Photovoltaikelementen erzeugte Gleichspannung mittels Wechselrichtern in die netzübliche Wechselspannung von 230 Volt umgewandelt.

Weltweit erstmalig für ein Solarkraftwerk in dieser Größenordnung kommt dabei nicht ein zentraler Wechselrichter, sondern ein modulares Wechselrichterkonzept zum Einsatz. Rund 600 dezentral angeordnete Strangwechselrichter sorgen für eine allzeit optimale Ausnutzung der dargebotenen Sonnenenergie.

OPTISOL PV Modules

OPTISOL photovoltaic elements are produced by Pilkington Solar International in a special plant in Gelsenkirchen, Germany. Each is made from two glass planes with solar cells embedded between them by means of a special cast resin.

The demand for natural daylight in the interior as well as shading can be met. The type and number of opaque solar cells applied in photovoltaic elements determine the degree of translucency. With an area of 2.5 to 3.2 m² and a performance of 192 to 416 Wp per photovoltaic element, these modules are much more efficient than conventional solar modules.

In the project energy park Mont-Cenis in Herne, the direct current generated by the photovoltaic elements is converted to a commonly used alternating current by means of current inverters.

This is the first time worldwide that a modular current converter arrangement has been applied instead of a centralized current converter for a solar power station of this size. Approximately 600 decentrally arranged current converters ensure an optimum utilization of the available solar energy at all times.

Kristalline Solarzellen und Dünnschichtmodule

Die Fertigung von Photozellen basiert auf den Siliziumresten, die bei der Computerchipherstellung anfallen. Dieses Silizium wird geschmolzen und zu Barren geformt, die dann zu Blöcken zurechtgeschnitten und in dünne Scheiben zerlegt werden.

Monokristalline Zellen haben die Größe einer Kachel und schimmern in mattem Schwarz oder Dunkelblau. Sie besitzen den größten Wirkungsgrad und wandeln bis zu 15 % der einfallenden Sonnenenergie in hochwertigen Strom um.

Multikristalline Solarzellen haben die gleiche Größe. Durch die vielen nebeneinanderliegenden Siliziumkristalle glitzern sie in Hell- und Dunkelblau. Ihr Wirkungsgrad liegt bei ca. 14 %. Man kann diese Zellen auch in unterschiedlichen Farben ordern, was den Wirkungsgrad dieser Zellen reduziert.

Dünnschicht-Solarzellen bestehen aus beschichtetem Glas mit variabler Größe zwischen einer Kachel und einer Fensterscheibe. Sie besitzen eine dunkelbraune bis schwarze Farbe und erreichen derzeit einen Wirkungsgrad von ca. 6 %.

Crystalline Solar Cells and Thin Plate Modules

The production of photo cells is based on residual silicon, which is a waste product in computer production. This silicon is melted and molded into a bar shape. These bars are then cut into blocks and subsequently into thin plates.

Mono-crystalline cells are about the size of a tile and are matte black or dark blue. They have a very high efficiency and convert up to 15% of the available solar energy to high-quality electricity.

Multi-crystalline solar cells are all the same size. Due to the many adjacent silicon crystals they are light and dark blue. Their efficiency is approximately 14%. These cells can be supplied in different colors; however, the efficiency is reduced if colored cells are used.

Thin plate solar cells consist of coated glass of variable sizes. The size ranges from tile size to the size of a window pane. They are dark brown or black and currently provide an efficiency of approximately 6%.

Autarke Solar-Lamellensysteme

Das Lamellensystem von ZSW kann zur Beschattung und Tagesbelichtung von sonnenzugewandten Räumen eingesetzt werden.

Die Kontrolle des direkten Sonnenlichteintrags ins Gebäude bei gleichzeitig hoher Tageslichtautonomie ist bei sonnenstandsabhängiger Positionierung möglich. Die Nachführung erfolgt selbsttätig und energieautark über die thermohydraulische Solarnachführung.

Bei dem Lamellensystem mit einachsiger Nachführung sind die Lamellen über Schubstangen gekoppelt und werden je nach Funktionalität entweder direkt (bei Beschattung) oder mittels einer mechanischen Übertragungseinrichtung (bei Lichtlenkung) durch die thermohydraulische Solarnachführung sonnenstandsabhängig positioniert.

Die bauseitigen Vorleistungen für Energieversorgung und Steuerung entfallen vollständig. Es ist keinerlei Verkabelung im Fassaden- oder Dachbereich notwendig. Korrekturbewegungen der Thermohydraulik erfolgen lautlos und optisch kaum wahrnehmbar.

Self-sufficient Solar-Lamella Systems

The lamella system by ZSW can be used for the shading and daytime illumination of rooms facing the sun.

With sun-dependent positioning, it is possible to have normal daylight as well as good control over the direct diffusion of sunlight into the building. Solar tracking is performed automatically via the thermo-hydraulic solar tracking system which runs independently of external energy soon.

In the lamella system with a single-axle follow-up system, the lamellas are coupled via push rods. Depending on the function desired, the lamellas are directed to the sun by the thermo-hydraulic follow-up system either directly (shading) or by means of a mechanical transmission system (directional diffusion).

The tasks to provide and control the energy required at the building site become completely superfluous. There is no need for cabling in the facade or roof area. Motions of the thermo-hydraulic system performed to readjust the system are carried out noiselessly and are hardly perceptible visually.

Die Augen eines Gebäudes
The Eyes of a Building
Fritz Klotz, ZSW

Energie- und Umweltaspekte sowie neuere Erkenntnisse der Chronobiologie fordern eine intelligentere Architektur mit einer effizienteren Gebäudetechnik, die den modernen Anforderungen für ein gesundes und kreatives Arbeiten gerecht werden. Eine Schlüsselrolle in diesem Zusammenhang spielt der immer größer werdende Anteil an transparenten Bauteilen in Gebäuden wie Fenster, Glasfassaden, Atrien, Oberlichter, Lichtkuppeln etc., über die der Mensch in Kontakt mit der natürlichen Außenwelt steht (Blickkontakt, Tageszeit, Jahreszeit, Witterung etc.) und über die der hauptsächliche Energieaustausch (Wärme, Licht) zwischen dem Gebäude und der Umgebung stattfindet. Diese transparenten Bauteile sind die Augen des Gebäudes und in gewisser Hinsicht somit auch die „zweiten" Augen des Menschen, die durch geeignete „Augenlider" – den Sonnen- und Blendschutzsystemen – vor störender Sonneneinstrahlung schützen. Gleichzeitig kontrollieren diese Systeme den tages- und jahreszeitlichen wechselnden Energieaustausch und senken damit den Gebäudeenergiebedarf.

Aspects of energy and environment as well as new chronobiological findings demand a more intelligent architecture with more efficient building technology to meet the modern demands for healthy and creative workplaces. One of the keys in this context is the ever increasing number of transparent building components such as windows, glass facades, atriums, skylights, domelights, etc., which man uses to identify the natural outside world (time of day, season, weather, etc.), and which are used for the main energy exchange (heat, light) between the building and its environment.

These transparent building components are the eyes of the building and, thus, in a certain way also man's "second eyes." They protect against disturbing sun radiation by means of suitable "eyelids" – i.e. sun and glare protection systems. At the same time these systems control the energy exchange that changes with time of day and season, and, in this way, reduce the building's energy requirements.

Außenliegende Sonnen- und Blendschutzsysteme erreichen die höchste Wirksamkeit und bieten zudem hervorragende Möglichkeiten der multifunktionalen Nutzung, z.B. der photovoltaischen Energiewandlung. Die am Zentrum für Sonnenenergie- und Wasserstoff-Forschung (ZSW) entwickelte Gegenlauflamellentechnik erlaubt hierbei den vollen Synergieeffekt der Nachführung sowohl für die photovoltaische Energieausbeute als auch für die optimale Beschattungsfunktion. Als Meilenstein auf dem Weg zu adaptiven Tageslichtsystemen gilt der erstmalige Einsatz der thermohydraulischen Solarnachführung bei Sonnenschutz und Sonnenlichtlenkung. Dieser passive Antrieb wird durch die Sonne selbst reguliert und mit Energie versorgt und ist damit vollkommen autark. Hieraus ergibt sich ein hohes Kostenreduktionspotential für die Anschaffung und den Betrieb solcher Anlagen mit neuen Perspektiven für eine breite Marktdiffusion. Die thermohydraulische Solarnachführung, die schon bei der Nachführung größerer Photovoltaikanlagen ihre Leistungsfähigkeit und Zuverlässigkeit demonstriert hat,

External sun and glare protection systems are efficient and provide additional opportunities for multifunctional utilization, e.g. for photovoltaic energy conversion. The technology of "opposite-action slats" (OAS) that has been developed at the ZSW (Center for Solar Energy and Hydrogen Research) allows the full synergetic effect of solar tracking both for photovoltaic energy yield and for optimum shading. The first ever development of a thermohydraulic solar-tracker for sunlight protection and light guiding is regarded as a milestone on the way to adaptive daylight systems. This passive measure is controlled and supplied with energy by the sun itself and, therefore, is completely self-sufficient. This results in the high potential for cost reduction for the acquisition and operation of such a system, as well as new perspectives for a wide market share. The key component is the thermohydraulic solar tracker, which has already demonstrated its efficiency and reliability in larger photovoltaic plants. The thermohydraulic drive consists of two vaporizer tubes and a double-acting cylinder. The evaporator tubes are mounted on each side of the surface to be panned. The working medium is a liquid substance that easily evaporates. The pressure in each tube is directly dependent on the temperature. If the surface to be panned is not aligned correctly to the sun, the evaporator tubes will be irradiated with different intensities and temperatures. Thus a pressure difference is created, which moves the piston of the cylinder. The piston moves the surface until an equilibrium of forces is achieved and, thus, the tubes are all irradiated with the same intensity. In this way the surface tracks the sun completely independently and without external energy supply. External sun and glare protection systems with movable glass slats provide a variety of possibilities to assume

spielt eine Schlüsselrolle bei diesen Bemühungen. Der thermohydraulische Antrieb besteht aus zwei Verdampferröhren und einem doppeltwirkenden Zylinder. Die Verdampferröhren sind jeweils an einer Seite der nachzuführenden Fläche angebracht. Als Arbeitsmedium dient eine leicht verdampfbare Flüssigkeit. Der Druck in jeder Verdampferröhre ist direkt von der Temperatur abhängig. Ist die nachzuführende Fläche nicht korrekt zur Sonne ausgerichtet, so werden die Verdampferröhren unterschiedlich stark bestrahlt, und es entsteht ein Temperatur- und damit auch ein Druckunterschied, der den Kolben des Zylinders bewegt. Der Kolben bewegt die Fläche so lange, bis Kräftegleichgewicht und damit eine gleichmäßige Bestrahlung beider Röhren gegeben ist. Auf diese Weise wird die Fläche völlig selbsttätig und ohne externen Energieeinsatz der Sonne nachgeführt. Außenliegende Sonnen- und Blendschutzsysteme mit beweglichen Glaslamellen bieten vielfältige Möglichkeiten, zusätzlich zu ihrer Beschattungsfunktion auch noch andere Aufgaben zu übernehmen. Durch die Synergieeffekte der Nachführung wird die Ausbeute der Solarzellen gesteigert und dabei optimal Schatten gespendet.

Am ZSW wird gegenwärtig an einer neuen Lamellenkinematik gearbeitet – der Gegenlauflamellentechnik. Sie beruht auf zwei alternierend angeordneten Gruppen von Beschattungslamellen, von denen die eine Gruppe – die Photovoltaiklamellen – mit der Sonne verschwenkt wird, während die andere Gruppe – die Lichtkontrolllamellen – dazu gegenläufig geführt wird in einer Weise, daß die Photovoltaikelemente innerhalb ihres Drehbereiches nicht eigenbeschattet werden und gleichzeitig keine Direktstrahlung unkontrolliert die Beschattungsanlage passiert.

Bei der adaptiven Lichtlenkung wird eine Übertragungseinrich-

tung benötigt. Im Gegensatz zur vorab beschriebenen Beschattungsfunktion wird bei der Lichtlenkung der Reflektor nicht zur Sonne hin orientiert, sondern auf die Winkelhalbierende zwischen Sonne und Zielrichtung ausgerichtet und rein mechanisch entsprechend nachgeführt. Bildlich gesprochen übernimmt nun die Thermohydraulik die Funktion eines Sonnenzeigers, und die Übertragungseinrichtung (z.B. ein Pantograph) positioniert den Spiegel in der Mitte zwischen Zielrichtung (Zielzeiger) und Sonnenzeiger, womit die Bedingungen für die ebene Reflexion realisiert sind. Zweiachsig der Sonne nachgeführte Lichtlenksysteme, sogenannte Heliostaten, lenken dagegen das reflektierte Sonnenlicht in eine konstante Zielrichtung. Der Heliostat stellt somit einen einstellbaren (Sonnen-)Scheinwerfer dar, der gezielt in der Architektur eingesetzt werden kann – direkte Beleuchtung durch Fenster, Oberlichter, Atrien etc., kombiniert mit Sekundärelementen zur blendungsfreien Lichtverteilung; indirekte Beleuchtung über Lichtleitsysteme.

additional tasks apart from their shading function. The synergetic effects of solar tracking increase the yield of the photocells and optimum shade is provided.

Currently the ZSW is working on a new slat motion system: opposite-action slat technology. This technology is based on two alternately positioned groups of shading slats, where one group – the photovoltaic slats – is panned with the sun, and the other – the light control slats – guided in an opposite-action way, so that the photovoltaic elements are not self-shaded within their turning range and, at the same time, no direct sunlight is allowed to pass the shading system in an uncontrolled manner.

Thermohydraulic light-guiding requires a transmission device. In contrast to the shading function described above, the reflector is not directed towards the sun for the light-guiding function, but to the bisecting line of the angle between sun and target line. Thus, tracking is purely mechanical. Figuratively speaking, the thermohydraulic system acts as a solar pointer and the transmission device (e.g. a pantograph) positions the reflector to the center between the target direction (target pointer) and the solar pointer, creating the conditions for the planar reflection. Biaxially tracking light-deflection systems, so-called heliostats, deflect the reflected sunlight into a constant target direction. Thus, the heliostat acts as an adjustable (solar) spotlight that can be employed specifically in architecture – direct illumination via windows, skylights, atriums, etc., combined with secondary elements for glare-free light distribution; indirect illumination via light-deflection systems.

Röhrenkollektoren
Tube Collectors

Hochleistungs-Flachkollektor SOL 170 A

Der Hochleistungs-Flachkollektor SOL 170 A zeichnet sich durch ein besonders vorteilhaftes Preis-Leistungsverhältnis aus. Die hochselektiv beschichteten Voll-Kupfer-Absorber und die besonders lichtdurchlässige Glasabdeckung sorgen für einen guten Wirkungsgrad des Kollektors. Die hohe Transparenz des Glases ermöglicht es, daß auch das schräg einfallende Licht im Winter optimal aufgenommen und für die Warmwasserzubereitung genutzt wird.

Die Stiebel-Eltron-Standard-Solar-Anlage mit drei SOL 170 A erwirtschaftet innerhalb einer Betriebsdauer von 20 Jahren nahezu 18 Jahre lang Netto-Energie-Gewinne, sprich kostenlose Wärme von der Sonne.

Eine vierköpfige Familie hat einen täglichen Bedarf von ca. 150 Litern 45 Grad Celsius warmen Wassers. Das entspricht einem Energieverbrauch von 6 bis 8 kWh. Mit drei Kollektor-Modulen des Hochleistungs-Flachkollektors SOL 170 A und einem 300 l Warmwasserspeicher können im Jahresmittel ca. 60 % des Energiebedarfs mit Sonnenenergie gedeckt werden.

High Performance Flat Collector SOL 170 A

The high performance flat collector SOL 170 A features an especially good ratio of price to performance. The highly selective, coated, full copper absorbers and the very translucent glass cover ensure the collector's high efficiency. The high degree of translucency of the glass enables it to collect diagonal incident light optimally in winter and to use this light for heating water. By means of the standard solar system by STIEBEL ELTRON with three SOL 170 A modules, net energy gains can be collected over a period of 18 years at a total system lifetime of 20 years, i.e. free solar heat.

A family of four consumes approximately 150 liters of 45°C warm water. This is equal to an energy consumption of 6 to 8 kWh. With three high performance SOL 170 A flat collector modules and a water storage tank with a capacity of 300 l, approximately 60% of energy consumption could be met by solar means.

Vakuum-Röhrenkollektor SOL 200 A / 300 A

Die Vakuum-Kollektoren SOL 200 A und SOL 300 A wandeln geringste Strahlungswerte noch in nutzbare Wärme um. Sie bestehen aus Modulen mit aufmontierten Vakuumröhren, die „trocken" an die Wärmeträgerflüssigkeit angebunden sind. Der Kondensator der Röhren wird in die Steckhülsen des Wärmeaustauschrohres eingeschoben und mit einem Spannclip befestigt. Dieses System arbeitet ohne Dichtungen und spätere Undichtigkeiten. Auch können einzelne Röhren problemlos ausgetauscht werden. Durch die Röhrenbauweise kann ein besonders hohes Vakuum erzielt werden. Dadurch sind Wärmeverluste auf ein absolutes Minimum reduziert.

In den Röhren befindet sich unter einer hochselektiv beschichteten Absorbtionsoberfläche wie bei einem Thermometer ein Röhrchen mit einem temperaturempfindlichen Medium. Wenn es von der Sonne erwärmt wird, geht es rasch vom flüssigen in den gasförmigen Zustand über und steigt auf. Am oberen Kondensator der Röhre gibt es seine Energie über einen Wärmeaustauscher an die vorbeifließende Wärmeträgerflüssigkeit der Anlager ab. Durch diese Abkühlung verflüssigt sich das Medium wieder und sinkt ab – der Prozeß beginnt aufs neue.

Vacuum Tube Collector SOL 200 A / SOL 300 A

The vacuum collectors SOL 200 A and SOL 300 A convert even the lowest radiation into heat. They consist of modules with mounted vacuum tubes, which are connected to the heat carrying liquid in a "dry" manner. The condenser is inserted into the coupler bushes of the heat exchanger tube and fixed with a clamp. This system works without gaskets, and leakages do not occur. Exchanging individual tubes is also possible without any problem. Due to the tube structure, a very high vacuum can be produced. Thereby heat losses are minimized as much as possible.

As is the case with a thermometer, here a tube filled with a temperature-sensitive medium is located beneath a highly selectively coated absorption surface. If it is heated by the sun, the medium's state changes from liquid to gas, and it rises. At the upper condenser, the medium conveys the stored energy to the passing heat-carrying liquid in the system via a heat exchanger. This cooling process causes a liquidation of the medium and the process starts anew.

Vakuumröhren für Sonnenkollektoren

Neue Kollektoren zur Warmwasserbereitung und Heizungsunterstützung werden in Zukunft steigende Ansprüche an ihre Ästhetik erfüllen müssen. Die Firma SCHOTT entwickelt zur Zeit für Hersteller von Vakuumröhrenkollektoren neue Kollektorrohre die vom Glasrohr über die Beschichtungen, von der Komplettierung zum vormontierten Kollektorrohr vollautomatisch an einem Standort gefertigt werden können.
Das Kernstück für dieses neue Kollektorkonzept ist ein direkt durchströmtes Rohr aus Borosilikatglas, das von außen mit einer im Vakuum aus der Gasphase abgeschiedenen, selektiven Absorberschicht versehen ist. Das Absorberrohr ist direkt mit dem Hüllrohr verschmolzen. Der Verteiler kann z.B. aus glasfaserverstärktem, hydrolysestabilisiertem Polyamid gespritzt werden. In der unteren Hälfte des Kollektorhüllrohres ist auf der Innenseite ein hochreiner Silberspiegel mit einer solaren Reflexion von ca. 95% aufgebracht. Der Spiegel ist im hermetisch abgeschlossenen Glasrohr gegen Verschmutzung und Alterung optimal geschützt. Das Absorberrohr ist exzentrisch in der unteren Hälfte des Hüllrohres eingeschmolzen.

Vacuum tubes for solar collectors

In the future, new collectors for water heating and as a back-up for heating installations will have to fulfill increasingly high aesthetic demands. At the moment, SCHOTT is developing new collector tubes which can be produced fully automatically in one place, including the glass tube, the coatings, and the finish, up to the pre-assembled collector tube. The core piece of this new collector concept is a tube made of borosilicate glass, which has a selective absorbing coat on the outside deposited, during the gaseous phase, in a vacuum and which is directly flooded by light. The absorbing pipe is sealed directly to the wrapping pipe. The distributor can be made of glass fiber-reinforced and hydrolysis-stabilized polyamide, for example. The lower half of the wrapping pipe has a high purity silver mirror on its inner side, which reflects about 95% of the light. Inside the hermetically sealed glass tube the mirror is optimally protected against soiling and ageing. The absorbing pipe is sealed eccentrically into the lower half of the wrapping pipe.

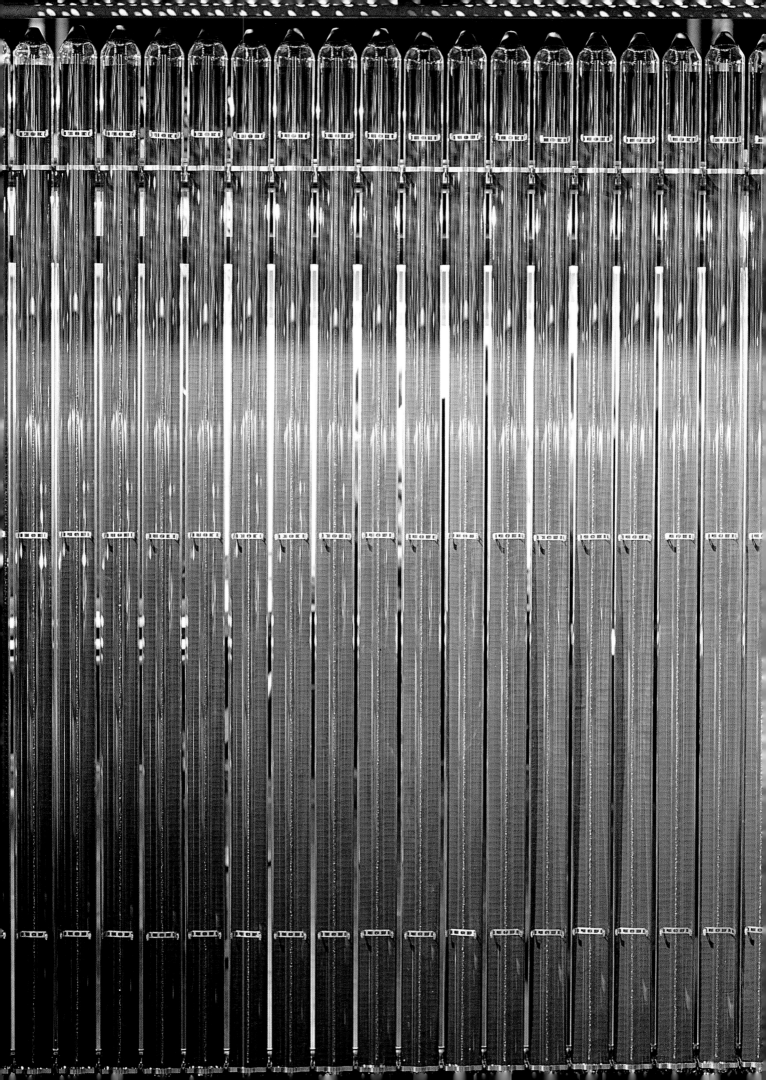

Glasschornstein

Der Glasschornstein kann zur Abgasführung aller modernen Heizungssysteme eingesetzt werden; eingebaut im Schacht ebenso wie als außenstehender Schornstein. Die sichere Ableitung von kondensierenden Abgasen bietet durch die Neutralisierung der sauren Kondensate Schutz.

Die Komponenten für den SCHOTT Rohrglas-Schornstein bestehen aus Formteilen des temperaturwechselbeständigen und chemisch resistenten Recusist-Systems aus Borosilicatglas. Die Verbindung der einzelnen Elemente wird über eine Fluorkautschuk-Dichtung hergestellt.

Durch den Aufbau mit Spezialglas mit extrem langer Lebensdauer kann höchste Korrisionsbeständigkeit gewährleistet werden. Zusätzlich erlaubt der transparente Werkstoff eine Vielzahl von Gestaltungsmöglichkeiten.

Glass Chimneys

A glass chimney can be used to discharge exhaust gas in all modern heating systems; it can either be installed in the chimney's shaft or as an external chimney. Safe discharge of condensing exhaust gas increases safety by neutralizing the sour condensates.

The components of the SCHOTT glass tube chimney consist of structural parts of the thermal shock-resistant and chemically resistant borosilicate Recusist system. The individual elements are connected via a fluorocarbon elastomer seal.

Due to the special and extremely durable glass construction, extremely high corrosion resistance can be guaranteed. In addition, the transparent material allows for a variety of designs.

Rooflite

Die Glasvordachsysteme Rooflite der Firma Vegla setzen einladende Akzente über jeden Hauseingang. Dabei erfüllen sie höchste Ansprüche – ästhetische ebenso wie praktische. Rooflite wird als anwendungsfertiges System einschließlich der Beschlagteile geliefert und ist in drei unterschiedlichen Versionen erhältlich: als punktgelagertes, zugstababgehängtes System; punktgelagert mit Konsole oder linienförmig gelagert.

Durch einen eleganten und transparenten Wetterschutz können Eingangsbereiche optisch aufgewertet werden. Es kann je nach Wunsch transparentes, getöntes oder auch farbig bedrucktes Glas eingebaut werden. Durch die hochwertigen Beschläge aus Aluminium oder Edelstahl erhält das vorgehängte Glasdach alle erforderlichen Sicherheitseigenschaften.

Rooflite

Rooflite glass canopy systems by Vegla meet the high aesthetic and practical requirements. Rooflite is supplied as a ready-to-use system, including mountings, and is available in three different versions: as a point supported, tension bar suspended system; point supported with console; or supported in line.

Entrance areas can be optically enhanced by means of elegant and transparent weather protection. Transparent, tinted or even colorprint glass may be installed. Due to the high-quality aluminum or stainless-steel mountings, the mounted glass roof is provided with all the security properties required.

Litefloor
Glasböden und Glastreppen

Die rutschhemmenden Gläser des Litefloor Systems der Firma Eckelt Glas können für Öffnungen im Bodenbereich eingesetzt werden sowie für Treppen, welche zur Lichtführung und Ausleuchtung darunterliegender Räume benötigt werden.

Litefloor ist eine Glaskombination, aus normalem Floatglas und Einscheibensicherheitsglas, die mit einer hochreißfesten Kunststoffolie miteinander verbunden sind.

Das Glaspaket besteht in der Regel aus drei Einzelglasscheiben. Die obere Glasscheibe ist in Einscheibensicherheitsglas ausgeführt und an der Oberseite mit einer rutschhemmenden Beschichtung versehen.

Das Produkt wurde nach DIN 51130 und ZH 1/571 geprüft. Bei einem Dauertest über 2 Jahre und einer Trittfrequenz von über 100 000 Zyklen hat sich nur eine geringfügige Abminderung der Rutschhemmung von R10 auf R9 ergeben.

Litefloor
Glass Floors and Glass Stairs

The non-slip glazing of the Litefloor system by Eckelt Glas can be applied for openings in the floor area as well as for stairs which are designed to support illumination and the incidence of light to rooms located underneath the stairs.

Litefloor is a glass compound made of regular floatglass and tempered safety glass panes, which are bonded by a plastic foil that is highly resistant to tensional forces.

Usually the glass element consists of three individual glass panes. The upper glass pane is made of tempered safety glass and coated on the top with an anti-slip material.

This product was tested according to DIN 51130 and ZH 1/751. A two-year test, which was performed with a step frequency of more than 100,000 cycles, showed only a low decrease of the anti-slip properties from R10 to R9.

Die Glasbrücke der Raiffeisenbank Tirol

Die Glasbrücke der Raiffeisenbank Tirol in Innsbruck, geplant von Heinz Örley, ist ca. 13 m lang und 1,6 m breit und als Trogbrücke ausgebildet. Die beiden Seitenwangen bestehen aus 2 x 19 mm ESG Gläsern, die im Abstand von 3,90 m gestoßen sind und im Abstand von 1,3 m entweder mit Querträgern aus Stahl oder Glas verbunden sind.

Als Belastungen werden das Eigengewicht der Brücke sowie 5,0 kN/m²-Nutzlast zum Ansatz gebracht.

The Raiffeisenbank Tirol Glass Bridge

The Raiffeisenbank Tirol glass bridge in Innsbruck, Austria, planned by Heinz Örley, is 13 m long and 1.6 m wide and constructed as trough bridge. Both sides consist of 2 x 19 mm laminated safety glass panes (LSG) that are joined at a distance of 3.90 m and connected to cross girders made of steel or glass every 1.3 m.

The load consists of the dead weight of the bridge and an imposed load of 5.0 kN/m².

MULTIPOINT-System
LUMITOP
Masterglass CONTRASPLIT
PROSOL Solarelement
Vegla Vereinigte Glaswerke GmbH
Viktoriaallee 3-5
D - 52066 Aachen
Tel.: + 49 241 5 16 0
Fax: + 49 241 516 22

Punkthalter
SADEV BATIMENT
2, allee des Faisans
Z.I. de Vovray BP 78
F - 74603 SEYNOD Cedex
Tel.: + 33 450 33 70 43
Fax: + 33 450 33 70 01

LITEWALL
FISCH Daylight Screen
LITEFLOOR
Eckelt Glas & Co.
Glastechnik GmbH
Resthofstraße 18
A - 4400 Steyr
Tel.: + 43 72 52 894 0
Fax: + 43 72 52 894 24

PLANAR Punkthalter
Pilkington Flachglas AG
Haydnstraße 19
D - 45884 Gelsenkirchen
Tel.: + 49 209 168 0
Fax.: + 49 209 268 20 75
Pilkington Glass Ltd.
Headoffice St. Helens
Prescott Road, St. Helens
UK - St. Helens WA10 3TT
Tel.: + 44 1744 28 882
Fax: + 44 1744 692 660

RODAN Zugstabsystem
RODAN Danz GmbH
Cheruskerstraße 13
D - 71101 Schönaich
Tel.: + 49 7031 6571 78
Fax: + 49 7031 6571 79

Structura Duo R
Thermoplus Insulating Glass
Glaverbel Group
Chaussee de la Hulpe 166
B - 1170 Brussels
Tel.: + 32 26 74 30 83
Fax: + 32 26 74 33 06

DORMA Glas GmbH
Postfach 3268
D - 32076 Bad Salzuflen
Tel: + 49 5222 924 0
Fax.: + 49 5222 924 3119

MICRO-Sonnenschutzraster
SITECO Beleuchtungstechnik GmbH
Postfach 1520
D - 83295 Traunreut
Tel.: + 49 86 69 33 212
Fax: + 49 86 69 33 44 3

OKASOLAR Isolierglas
OKATHERM
OKALUX Lichtstreuendes Glas
KAPILUX H Wärmedämmung
OKALUX Kapillarglas GmbH
Am Jösperhecklein 1
D - 97828 Marktheidenfeld-Altfeld
Tel.: + 49 93 91 900 0
Fax: + 49 93 91 900 100

Ecology ECOSS Sun System
FIGLA USA Corporation
13 Lancaster Ave
US - Pine Brook, NJ 07058
Tel.: + 1 973 882 80 15
Fax: + 1 973 882 80 38

ISOLETTE mit INGLAS-Y
ZEBRA steuerbarer Sonnenschutz
Glas Schuler GmbH & Co. KG
Ziegelstrasse 23-25
D - 91126 Rednitzhembach
Tel.: + 49 91 22 97 560
Fax: + 49 91 22 97 56 40

Display Hologramme
Gesellschaft für Licht- und
Bautechnik mbH
Gremberger Straße 151 a
D - 51105 Köln
Tel.: + 44 221 887 91 30
Fax: + 44 221 983 37 73

Sonnenschutz Jalousie
HÜPPE Form Sonnenschutz GmbH
Cloppenburger Str. 200
D - 26133 Oldenburg
Tel.: + 49 441 40 20
Fax: + 49 441 40 24 99

Prismasolar
LINIT TWD Modul
Lamberts Glasfabrik
Postfach 560
D - 95624 Wunsiedel
Tel.: + 49 92 32 6050
Fax: + 49 92 32 605 33

Heatmirror
Southwall Technologies Inc.
Regional office Europe
233 Chaussee de Bruxelles B.4
B - 1410 Waterloo
Tel.: + 32 2 354 43 27
Fax: + 32 2 354 45 19

Helioran TWD Tageslichtelement
Glaswerke Arnold
Neuseser Strasse 1
D - 91732 Merkendorf
Tel.: + 49 98 26 65 60
Fax.: + 49 98 26 656 490

Transparente Wärmedämmung
Glas Schuler GmbH
Ziegelstraße 23-25
D - 91126 Rednitzhembach
Tel.: + 49 91 22 97 560
Fax: + 49 91 22 97 56 40

Das Isolierglas iplus 3C
Adaptable gasochromic coatings
Interpane
Sohnreystraße 21
D - 37697 Lauenförde
Tel.: + 49 52 73 809 0
Fax: + 49 52 73 809 401

E-Control
FLABEG GmbH
Siemensstraße 3
D - 90766 Fürth
Tel.: + 49 911 99 74 251
Fax: + 49 911 99 74 450

OPTISOL Photovoltaikelement
Pilkington Solar Int. GmbH
Mühlengasse 7
D - 50667 Köln
Tel.: + 49 221 925 970 0
Fax: + 49 221 258 11 17

Dünnschichtmodule ZSW
Zentrum für Sonnenenergie- und
Wasserstoff-Forschung
Heßbrühlstraße 21 c
D - 70565 Stuttgart
Tel.:+ 49 711 78 70 222
Fax: + 49 711 78 70 230

Hochleistungs-Flachkollektor
Vakuum-Röhrenkollektoren
STIEBEL ELTRON
Dr.-Stiebel-Strasse
D - 37603 Holzminden
Tel.: + 49 86 69 33 591
Fax: + 49 86 69 33 44 3

SCHOTT RECUSIST
SCHOTT Vakuumröhrenkollektoren
Schott-Rohrglas GmbH
Theodor-Schmid-Straße 25
D - 95448 Bayreuth
Tel.: + 44 921 2870
Fax: + 44 921 287 233

INGLAS
Im Winkel 4/1
D - 88048 Friedrichshafen
Tel.: + 49 75 44 95 47 12
Fax: + 49 75 44 95 47 25

Solonia Sonnenschutz GmbH
Birkenweiherstraße 4
D - 63505 Langenselbold
Tel.: + 49 61 84 92 30 0
Fax: + 49 61 84 92 30 33

Bomin Solar Research GmbH
Foschung und Entwicklung von
solaren Energiesystemen
Industriestraße 8
D - 79541 Lörrach
Tel.: + 49 76 21 956 750
Fax: + 49 76 21 956 75 29

Autoren
Authors

Fassadensysteme
Facade Systems

Professor Helmut Müller
Gesellschaft für Licht-
und Bautechnik
Gremberger Str. 151 a
D - 51105 Köln
Tel.: + 49 221 88 79 130
Fax: + 49 221 98 33 771

Hannelore Huber
Arch+ Verlag
Charlottenstrasse 14
D - 52070 Aachen
Tel.: + 49 241 50 83 29
Fax: + 49 241 54 83 1

Matthias Schuler
Transsolar GmbH
Nobelstraße 15
D - 70569 Stuttgart
Tel.: + 49 711 67 71 200
Fax: + 49 711 67 71 201

Andrea Compagno
Glaubtenstrasse 7
CH- 8046 Zürich
Tel.: + 41 1 371 97 04
Fax: + 41 1 371 97 75

Hans Schober
Schlaich Bergermann & Partner GbR
Hohenzollernstraße 1
D - 70178 Stuttgart
Tel.: + 49 711 648 710
Fax.: + 49 711 648 71 66

Raimund Lehmann
LFK Ingenieure GmbH
Im Brühl 58
D - 74348 Lauffen
Tel.: + 49 7133 95 99 80
Fax: + 49 7133 95 99 88

Robert Danz
Cherusstraße 13
D - 71101 Schönaich
Tel.: + 49 70 31 657 178
Fax: + 49 70 31 657 179

Jonathan Sakula, Philip Wilson
Dewhurst Macfarlane & Partners
41 North Road
UK - London N7 9DP
Tel.: + 44 171 609 95 41
Fax: + 44 171 607 64 19

James Carpenter, Luke Lowings
Carpenter Design Ass. Inc.
145 Hudson Street
USA - New York, NY 10013
Tel.: + 1 212 431 43 18
Fax: + 1 212 431 44 25

Glasbau Seele
Gutenbergstraße 19
D - 86368 Gersthofen
Tel.: + 49 821 24 94 0
Fax: + 49 821 24 94 100

Klaus Fischer
High Tech Building Products
Im Brühl 58
D - 74348 Lauffen
Tel.: + 49 71 33 95 99 40
Fax: + 49 71 33 95 99 55

Professor Werner Sobek
Mathias Kutterer
IL Institut für leichte
Flächentragwerke
Universität Stuttgart
Pfaffenwaldring 14
D - 70569 Stuttgart
Tel.: + 49 711 6853 786
Fax: + 49 711 68 53 789

Joachim Achenbach
Jörg Hieber
Stefan Gose
Jürgen Marquardt
Sophia und Stefan Behling
c/o Institut für Baukonstruktion und
Entwerfen, Lehrstuhl 2,
Prof. Stefan Behling
Universität Stuttgart
Keplerstraße 11
D - 70174 Stuttgart
Tel.: + 49 711 121 32 54
Fax: + 49 711 121 32 52

Fritz Klotz
Zentrum für Sonnenenergie- und
Wasserstoff-Forschung
Heßbrühlstraße 21c
D - 70565 Stuttgart
Tel.: + 49 711 78 70 222
Fax: + 49 711 78 70 230

FAECF steht für die Föderation der Europäischen Fenster- und Fassadenherstellerverbände. Seine Mitglieder sind:

FAECF is the abbreviation for the Federation of the European Window and Facade Manufacturers' Associations. The members are:

Alisol, Caradon Cet, Doral, Edimetal, Hueck, F.W., Bröckelmann, Feldhaus, FKN, Focchi, Frener & Reifer, fw Fassadensysteme, Gebrüder Schneider, GIG Fassadenbau, Götz, Hermann Forster, Jansen, Josef Gartner, Kawneer, Metallbau Hirsch, Metallsysteme M. Sommer, Oskomera, permasteelisa, Raico Bautechnik, RC System, Rinaldi Structal, Schmidlin, Schüco, Schweizer Fassadenbau, Seufert-Niklaus, Sommer Fassaden- und Aluminiumbau, Thierron und Wicona Bausysteme.

FAECF Headquarters
Karl Heinz Herbert
Bockenheimer Anlage 13
D - 60322 Frankfurt/Main
Tel.: + 49 69 95 50 54 13
Fax: + 49 69 95 50 54 11

Josef Gartner & Co. KG
Postfach 2040
D - 89421 Gundelfingen
Tel.: + 49 90 73 84 0
Fax: + 49 90 73 84 21 00

Götz GmbH
Delpstraße 4-6
D - 97084 Würzburg
Tel.: + 49 931 66 78 0
Fax: + 49 931 66 78 200

SCHMIDLIN
Steinackerstraße 69
CH - 4147 Aesch/Basel
Tel.: + 41 61 755 91 11
Fax: + 41 61 751 36 88

SCHÜCO International
Karolinenstraße 1-15
D - 33609 Bielefeld
Tel.: + 49 521 78 35 02
Fax: + 49 521 78 36 57

Pilkington Solar Int. GmbH
Mühlengasse 7
D - 50667 Köln
Tel.: + 49 221 925 970 0
Fax: + 49 221 258 11 17

ADO Solare Tageslichtsysteme
Industriestrasse 180
D - 50999 Köln
Tel.: + 49 2236 962 67 45
Fax: + 49 2236 962 67 49

COLT International
Solar Technology AG
Ruessenstraße 5
CH-6340 Baar
Tel.: + 41 760 70 70
Fax: + 41 760 70 86

FRENER & REIFER
Alfred Ammon Strasse 31
I - 39042 Brixen
Tel.: + 39 472 270 111
Fax: + 39 472 833 550

GIG Fassadenbau GmbH
Industriestraße 30
A - 4800 Attnang-Puchheim
Tel.: + 43 76 74 60 20
Fax: + 43 76 74 625 71

SEUFERT-NIKLAUS
Holzbau Fassaden
Lindenweg 2
D - 97654 Bastheim
Tel.: + 49 97 73 91 81 0
Fax: + 49 97 73 91 81 30

Seele GmbH & Co. KG
Gutenbergstraße 19
D - 86368 Gersthofen
Tel.: + 49 821 24 94 0
Fax: + 49 821 24 94 100

Ove Arup Facade
13 Fitzroy Street
UK - London W1P 6BQ
Tel.: + 44 171 636 1531
Fax: + 44 171 4653626

Tambest Oy
Vehnämyllynkatuv
P.O. Box 15
FIN - 33701 Tampere
Tel.: + 358 335 70000
Fax: + 358 335 61135

Fotonachweis
Photo Credits

ADO Solar Gesellschaft für Tageslicht-nutzsysteme mbH, Köln: S. 52 oben li., oben re.
Rayner Banham, London: S. 9 unten li.
Bauhaus Archiv, Der Schrei aus dem Turmhaus, exh. cat. Berlin 1989 S. 148/2: S. 8 Mitte oben;
Institut für Baukonstruktion und Entwer-fen, L2, Universität Stuttgart: S. 38 oben li.; S. 75 unten; S. 98 oben li.; S. 115 Mitte re., unten re.; S. 118 oben li.; S. 121 unten li., oben li., oben re.
Bavelloni, Italy: S. 29 unten li.
Sophia und Stefan Behling, Stuttgart: S. 9 oben Mi.; S. 10 oben 1-4; S. 10 unten re.; S. 15 unten Mi.; S. 34 unten li.; S. 35 oben, unten li.; S. 46 oben; S. 53 oben; S. 66 unten re.; S. 75 unten re.; S. 102 links 1-4; S. 110 links 1-5;
Alexander Beleschenko, Swansea UK: S. 16 oben re.
Bentheim Crouwel Architects, Amsterdam: S. 63 oben; S. 65 unten li.
W. Boesiger, O. Stonorov (eds.), Le Corbu-sier, oeuvre Complète, vol. I 1919-1929, Les Editions d'Architecture, (Artemis) Zürich 1991 S. 154/5: S. 8 oben Mitte li.
John Brigg: Fractals. The Patterns of Chaos S. 11 unten li.
R. Buckminster Fuller Institute, Santa Barbara, USA: S. 10 unten li.; S. 116 unten li., unten Mi.
Bundesinnungsverband des Glaserhand-werks Deutschland, Hadamar: S. 16 oben li., mitte li.; unten li. 1-4; S. 17 unten Mi.; unten re.
BV Glas, Düsseldorf: S. 36 oben, unten re.
James Carpenter Design Associates, New York: S. 88 oben re., Mitte li.; S. 89 oben li., oben re.; S. 90 oben li.; S. 91 oben li., unten, rechts; S. 92 oben li., oben re., unten li.; S. 93 oben li., oben re., unten li.; S. 94 oben li., oben re., Mitte li., unten re.; S. 95 oben
Brian Clarke, London: S. 17 oben re.
Andrea Compagno, Zürich: S. 63 unten li., unten re.; S. 64 unten re.; S. 65 unten re.; S. 66 unten li.
Le Corbusier: La Ville Radieuse, 1933: S. 11 Mitte
Robert Danz, Schönaich: S. 79 oben li., oben re.
Dewhurst Macfarlane and Partners, London: S. 81 Mitte re., Mitte re. 1-2; S. 82 oben li., Mitte li., unten re.; S. 83 Mitte re., Mitte li.; S. 84 oben li., unten re.; S. 85 oben li., unten li.,
Dover Publication, UK: S. 10 oben re.
Cecil D. Elliott, Technics and Architecture, (MIT Press) Cambridge, Mass. 1992 S. 155/12: S. 9 oben li.
Enap: S. 84 unten li.
Adrian Fainsilber, France: S. 25 oben re.
Georges Fessy, Paris: S. 64 unten li.
First Glass, Berlin: S. 16 unten re.; S. 17 unten li. 1-2
Klaus Fischer, Lauffen: S. 100 links; S. 101 Mitte re.; S. 103 Mi. li.
FLABEG GmbH, Fürth: S. 141 unten re.; S. 142 oben li.
Foster and Partners, London: S. 10 unten Mi.; S. 24 Mitte, unten; S. 39 oben, unten re.; S. 45 oben 1-2; S. 61 oben li., Mitte re., unten re.; S. 62 oben re., oben re., un-ten li., unten re.
Fraunhofer-Institut für solare Energie-systeme, Freiburg i. Br.: S. 33 oben li., oben re., Mitte 1-4

Josef Gartner GmbH & Co. KG, Gundel-fingen: S. 40 links; S. 41 oben 1-3; S. 42 oben, unten; S. 43 oben, unten
Frank O. Gehry Architects, Santa Monica, USA: S. 70 Mitte re.
Siegfried Giedeon: Die Herrschaft der Mechanisierung. Ein Beitrag zur anony-men Geschichte. Edited with an Essay by Henning Ritter. With an Epilog of Stanis-laus von Moos, (Europäische Verlagsan-stalt, Europäische Bibliothek vol. 8) Hamburg 1994 S. 156/1: S. 8 unten re.
GIG Fassadenbau GmbH, Attnang, Austria: S. 55 oben
GLB Gesellschaft für Licht- und Bau-technik, Köln: S. 31 Mitte 1-2
Götz sol skin, Würzburg: S. 44 oben 1-3, Mitte, unten
Stefan Gose & Patrick Teuffel, Stuttgart: S. 115 oben li., oben re.; S. 116 oben Mi.
Tobias Grau KG, Rellingen: S. 54 oben, Mitte li.
B. Gulik, USA: S. 90 oben li., oben Mi., un-ten; S. 91 Mitte li.; S. 92 Mitte li. 1-2, un-ten re., Mitte li.; S. 95 oben
Verlagsanstalt Handwerk GmbH, Redak-tion Glas + Rahmen, Düsseldorf: S. 14 oben li., oben re., Mitte li.; S. 15 oben li., oben Mi., oben re., Mitte li., unten li. 1-3
Verlagsanstalt Handwerk GmbH, Redak-tion Glas + Rahmen, Düsseldorf, Bonn Sequenz: S. 15 oben Mi., unten li. 1-2
Verlagsanstalt Handwerk GmbH, Redak-tion Glas + Rahmen, Düsseldorf, FOTO Firmengruppe: S. 15 oben li.
Verlagsanstalt Handwerk GmbH, Redak-tion Glas + Rahmen, Düsseldorf, Wilfried Mayer: S. 15 unten 2. li.
IL, Institut für Leichte Flächentragwerke, Universität Stuttgart: S. 112 oben re.; S. 113 oben
Kauffmann Theilig & Partner, Stuttgart: S. 48 oben, Mitte li., unten li.; oben re.
Katsumisa Kida, London: S. 80 oben li.; S. 81 unten re.
Fritz Klotz, ZSW, Stuttgart: S. 142 oben li.; S. 144 oben li.; S. 145 1-3
Ulrich Knaack, Düsseldorf: S. 66 unten li.
Kenji Kobayashi, Japan: S. 82 unten li.; S. 83 oben
Kraijvanger & Urbis, Rotterdam: S. 60 oben
Richard Kress, New York: S. 89 Mitte re.
K. H. Krewinkel, Böblingen: S. 79 unten re.; S. 121 Mitte re.
Christoph Keller & Raimund Lehmann, Lauffen: S. 77 unten li.
Lehmann & Keller Ingenieure GmbH, Lauffen: S. 75 oben li., oben re.; S. 76 oben li., oben re., Mitte li.; S. 77 oben li., oben re.
Otto Maier: S. 78 oben li.
Marquardt & Hieber Architekten, Stutt-gart: S. 123 1-6
Rudi Meisel/VISUM, Hamburg: S. 39 oben re.
Messe Düsseldorf Bildarchiv, Düsseldorf: S. I-VII alle; S. 14 oben Mi.; S. 27 unten li., unten Mi.; S. 45 Mitte; S. 106 oben li., unten li. 1-2; S. 107 unten li.
NASA, USA: S. 11 oben, unten Mi., unten rechts
Ferdinand Neumüller, Firma Kaschenbach, Trier: S. 17 Mitte li.
OKALUX Kappilarglas GmbH, Altfeld: S. 57 Mitte 2-3; S. 73 unten
Pilkington Group Photography, St. Helens UK: S. 18 oben li., oben re., Mitte, unten 1-4; S. 19 oben, unten 1-4; S. 28 oben li., Mitte re.; S. 37 oben; S. 129 oben re.

Pilkington Solar International, Köln: S. 15 unten Mi. re.; S. 51 oben, Mitte 1-3;
Andrew Putler: S. 82 oben li.
Reanto Santarossa, Italy: S. 17 unten Mi. re.
Carolin Schaal, Stuttgart: S. 116 1-3
Schlaich Bergermann und Partner GbR, Stuttgart: S. 68 oben li.; S. 69 oben li., oben re., Mitte re., unten re.; S. 70 oben li., oben re., unten li.; S. 71 oben; S. 72 oben li., oben re., Mitte li.; S. 73 oben re., oben li., unten; S. 77 unten re.
Markus Schmitz, Hamburg: S. 123 oben li. 1-2
Ines Schöttle: S. 55 oben; S. 79 Mitte re.
SCHOTT Glas, Mainz: S. 20 oben li., Mitte; S. 21 oben re., Mitte li., Mitte re.; S. 23 oben li., unten li.; S. 25 oben Mi.; S. 26 oben li., oben re., Mitte; S. 27 mitte, unten re.
SCHOTT Desag : S. 24 oben; S. 28 unten re., Mitte re.; S. 29 oben
SCHOTT Rohrglas, Germany: S. 23 oben re., Mitte re.
Schüco International, Bielefeld: S. 50 oben li., Mitte li.
Werkfoto Niklaus Seufert, Oliver Schu-ster, Bastheim: S. 56 oben li., unten li.
Seele GmbH, Gersthofen: S.104 links; S. 106 Mitte re., unten
Seele Werkfoto, Gersthofen: S. 57 mitte re., Mitte li., unten
Dennis Sharp, A visual History of 20th Century Architecture, (New York Graphic Society/Bulfinch) Greenwich, Conneticut/Boston 1972: S. 8 oben re.
Kenneth Snelson Bildarchiv, USA: S. 116 oben li.
Siteco Beleuchtungstechnik GmbH, Traunreut: S. 34 oben re., Mitte
David Sundberg, USA: S. 25 Mitte re.; S. 86/87 oben; S. 88 Mitte re., unten; S. 88 oben re.
sunglass, Padova Italy: S. 27 oben
Transsolar, Stuttgart: S. 47 oben, Mitte, unten; S. 48 oben li., Mitte re.; rechts
Transsolar, Silke Brunn, Stuttgart: S. 49 Mitte
US Patents 3,950,901: S. 74 oben li.
Vegla Bildarchiv, Aachen: S. 15 unten re.; S. 22 oben li., oben Mi.; S. 35 Mitte li.; S. 60 oben
Weinfurter Glashütten, Arnbruck/ Bayerischer Wald: S. 14 unten 1-6
Jens Willebrand, Köln: S. 12/13; S. 58/59; S. 67; S. 96/97; S. 101 oben; S. 105; S. 106/107 oben; S. 107 Mit-te li., Mitte re.; S. 108/109; S. 111 oben; S. 112/113 unten; S. 113 oben re.; S. 114 oben; S. 116/117 oben; S. 120 oben li.; S. 121 oben re.
Don F. Wong, Hong Kong: S. 89 Mitte li., Mitte re., unten li.
Nigel Young, London: S. V-VI; S. 22 oben re.; S. 30 oben; S. 31 oben; S. 32 oben li., oben re.; S. 45 oben re.; S. 50 oben re.; S. 53 Mitte, unten; S. 66 Mitte re.; S. 102/ 103 oben; S. 121 oben li.; S. 124/125; S. 127; S. 131; S. 133; S. 137; S. 139; S. 141; S. 147.
Zamil Glass: S. 85 unten li.; unten re.;

Key:
S. = p.
oben = top
Mitte(Mi.) = center
unten = bottom
links (li.) = left
rechts (re.) = right